実践
経営会計

吉田栄介【著】
EISUKE YOSHIDA

中央経済社

序

「MBAでは教わらない管理会計の実践知がここにある。」

このスローガンを掲げた実践的管理会計セミナー『実践経営会計塾』(2015年4月に開塾) の講演パートを再構成して書き下ろしたのが本書です。

『実践経営会計塾』の講演では，「こうあるべき」という規範論や，簿記や原価計算のように手続きを論じるのではなく，他社はどうしているのか，また最先端の理論では何が分かっているのかという観点から，お話しするようにしています。フィールド調査を実施する社会科学研究者は，最先端の学術論文・研究書から教科書・実務書まで精読するとともに，数多くの企業に足を運び，知見を深めています。つまり，実態調査からは日本企業の全体像，企業事例からは先端的な取り組み，研究書や学術論文からは最先端の理論，実務書からは経験に基づくhow toをご紹介することができます。

本書では，経験則に基づく実践知の提示だけでなく，【実態調査】，【事例研究】と称し，日本企業の傾向 (他社はどうしているのか？) や先端企業の取り組み (すごい企業はどうしているのか？) を紹介するように心がけました。

管理会計 (経営会計) の優れた実践のためには，手法・技法 (ITを含む) に精通するだけでなく，ビジネス全体を理解し，管理会計のための組織設計と実施プロセスのマネジメントを円滑に実行し，人材を育成する必要があります。そのため，『実践経営会計塾』では，テーマ設定や講義内容の構成において，人材育成，組織設計，プロセス・マネジメント (PDCA (Plan-Do-Check-Action) サイクル・マネジメント)，手法・技法という観点を意識しています。

本書は，4部構成になっています。第1部「「管理」会計から「経営」会計へ」では，『実践経営会計塾』の紹介と，管理会計の本社機能について，その役割と特に人材育成や組織設計を取り上げています。

第2部「コストマネジメント」では，原価企画と統合コストマネジメント (標

準原価管理，原価改善，開発購買など），ミニ・プロフィットセンターといった
テーマを取り上げました。

　第3部「業績管理」では，キャッシュフロー経営，Non-GAAP指標，ROIC
経営，KPIマネジメント，バランスト・スコアカード，戦略マップ，予算管理
（脱予算経営），設備予算マネジメント，研究開発の管理会計といったテーマを
取り上げました。

　第4部「グローバル管理会計」では，欧米とは異なる日本的管理会計観，海
外拠点マネジメント，グローバル管理会計，為替リスク管理，不正リスクマネ
ジメント，IFRSの管理会計・原価計算・原価管理といったテーマを取り上げ
ました。

　本書で取り上げるテーマの特徴として，学生向けの教科書ではあまり扱われ
ない，人材育成や組織設計，統合コストマネジメント，Non-GAAP指標，研
究開発の管理会計，日本的管理会計観，グローバル管理会計（日本的管理会計観，
海外拠点マネジメント，グローバル管理会計，為替リスク管理，不正リスクマネジ
メント，IFRSの管理会計・原価計算・原価管理）といった実践的テーマを取り上
げています。

　本書の読み方としては，初めからお読みいただく必要はありません。音楽ア
ルバムのように，筆者としては最初から読まれることも期待してはいますが，
ご関心のある章だけをお読みいただいてもよいように書いていますし，関連事
項がどこに書かれているのかも示すようにしています。

　本書の使い方としては，ビジネス書としてお読みいただいたり，企業セミ
ナーの教材や大学のゼミの副読本として，議論のたたき台としてご活用いただ
いたりすることを想定しております。

　それでは，経営会計（management accounting）の実践知の世界をお楽しみく
ださい。

2021年春

吉 田 栄 介

CONTENTS

第1部■「管理」会計から「経営」会計へ

第2部■コストマネジメント

第2章 原価企画の現状と課題

第3章 統合コストマネジメント

第4章　小集団利益管理活動の可能性

第3部■業績管理

第5章　稼ぐ経営から企業価値向上へ

第11章　IFRSの管理会計

第1部

「管理」会計から「経営」会計へ

序　章

実践経営会計に向けて

0-1

経営会計の実践に向けた知的交流のために

『実践経営会計塾』設立趣旨

●●●●●●●●●●●●●●●●●●●●●●●●●●●●●●●●●●●

■管理会計業務は企業の利益管理の根幹
■But…管理会計ノウハウ蓄積の困難性
　●担当部門の分散：経理部門や財務部門，経営企画部門など
　●日本企業の経営管理システム構築と人材育成の自前主義
■管理会計実務を取り巻く環境変化
　●管理会計業務の役割期待の変化
　　✓成果主義的報酬へのシフトに伴う人事制度と業績管理制度の統合的運用
　　✓グローバル・グループ経営の変化（by IFRS導入，連結重視）
　　✓利益管理・業績管理体制の見直し（by ROE重視，IT投資）
　●管理会計学術研究の飛躍的発展
　　✓新技法の開発
　　　・ABC/M（Activity-Based Costing/Management）
　　　・ABB（Activity-Based Budgeting）
　　　・BSC（Balanced Scorecard）
　　　・戦略マップ
　　　・シックスシグマ
　　　・アメーバ経営などのMPC（Micro Profit Center）
　　　・原価企画
　　　・経済的付加価値（EVA® : Economic Value Added）
　　　・制約理論（TOC : Theory of Constraints）
　　✓伝統的予算管理への挑戦（Beyond Budgeting）
　　✓経営管理ツール導入マネジメント，組織変革マネジメントの進展

　管理会計業務は，企業の利益管理の根幹であるにもかかわらず，残念ながら，一流と言われる企業でも，その仕組みが高い水準で整備・運用されているとは言い切れないのが現状です。その原因としては，担当部門が経理部門や財務部門，経営企画部門などにまたがることから統合的な運用や変革が難しいこと，この20年間に学術的に目覚ましい発展を遂げた管理会計技術・ノウハウを十分

に取り込めていないことなどが考えられます。

　前者については，成果主義的報酬の導入による人事制度と業績管理制度の統合的運用，IFRS適用によるグループ経営の変化（第11章），IT投資による利益管理・業績管理体制の見直しなど，これまでにない組織変革の好機が到来しています。

　後者についても，1990年代以降，ABC/M（Activity-Based Costing/Management）（第7章6節）やBSC（Balanced Scorecard）の開発（第6章），アメーバ経営などのMPC（Micro Profit Center）（第4章）や原価企画（第2章）が脚光を浴びるなど，新技法が注目を集めてきたのに加えて，伝統的予算管理への挑戦（Beyond Budgeting）（第7章）や，新技法導入マネジメント，組織変革マネジメントのノウハウも学術的に蓄積されてきています。

　しかしながら，企業における実践的課題の解決に向けて，他社・異業種との知的交流の場は限られ，学術界が実業界に果たしてきた役割も決して大きいとは言えません。

　『実践経営会計塾』では，こうした問題意識に基づき，理論や学術的興味から企業にアプローチするのではなく，企業の抱えている課題を出発点として，その解決に向けて，他社・異業種の実践知と学術的な理論知を融合させることで，日本企業の管理会計能力の向上，発展に貢献したいと考えています。

実践知と理論知の交流―実践的課題の解決に向けて―

　まずは，「大学研究室をもっと活用しましょう」ということを企業の方には呼びかけたいと思います。

　本書の特徴を理解していただくために，『実践経営会計塾』の特徴を紹介しておきます。『実践経営会計塾』は既存の提供物とは次の点が異なります。第1に，MBAコースは，高額な学費を伴う受講生個人への投資であるのに対して，『実践経営会計塾』では，企業との長期的関係を指向しており，各回のテーマに応じて最適な担当者にご参加いただけます。第2に，一般的な経営管理セミナーは，公認会計士やコンサルタントによる入門講座に過ぎませんが，『実践

特徴：実践知と理論知の交流―実践的課題の解決に向けて―

●●●●●●●●●●●●●●●●●●●●●●●●●●●●

■大学研究室の活用
　●既存の提供物との違い
　　■MBAコース：高額学費と受講者個人への投資
　　➤実践経営会計塾では，企業との長期的関係を指向
　　　（セミナーへ参加する担当者はテーマにより代わることも可）
　　■一般的な経営管理セミナー：公認会計士やコンサルタントによる入門講座
　　➤実践経営会計塾では，入門・初級者向け講座ではなく，唯一無二の問題解決型実践
　　　セミナーを志向。
　　■教科書：学問体系の優先，実践への無配慮
　　➤実践経営会計塾では，学問的興味ではなく，「実務上の重要課題」が出発点。
　　　課題解決に向けた知的交流を意図。
　●実践経営会計塾を通じた大学研究室の有効活用
　　➤最先端の学術研究成果へのアクセス
　　➤フィールド調査，アンケート調査やコンサルティング活動を通じた他社事例への精通
■他社・異業種との知的交流
　●単なる異業種交流会ではない
　●高い志をもったベンチマーキング活動

●●●●●●●●●●●●
●●●●●●●●●●●●

経営会計塾』では，入門・初級者向け講座ではなく，唯一無二の問題解決型実践セミナーを志向しています。第3に，一般的な教科書は，学問体系を優先し，実践的なガイドブックではありませんが，『実践経営会計塾』では，学問的興味ではなく，「実務上の重要課題」を出発点に，課題解決に向けた知的交流を意図しています。

　他にも，『実践経営会計塾』を通じた大学研究室の有効活用を薦める理由があります。大学研究室では，常に最先端の学術研究成果を入手し議論していますし，フィールド調査やアンケート調査，コンサルティング活動を通じて，多くの企業実践に精通しています。

　さらには，『実践経営会計塾』は，他社・異業種との知的交流の場となります。これは，単なる異業種交流会ではなく，高い志を持ち，ベストプラクティスを積極的に学ぶベンチマーキング活動です。

0 - 2

管理会計（経営会計）は利益デザインの要

管理会計（経営会計）は利益デザインの要

●●●●●●●●●●●●●●●●●●●●●●●●●●●●

■利益デザインとは
　●利益を成り行きの結果ではなく，現場力と組織力（PDCA能力）を総合して作り込むこと
■利益デザインを取り巻く環境変化と課題
　●製品ライフサイクルのさらなる短期化，高まる不確実性
　●開発拠点の海外移転と世界最適生産化
　●IFRS適用による真のグローバル・グループ経営の可能性
■日本企業の管理会計における喫緊の課題：利益デザイン力の強化
　(1)　多層・多面的業績管理体制の構築
　(2)　新製品開発コストマネジメントと既存製品の原価低減・海外生産管理
　(3)　海外拠点マネジメントのための人材育成

　　　　　　　　　　　　　　　　　●●●●●●●●●●●●●
　　　　　　　　　　　　　　　　　●●●●●●●●●●●●●

　学問の世界では，管理会計（management accounting, managerial accounting）と呼ばれますが，「経営会計」と呼ぶほうがしっくりとくるように思います。さらには，会計情報に加え，定量・定性情報も取り扱うのですから，まさに「経営管理」と言えます。

　この管理会計こそが，利益デザインの要だと考えています。利益デザインとは，利益を成り行きの結果ではなく，現場力と組織力（PDCA（Plan-Do-Check-Action）能力）を総合して作り込むことです。

　利益デザインを取り巻く環境変化と課題について，次の3点を指摘しておきます。
　第1に，製品ライフサイクルのさらなる短期化と高まる不確実性です。新商品を発売しても価格の下落が早く，自ずと，早い時期に次のモデルを投入する

必要に迫られます。そのため，十分な開発期間は確保できない中，新機能・低価格商品の開発が求められます。矢継ぎ早にカードを切り合うような競合との競争に加え，災害や政治リスクなど事業継続のための不確実性も高まっており，リスクマネジメントの重要性も増しています。

　第2に，開発拠点の海外移転と世界最適生産化です。1985年のプラザ合意以降，日本企業の海外進出は活発化し，生産拠点だけでなく開発拠点の海外進出も進められてきました。そのため，商品力を決める開発マネジメントとともにグローバルな視点から統合的な生産マネジメントも求められます。

　第3に，IFRS（International Financial Reporting Standards：国際会計基準）適用による真のグローバル・グループ経営の可能性です。これまで会計基準の違いなどもあり，迅速な情報収集ができなかった海外拠点も含めたグローバルなグループ経営の実現に向けて，IFRS適用が大いに貢献する可能性があります。

　利益デザイン力の強化に向けた日本企業の管理会計における喫緊の課題を，3つ挙げておきます。

　第1に，多層・多面的業績管理体制の構築です。組織業績を成り行きの結果ではなく，積極的にプロセス管理するためには，部門・業務プロセスの階層・連鎖に応じた多層的な成果の把握と適時の対策を講じる体制の整備・運用が必要であるとともに，事業や地域，顧客別など複数のセグメント（括り）での多面的な業績管理が求められます。

　第2に，新製品開発コストマネジメントと既存製品の原価低減・海外生産管理です。魅力的な新製品の開発は何よりも重要な経営課題であり，限られた時間と経営資源のもとでは，原価企画（第2章）と呼ばれる新製品開発コストマネジメント活動のレベルアップが必須です。また，既存製品の継続的な原価低減活動や生産地移転の検討，海外生産拠点のマネジメントについて，グローバルな視点からグループ全体を統括的にマネジメントする必要があります。

　第3に，海外拠点マネジメントのための人材育成です。日本人の海外拠点への派遣を中心とする現状のやり方には限界が見えています。それでもこのやり

利益デザインのための5つのてこ

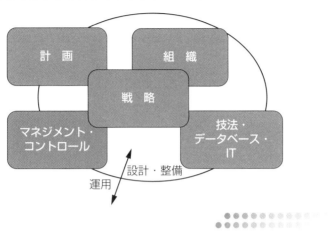

方をサポートするためにも，総合的マネジメント力が問われる海外業務に向け
て，駐在員はOff-JT（Off-the-Job Training）で世界標準のマネジメントスキル
を獲得する必要があります。さらには，世界的に人材を確保するためには，世
界共通の人事・業績評価の仕組みを構築する必要があります。

　利益デザインを推進するため，戦略，組織，計画，マネジメント・コントロー
ル，技法・データベース・ITの5つのてこ（lever）の設計・整備と運用が重
要になります。

0-3

利益を組織のマネジメント力で作り込む

利益を組織のマネジメント力で作り込む

●●●●●●●●●●●●●●●●●●●●●●●●●●●●●●

第1原則：利益・原価の見える化：測定なくしてマネジメントはできない！
- ●優れた利益計画や実施計画の策定と，目標数値の達成状況を把握しながらの業務遂行
- ●意思決定に必要な利益・原価情報の測定と開示
- ●適切なタイミングで必要な原価見積情報を提供するための原価見積能力の向上

第2原則：説明責任の明確化：結果の説明責任の所在を明確に！
- ●すべての目標数値には担当マネジャーを割り当て
- ●担当マネジャーの責任を問うの（犯人捜し）ではなく業務改善に活用

第3原則：現場の知恵による問題解決：マネジメントツールが問題解決するわけではない！
- ●多くの場合，解決策は現場の誰かが知っている
- ●そうしたアイデアにスポットライトを当て，部門横断的に共有し，ルール化，ルーティン化
- ●社内だけでなく顧客（企業）やサプライヤー企業も巻き込んだ組織・部門・職責を超えた協働を展開

第4原則：利益の作り込み意識：利益は成り行きではなく業務プロセスで作り込む！
- ●現場レベルで管理・影響可能な利益・コストを対象
- ●利益・コストマネジメントは本来業務であるとの利益・コスト意識の醸成

第5原則：顧客価値の創造：顧客価値を創造する活動に注力を！
- ●現場の仕事を増やすだけの「管理のための管理」は×
- ●すべてではなく重要な管理対象に注力することがマネジメントの基本（例外管理の原則）
- ●ABM（Activity-Based Management）の活用を検討

　利益マネジメントのための5つの原則を挙げておきましょう。

【第1原則：利益・原価の見える化】

　測定なくしてマネジメントはできません！　まずは，現状を把握することが出発点です。優れた利益計画や実施計画を策定するだけでは十分ではありませ

ん。実行段階において，計画期間の途中のプロセスにおける目標数値の達成状況（見込み）を把握しながら業務を進めなければ，最終的に目標利益を達成することはできません。

　そこで，マネジャー（予算管理者）は，業務フローの節目（業務プロセスの移行段階や月次など）に，意思決定に必要な利益・原価情報を測定し，計画どおりに進んでいない場合には，必要な対策を講じる必要があります。また，適切なタイミングで，関係者に理解容易な形式で，必要な利益・原価情報が開示され，関係者を巻き込んで，現状の進捗度を分析・判断する必要があります。

　加えて，第4原則にも関係しますが，適切なタイミングで必要な原価見積情報を提供するために，原価見積能力を高めていくことも重要です。

【第2原則：説明責任の明確化】

　結果の説明責任の所在を明確に！　すべての目標数値には責任者（担当マネジャー）を決めてください。結果について説明できる責任者のいない業務目標は考えられません。

　ここで誤解してはいけないのが，「責任」とは，達成できなければ罰を与えるという類いのものではありません。担当マネジャーは，目標達成活動のためのPDCA（Plan-Do-Check-Action）サイクルをマネジメントし，目標未達の場合には，その原因を把握・説明し，次に打つべき対策を提案する「説明責任」を負っているのです。

【第3原則：現場の知恵による問題解決】

　マネジメントツールが，経営問題を解決するわけではありません！　新たなマネジメントツール（経営管理手法やITツールなど）が登場すると，その有用性を尋ねられる機会は多いのですが，組織の問題を解決するのはヒトであって，優れたマネジメントツールも道具に過ぎないことを忘れてはいけません。

　組織の抱える問題を認識し，対策を立て，適切に実行していく。その際に，適切なマネジメントツールを活用すれば，施策の関係性や進捗状況が分かりや

すくなり，皆の納得も得やすくなることは期待されますが，マネジメントツールが問題を解決するわけではありません。

　多くの場合，解決策は現場の誰かが知っています。現場にあるアイデアにスポットライトを当て，部門横断的に共有し，ルール（規則・規程）化，ルーティン（習慣）化することで，組織の改善力も上がっていきます。その際には，社内だけでなく顧客（企業）やサプライヤー企業も巻き込んだ協働が展開できると，成果もより大きなものになります。組織・部門・職責を超えた現場の協働による問題解決に，ぜひ取り組んでください。

【第4原則：利益の作り込み意識（自律化）】

　利益は，成り行き業務の結果ではなく業務プロセスで作り込む！　利益を決めるすべての要因をマネジメントすることはできません。そこで，現場レベルで管理可能な利益・原価への影響要因をきちんとマネジメントしていくことが基本になります。PDCAサイクルを回して，業務スケジュールの節目ごとに目標利益・原価の達成状況を把握しながら，業務を進めていきます。

　その際に重要となるのが，現場の方の意識です。数値目標を強制されたと感じるのと，自分達の本来業務であり創造的活動として利益・原価を作り込むのとでは，自ずと結果も変わってきます。現場の方々が意識を変え，自律的に利益を作り込む組織に変えていく必要があります。

【第5原則：顧客価値の創造】

　顧客価値を創造する活動に注力を！　顧客とは，社外の顧客だけを指すのではなく，社内の他部門や他のメンバーを含みます。業務のムダを排除する活動を実行する際に，まず，その業務が社外顧客の価値を生み出しているのかを判断する必要があります。顧客の要望を聞いたり，顧客に提供する商品やサービスを作り込んだりする活動などは，顧客価値を創造する活動と言えます。一方，社内の業務分担を調整するための会議などは，直接的な顧客価値を創造する活動とは言えません。

　次に，社内顧客のための必要な連携もあります。例えば，営業部門と製造部門，物流部門などが連携し，情報共有・問題解決を図ることは，他部門という社内顧客の価値創造活動を通じて，社外顧客の価値を創造することに繋がります。

　避けなくてはならないのが，現場の仕事を増やすだけの「管理のための管理」です。社内の伝統や慣習の中には，現状の仕事の仕方とは合わなくなってしまったものも存在するはずです。社内会議資料の完成度を求めすぎたり，決議事項と懇談事項の区別を曖昧にしたりする会議など，顧客価値をもたらさないムダな活動はたくさんあります。

　また，マネジャーが多くの業務を抱えすぎていませんか。マネジャーはすべての仕事を抱え込むのではなく，任せられる仕事を上手に部下に任せ，時間配分を考えて効率的に，重要な業務のみに注力することがマネジメントの基本です（例外管理の原則）。

　こうした顧客価値の創造に結びつく業務効率化のためのヒントがABM（Activity-Based Management）（第7章第6節）の考え方にあります。業務活動を企業内外の顧客にとっての付加価値活動と非付加価値活動に二分し，前者は効率化，後者は排除の方向で業務を見直していきます。

　これらの利益マネジメントのための5つの原則の難易度は，一様ではありません。基本となる第1原則「利益・原価の見える化」は，まずは現状を把握すること，次に将来の利益・原価を見積もること，と難易度は上がり，利益マネジメント活動の成否を分ける，時間をかけても取り組むべき重要な原則と言えます。

　一方，第2原則「説明責任の明確化」は，計画段階で責任者を置けば実現可能ですし，第3原則「現場の知恵による問題解決」も，そのように考えれば実践可能です。

　第4原則「利益・原価の作り込み意識」と第5原則「顧客価値の創造」は，意識や考え方を変える必要があるので，時間のかかる継続的な取り組みが必要となります。

第 1 章

管理会計の「本社機能」を考える

1－1

管理会計部門の業務

経理・財務・経営企画部門の業務

●●●●●●●●●●●●●●●●●●●●●●●●●●●●

【図表１－１】　日本vs.欧米企業の経理・財務部署の業務の違い

欧米企業	treasurer			controller				
業　　務	入出金管理	資金調達	為替	財務報告	予算作成	業績分析（予実管理）	事業計画策　定	内部統制
日本企業	財務部			経理部（財務会計）	経理部（管理会計）		経営企画部	経企，経理，監査

【図表１－２】　東証一部上場製造企業経営企画部門の主管業務の現状と重要性の認識

業　　　務	主管業務（%）注１	部門業務としての重要性（%）注２
中期経営計画の策定	80.2	95.0
経営管理技術の探索・開発	57.5	69.5
予算管理	38.0	72.1
投資採算性の分析	27.3	81.0
資本予算の編成	25.9	61.8
業績評価システムの検討	24.8	65.8

注１：経営企画部門の現在の関与度について，「１　主管業務である」「２　他部署の支援を得ながら主に担当している」「３　他部門と連携して業務にあたっている」「４　他部署を経常的に支援している」「５　要請に応じて主管部署を支援している」の５点尺度に加え，「０　所管業務ではない」の６選択肢のうち，１と２の回答割合。
注２：経営企画部門業務としての重要性について，「１　非常に重要」「２　かなり重要」「３　ある程度重要」「４　あまり重要ではない」「５　重要ではない」の５点尺度のうち，１と２の回答割合。

<出所>　加登（2007）12頁表５，15頁表８より一部抜粋。

●●●●●●●●●●●●●
●●●●●●●●●●●

　日本企業では，管理会計（経営管理）業務が，経理部門や財務部門，経営企画部門などに分散されています。欧米企業では，入出金管理や資金調達や為替業務を担うトレジャラー（treasurer）部門と，経理や管理会計業務を担うコントローラー（controller）部門があります。一方，日本企業では，トレジャラー部門と同様の業務を担う財務部門がありますが，コントローラー部門の業務は，いくつかの部門に分かれて担当していることが多いです（**図表１－１**）。

　そのため，日本企業では，中期経営計画から年度予算や事業計画の策定，年度予算に基づく予実管理（予算と実績の差異分析に基づく管理），内部統制といった本来であれば連動しているはずの様々なマネジメント・コントロール（経営管理）活動が，必ずしも一体感を持って機能しているとは言えません。

　加登（2007）の調査によれば，日本の大企業の経営企画部門の主管業務の現状と重要性の認識には大きなギャップが存在します（**図表1-2**）。

　第1に，経営企画部門は，ほとんどの企業で，中期経営計画の策定の部門業務としての重要性を認識しており，実際に主管業務として担当しています。それでも，重要性の認識（95.0％）と実際の主管業務としての担当（80.2％）とでは，15ポイント近くの差があります。

　第2に，その他の業務でも，重要性の認識と実際の主管業務としての担当との間には大きな開きがあります。とりわけ投資採算性の分析については，重要性の認識（81.0％）と実際の主管業務としての担当（27.3％）とでは，50ポイント以上の差があります。第3に，経営管理技術の探索・開発も，重要性の認識（69.5％）と実際の主管業務としての担当（57.5％）との間には開きがあります。この類いの業務は，経営企画部門が適任と思われますので，経営企画部門が主管していないとすると，おそらくどの部門も主管していないと考えられます。

　第4に，予算管理についても，重要性の認識（72.1％）と実際の主管業務としての担当（38.0％）との間には大きな開きがあります。現業部門を含め，他の部門が予算管理を担っていると推察されますが，経営企画部門が計画機能だけを担い，予実管理のマネジメント・コントロール（PDCAサイクル・マネジメント）を担当していなければ，一貫した予算管理の実践は難しくなるとの考えが表れている調査結果だと考えられます。第5に，資本予算の編成と業績評価システムの検討についても，重要性の認識は少し下がりますが（61.8％），実際の主管業務としての担当（25.9％）との間には大きな開きがあります。

参考文献

○加登豊（2007）「「経営企画部門の仕事」―どうなっているのか，どうすればいいのか―」『ビジネス・インサイト』第15巻第4号，5-19頁。

1-2

管理会計部門の役割変化

環境変化がもたらす経理・財務・経営企画部門の役割変化

●●●●●●●●●●●●●●●●●●●●●●●●●●●●●●●●

(1)　2000年代前半以降の会計ビッグバン
- ●連結会計，税効果会計，金融商品会計，退職給付会計などの新基準の適用/キャッシュフロー計算書作成の義務化/東京証券取引所からの決算発表早期化の要請/連結納税制度適用，四半期決算，J-SOXの開始/コーポレートガバナンス・コードの適用/IFRS適用……
- ⇨高度な専門性の要求
- ●グローバル化したビジネス・マネジメントについて経理・財務の観点から積極的な提言が求められるようになり，経理・財務部員にもビジネスへの深い理解と知識を要求
- ●(時に日々のオペレーションを遂行しているに過ぎない)OJTでは，これらの要求に応えることは不可能

(2)　グローバル化とグループ経営の強化の要請
- ●海外進出・分社化・M&Aなどにより，ビジネス機会とともにリスクも増大
- ●企業グループ全体の事業・財政・損益状況を把握し，迅速な意思決定を支援する必要
- ⇨グループ一体経営のための体制・ルール構築
- ●親会社・グループ会社の役割・機能の見直し・定義
  - ──▶ 必要な権限委譲とモニタリング・ルールの策定
- ●(特に海外子会社を念頭に)不正を未然に防ぐ仕組み，リスクマネジメント体制の構築
- ●連結原価計算・管理のみならず連結業績管理体制の構築

(3)　マネジメント手法・技術の革新
- ●ABC/ABM/ABB (Activity-Based Costing/Management/Budgeting)，BSC (Balanced Scorecard)，戦略マップ，MPC (Micro Profit Center)，SVA (Shareholder Value Added) 経営，ROIC (Return on Invested Capital) 経営……
- ⇨ブレーキ役からナビゲーターへの転換
- ●(予実差による)フィードバックに加え，予測に基づくフィードフォワードの役割が増大
- ●会社のブレーキ役ではなく，ナビゲーターへの意識転換が必要

●●●●●●●●●●●
●●●●●●●●●●●

　近年，管理会計業務を担う経理・財務・経営企画部門を取り巻く激しい環境変化に対応するため，管理会計部門の役割・意識変化が必要になってきました。

　第1に，2000年代前半以降の会計ビッグバンです。連結会計，税効果会計，金融商品会計，退職給付会計などの新基準の適用，キャッシュフロー計算書作成の義務化，東京証券取引所からの決算発表早期化の要請，連結納税制度適用，四半期決算，J-SOXの開始，コーポレートガバナンス・コードの適用，IFRS

の任意適用など，財務会計を中心に次々と制度改正が続き，管理会計業務も変更が迫られています（第11章）。

　これらの制度変更に対応するためには，高度な専門性が要求されます。グローバル化したビジネス・マネジメントについて，経理・財務の観点から積極的な提言が求められるようになり，経理・財務部員にもビジネスへの深い理解と知識が要求されるようになります。時に日々のオペレーションを遂行しているに過ぎないOJT（On-the-Job Training）では，これらの要求に応えることは不可能です。企業外部の知見を活用したOff-JT（Off-the-Job Training）によって，新たな知識を獲得する必要があります。

　第2に，グローバル化とグループ経営の強化の要請です。海外進出，分社化，M&A（合併と買収）などにより，ビジネス機会とともにリスクも増大しています。経理・財務・経営企画部門にとっては，企業グループ全体の事業・財政・損益状況を把握し，迅速な意思決定を支援する必要があります。

　そこで，グループ一体経営のための体制・ルール構築が急務です。親会社・グループ会社の役割・機能の見直しや定義づけをして，必要な権限委譲とモニタリング・ルールを策定する必要があります。特に，海外子会社を念頭に，不正を未然に防ぐ仕組みやリスクマネジメント体制の構築も必要です。連結原価計算・管理のみならず，連結業績管理体制の構築も必要になります（第10章）。

　第3に，マネジメント手法・技術の革新です。ABC/ABM/ABB（Activity-Based Costing/Management/Budgeting）（第7章第6節），BSC（Balanced Score-card）（第6章），戦略マップ（第6章），MPC（Micro Profit Center）（第4章），SVA（Shareholder Value Added）経営，ROIC（Return on Invested Capital）経営（第5章第7節）など，経営をサポートする手法・技術も進歩しています。

　そうした中，経理・財務・経営企画部門は，かつての会社のブレーキ役からナビゲーターへの意識転換が迫られています。伝統的な予算管理における予実差（予算と実績の差異）によるフィードバックに加え，予測に基づくフィードフォワードの役割が増大しています。

---

1 − 3

管理会計部門への要請と課題

経理・財務部門スタッフに求められる知識・経験の変化

●●●●●●●●●●●●●●●●●●●●●●●●●●●●●●

【図表1 − 3】　過去 5 年間における経理・財務部門のスタッフに求められる実務知識や経験値の変化

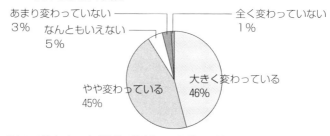

<出所>　日本CFO協会（2014）「経理・財務部門の組織・人材に関する調査」WEBアンケート，回答者数757名（職位は様々）。

> ●「経理・財務部門のスタッフに求められる実務知識や経験値が過去 5 年で変わってきたか」という質問に，46％の企業が「大きく変わっている」と回答。
> ●どのように業務が変化してきたのか？
> 　➢外部人材を活用したい業務上位：「国際税務」39％，「M&A」37％，「IFRS対応」32％
> 　➢外部人材を活用する主な理由：
> 　　✓「自社に専門知識を持つ人材が不足している」61％
> 　　✓「経理・財務部門の要員が絶対数として不足している」26％

　日本CFO協会（2014）の調査でも，「経理・財務部門のスタッフに求められる実務知識や経験値が過去 5 年で変わってきたか」という質問に，46％の人が「大きく変わっている」と回答しています（**図表1 − 3**）。

　また，外部人材を活用したい業務上位として，「国際税務」を39％，「M&A」（合併と買収）を37％，「IFRS対応」を32％の人が回答しています。外部人材を活用する主な理由としては，「自社に専門知識を持つ人材が不足している」が

CFO（Chief Financial Officer）にとっての今後の経営課題

●●●●●●●●●●●●●●●●●●●●●●●●●●●●●●●

【図表1－4】　CFOにとっての今後の経営課題

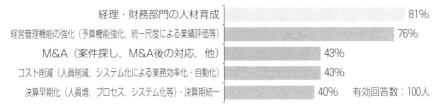

<出所>　桑原（2014），日本CFO協会・新日本監査法人共同調査（2013年度実施）。
　　　　日本企業100社のCFOまたは経理・財務部門の責任者が回答。

●回答上位：「経理・財務部門の人材育成」81%　「経営管理機能の強化」76%
●CFO人材育成の現状の課題
　➤「CFOは社内における次世代CFO候補を育成する義務がある」98%
　➤「経理・財務部門を今後積極的に改革したいと考えている」98%
　➤「人材開発や調整のスキルを磨きたい」89%
　➤「人材開発に十分な時間が割けていない」84%
　➤「現状の経理・財務部門には，将来のCFOとなる広範なスキルを持つ人材が少ない」
　　69%　　　　　　　　　　　　　　※「強く同意」または「同意」と回答した割合

●●●●●●●●●●●●●●●●●●●
●●●●●●●●●●●●●●●●●●●

61%，「経理・財務部門の要員が絶対数として不足している」と回答した人が26%となっています。

　CFOにとっての今後の経営課題についての実態調査（桑原，2014）の結果（**図表1－4**），「経理・財務部門の人材育成」を81%，「経営管理機能の強化」を76%のCFOや経理・財務責任者の方が挙げています。また，CFO人材育成の現状の課題として，「CFOは社内における次世代CFO候補を育成する義務がある」が98%，「経理・財務部門を今後積極的に改革したいと考えている」が98%，「人材開発や調整のスキルを磨きたい」が89%などとなっています。

参考文献

○桑原清幸（2014）「グローバル時代におけるCFO人材育成」『情報センサー』Vol.
　94，6月号，18-19頁。
○日本CFO協会（2014）「経理・財務部門の組織・人材に関する調査」
　URL：http://forum.cfo.jp/cfoforum/?p=863/

1-4

経理人材の育成
：パナソニック㈱【事例研究】

事例：パナソニック㈱の経理社員制度

【図表1-5】　求められる経理社員

環境の変化	求められる能力	具体的な対応
デフレ経済の長期化	リスクマネジメント力	グローバルな視点での
会計基準の国際化〜時価会計，減損会計他	会計の専門知識	経営業務の高度化
ディスクロージャーと米国企業改革法の強化	内部統制	
経営活動グローバル化の更なる進展	グローバルな発展と取引・しくみの知識	個人の能力向上
構造改革の常態化	変革への実行力	IT革新
経理社員の減少	人材確保と効率化	

<出所>　『経営財務』2007年4月9日号。

● 「経理社員制度」
　➢「経理」とは「経営管理」の略（松下幸之助『実践経営哲学』）
　➢経理は経営の羅針盤であり，経理の乱れは経営の乱れになる
　➢経理部門長が経理社員の人事権をもつ
　➢事業単位ごとに本社から派遣している面と，事業場長の補佐という二面性

　経理人材の育成は最重要テーマであり，特徴的な企業の取り組みを紹介しましょう。まずはパナソニック㈱です（**図表1-5**）。

　パナソニック㈱の経理社員制度では，「経理」の意味を広くとらえ，「経営管理」の略（松下幸之助『実践経営哲学』）であるとして，経理は経営の羅針盤であり，経理の乱れは経営の乱れになるとの考え方を基準にしています。

　制度的特徴としては，経理部門長が経理社員の人事権をもちます。そのため，経理部員として事業単位に本社から派遣されている側面と，事業場長の補佐と

事例：パナソニック㈱の経理教育訓練体系

●●●●●●●●●●●●●●●●●●●●●●

【図表1−6】　経理教育訓練体系とスキルの関係

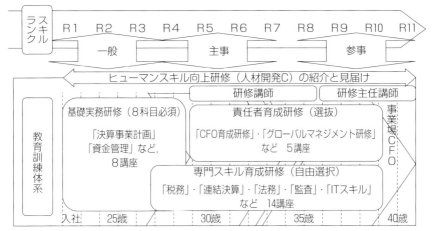

<出所>　『経営財務』2007年4月9日号。

- ●スキルランクに応じたスキル評価
  - ➤テクニカル，プロセス，ヒューマンの3つのスキル評価の合計でスキルランクを決定
- ●グローバルへの対応
  - ➤事業トップ，経理，技術が必ず出向する体制からの脱皮を図る
  - ➤幹部人事については，グローバルに経理社員制度を適用

して業務する二面性（二重の指揮系統）があります。経理社員の育成の観点からも，経理部門長に人事権があり，本社経理部門が一元的にローテーションをマネジメントできることは，キャリアパスを設計しやすい点も含めて，有用な仕組みだと考えられます。経理社員制度のもと，経理教育についても一貫した教育体系が整備されています（**図表1−6**）。経理・財務人材の一面的なスキル評価を実施するのではなく，テクニカル，プロセス，ヒューマンという3つのスキルの8段階評価の合計で11段階のスキルランクを決定する仕組みになっています。

参考文献

○松下幸之助（2001）『実践経営哲学』PHP文庫。

○週刊『経営財務』2007年4月9日号。※本節の解説は本記事に依拠しています。

1-5

経理人材の育成

：東レ㈱【事例研究】

事例：東レ㈱の経理・財務人材教育

● ●

- ●ローテーション制度
  - ➤課長昇格までに「経理・財務・工場経理」「事業企画管理」「国内外関係会社経理」の3分野のうち，最低2分野3部署を経験し，専門知識に加えて実務能力をしっかり身につける
  - ➤新入社員 ─→ 集合研修 ─→ 工場経理配属 ─→ 約3年間，工場の原価管理や固定資産管理などの実務を経験
    - ─→ 本社の財務経理部門や事業企画管理部などへローテーション
  - （工場で約7カ月間実習）─→ 事業本部の企画管理部や国内関係会社の経理部署配属
    - ─→ 1部署4年程度を目途にローテーション
- ●研修による教育制度
  - ➤財務会計，管理会計，資金会計，税務についての専門知識の習得を体系的・計画的に行う
  - ➤JUNIOR研修（入社3年目，入門編）とSENIOR研修（入社6年目，応用編）：年に1回1週間，研修所で合宿
  - ➤研修後の達成度テスト（社内作成）：点数をつけて合否判定（表彰，合格証あり）
    - ─→不合格者は翌年再受講）
- ●経理管理系アセスメント
  - ➤入社5年目と9年目に実施
  - ➤自分の担当業務について課題や取り組みの成果，今後の抱負などを発表
  - ➤評価者は課長クラス，常務取締役財務経理部門長，経理部長，財務部長がオブザーバー
  - ➤本人の育成状況や上司の育成方針を確認し，本人の今後の進路・方向性を見極め，ローテーション制度の円滑な運営に役立てる
  - ➤本人にとっては，自分の仕事を振り返り今後のことを考える節目。また，プレゼンテーション能力を磨く場

● ● ● ● ● ● ● ● ● ●
● ● ● ● ● ● ● ● ● ●

　次に，東レ㈱です。東レの経理・財務人材教育には，ローテーション制度と研修による教育制度，経理管理系アセスメントの3つの特徴的な取り組みがあります。

　第1のローテーション制度は，課長昇格までに「経理・財務・工場経理」，「事業企画管理」，「国内外関係会社経理」の3分野のうち，最低でも2分野3部署を経験し，専門知識に加えて実務能力をしっかり身につけてもらうことを

意図しています。また，新入社員の集合研修後のキャリアパスは2通りあります。ひとつは，工場経理に配属され，約3年間，工場の原価管理や固定資産管理などの実務を経験した後，本社の財務経理部門や事業企画管理部などへ異動します。もうひとつは，工場で約7カ月間の実習を終えた後，事業本部の企画管理部や国内関係会社の経理部署に配属され，1部署4年程度を目途に，複数の部署をローテーションします。

　最初の配属先を工場にしているのは，まずは現場を知ることを重視しているためです。そのため，経理管理系の新入社員だけでなく，総合職で入った大卒新入社員全員が対象になります。

　第2の研修による教育制度は，財務会計，管理会計，資金会計，税務についての専門知識の習得を体系的・計画的に行います。研修による教育制度には，JUNIOR研修（入社3年目，入門編）とSENIOR研修（入社6年目，応用編）があり，年に1回1週間，研修所にて合宿形式で実施します。

　研修後の達成度テスト（社内作成）も実施し，点数をつけて合否判定（表彰，合格証あり）をし，不合格者は翌年に再受講となります。達成度テストを実施する目的はあくまでも専門知識の習得にありますので，その結果を人事考課に反映させることはありません。

　第3の経理管理系アセスメントは，入社5年目と9年目に実施します。自分の担当業務について課題や取り組みの成果，今後の抱負などを発表し，評価者は課長クラス，オブザーバーとして常務取締役財務経理部門長，経理部長，財務部長が参加します。

　経理管理系アセスメントでは，本人の育成状況や上司の育成方針を確認し，本人の今後の進路・方向性を見極めることで，ローテーション制度の円滑な運営に役立てます。本人にとっては，自分の仕事を振り返り今後のことを考える節目となります。また，プレゼンテーション能力を磨く場にもなっています。

参考文献

○週刊『経営財務』2011年4月25日号。※本節の解説は本記事に依拠しています。

1−6

経理人材の育成と組織

：花王㈱【事例研究】

事例：花王㈱の経理・財務部門組織

● ●

【図表1−7】　花王の経理・財務部門の組織

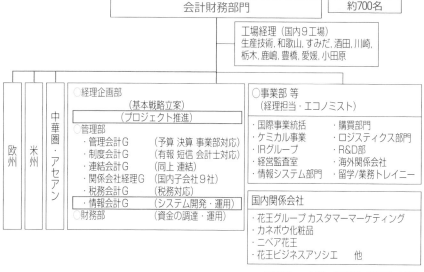

<出所>　吉田・花王㈱（2020）16頁。

● 情報開発グループ
　➤ 情報システム部門と連携をとりながら会計の仕組み構築
● プロジェクト推進グループ（正式名称なし）
　➤ J-SOX（内部統制報告制度）対応など，プロジェクトとして取り組む必要のある仕事を専任担当

● ● ● ● ● ● ● ●
● ● ● ● ● ● ● ●

　続いて，花王㈱です。花王の人材育成では，OJT（On-the-Job Training）については，工場でのキャリアを重視しており，経理パーソンには，原価計算や

製造現場のモノづくりへの理解が求められます。Off-JT（Off-the-Job Training）の教育制度については，30年以上前からの取り組みとしてアカウンティングスクールを開講しています。当初は経理に配属されてきた人が対象でしたが，その後は全社的に募集し，毎年20名ほどの参加者がいます。日商簿記2級合格を目指す1次研修では，社外講師を招いた2週間の合宿研修，2次研修では，管理会計，税務，法務パートごとに，社内講師から学びます。

　会計財務部門内では，原価計算や予算策定の実務を中心とした工場配属1年目向けの「経理グループ広域研修プログラム」，経理入社2年目および他部門の経理関連業務に関わるメンバー向けの基礎講座である「FBP（Finance Basic Program）」，経理メンバー向けの専門性を高める応用講座である「FAP（Finance Advanced Program）」を実施しています。

　人材交流についてパナソニック㈱と異なるのは，研究所から経理に来て6年後に戻ることもあるなど，会計財務部門と他の部門との異動も可能なことです。

　花王グループの経理組織についても見てみましょう。グローバルに一体運営を行う総勢700名ほどの規模があり，日本国内では約200名が業務に従事しています（**図表1－7**）。特徴のひとつとして，管理部の中に，管理会計，制度会計，連結会計，関係会社経理，税務会計という会計系のグループに加えて，情報開発を担当するグループが存在します。会計財務業務とIT部門との連携はシステム設計の上で欠かせませんが，長期継続的にITシステムの改良を検討・実施するために，会計財務部門の中にIT担当グループが常駐している特徴的な取り組みと言えます。もうひとつの特徴として，経理企画部の中に，プロジェクトを推進するグループが存在します。正式名称はないようですが，J-SOX（内部統制報告制度）対応など，プロジェクトとして取り組む必要のある仕事を専任で担当しています。これも，常に取り組むべきプロジェクトが存在するという認識と実践力は特筆すべき特徴だと言えます。

参考文献

○吉田栄介・花王株式会社会計財務部門（2020）『花王の経理パーソンになる』中央経済社。

1－7

経理組織

：スリーエムジャパン㈱【事例研究】

事例：スリーエムジャパン㈱の経理・財務部門組織

● ●

【図表1－8】　3Mの経理・財務組織

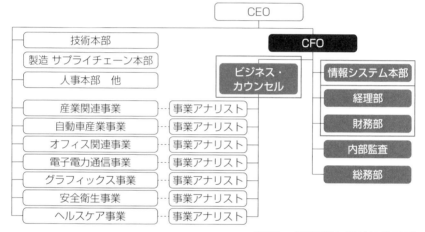

<出所>　『経営財務』2010年8月30日号。

● 「ビジネス・カウンセル」
　➤ 事業部と一緒になって業績の最大化を考えるアドバイザー的な役割を担うチーム
　➤ 1980年代以降の株式市場への財務報告要求の強化を背景に，コントローラーを発展的に解消し，CFOとビジネス・カウンセルを創設
　➤ 予算配分，主要業績指標のモニタリング，目標達成への対策検討協力，改善策の実行支援
● 情報システム部門をCFOの下に位置づけ
　➤ 経営をサポートする観点から，経理・財務の経営管理ツールと情報システムは連動してサポートすべき

● ● ● ● ● ● ● ● ● ●
● ● ● ● ● ● ● ● ● ●

　最後に，スリーエムジャパン㈱です。スリーエムジャパンは，1960年に住友グループと米国3M社の合弁企業として設立され，雑誌の取材当時は，3M社が75％出資し，残りの25％を住友電気工業㈱が保有していました（その後，2014

年には3Mの100％子会社となっています）。

　そのため，経理・財務組織には外資系企業らしい2つの特徴があります（**図表1-8**）。

　第1に，ビジネス・カウンセルと呼ばれるチームの設置です。日本企業に一般的な経理部と財務部に加えて，事業部と一緒になって業績の最大化を考えるアドバイザー的な役割を担うチームとしてビジネス・カウンセルを設置しています。

　ビジネス・カウンセル設置の経緯を説明しましょう。米国企業の子会社ですので，当初は米国企業に一般的であったコントローラー制度が導入されていました。しかし，1980年代以降の株式市場への財務報告要求の強化を背景に，過去データに過ぎない財務会計目的に精緻化されすぎた情報では，事業サポートという管理会計目的を果たせないとの考えに至ります。そこで，コントローラー制度を発展的に解消し，2000年以降に，CFO（Chief Financial Officer）とビジネス・カウンセルが創設されました。米国の先進企業では，1980年代から1990年代に，同様の組織的対応が実践されています。

　ビジネス・カウンセルは，担当事業への予算配分，主要業績指標のモニタリング，目標達成に向けた対策検討への協力，改善策の実行支援の業務を行います。また，CFOはコントローラーよりも広い経営責任を担う経理・財務部門のトップとして設置されました。

　第2に，情報システム部門をCFOの下に位置づけている点です。経営をサポートする観点から，経理・財務の経営管理ツールと情報システムは連動してサポートすべきとの考えに基づいています。米国の3M本社も同じ組織体制のようです。

　スリーエムジャパンや花王のように，経理・財務業務と情報システムとの連携の重要性を重視し，組織的にも情報システム部門が経理・財務部門内に経常的に設置されることは日本企業では珍しい先駆的な取り組みと言えます。

参考文献

○週刊『経営財務』2010年8月30日号。※本節の解説は本記事に依拠しています。

1 − 8

グローバル時代の世界標準の管理会計

グローバル管理会計原則
(GMAP：Global Management Accounting Principles)

●2014年10月：英国勅許管理会計士協会（CIMA：Chartered Institute of Management Accountants）により提唱された世界初の管理会計の普遍的な枠組みである実務指針。

●2017年7月：英国勅許管理会計士協会（CIMA）および米国公認会計士協会（AICPA）のジョイント・ベンチャーとして設立された国際公認職業会計士協会（Association of International Certified Professional Accountants）が普及・促進を目指す勅許国際管理会計士（CGMA®：Chartered Global Management Accountant®）の資格と関連づけたことで注目を集める。

●2018年2月：日本管理会計学会のサポートのもと，日本語版を発表。

　グローバル管理会計原則（GMAP：Global Management Accounting Principles）は，2014年10月に，英国勅許管理会計士協会（CIMA：Chartered Institute of Management Accountants）により提唱された世界初の管理会計の普遍的な枠組みである実務指針です。

　2017年7月には，英国勅許管理会計士協会（CIMA）および米国公認会計士協会（AICPA：American Institute of Certified Public Accountants）のジョイント・ベンチャーとして設立された国際公認職業会計士協会（Association of International Certified Professional Accountants）が普及・促進を目指す勅許国際管理会計士（CGMA®：Chartered Global Management Accountant®）の資格と関連づけたことで注目を集めることになります。

　2018年2月には，日本管理会計学会のサポートのもと，日本語版を発表して

【図表1－9】　グローバル管理会計原則

Communication provides
insight that is influential
▶コミュニケーションは影響をもたらす洞察を
　提供する
　・戦略の策定と実行は会話のようなものである
　・コミュニケーションは状況に応じて
　　行われる
　・コミュニケーションは適切な意思
　　決定を行うことを容易にする

Information
is relevant
▶情報は目的関連的である
　・情報は入手可能なものである
　・情報は信頼でき，また，入手可能な
　　ものである
　・情報は文脈による

Value

Stewardship
builds trust
▶スチュワードシップは信頼を築く
　・説明責任と信頼
　・持続可能性
　・誠実さと倫理

Impact on value
is analysed
▶価値への影響が分析される
　・シミュレーションはオプションに
　　対し洞察を与える
　・活動は，結果に対する影響により
　　優先順位が決められる

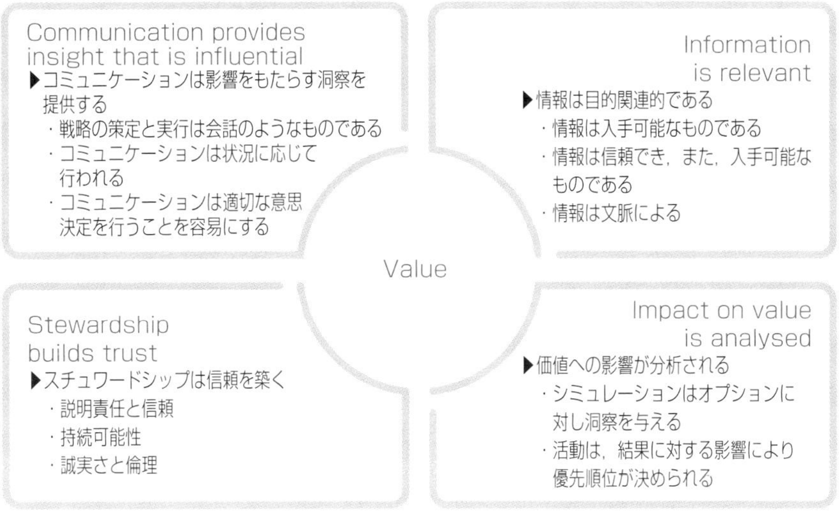

<出所>　CIMA（2017）8-9頁。

います。

　グローバル管理会計原則では，管理会計は，組織の価値を生み出し維持していくために，意思決定に関連する財務的・非財務的情報を入手・分析・伝達・利用すると定義されています。

　また，4つの包括的な原則（コミュニケーションは影響をもたらす洞察を提供する，情報は目的適合的である，組織価値への影響が分析される，スチュワードシップ（財産管理）は信頼を築く）が，組織の価値を高めるために重要であると主張されています（**図表1－9**）。

参考文献

○CIMA（2017）Global Management Accounting Principles.

《GMAPにおける管理会計機能の主要な実務領域》

【コストの変質とコストマネジメント】 価値創出を維持し，さらに増やしていくことをしながら浪費を削減する試み。これは，利害関係者に将来価値を与え，顧客目線の技術革新へ投資を行うため，資源を開放しながら，組織全体について無駄を継続的に識別し，減らしていくことに関係する。

【外部報告】 期待される将来の業績を有効に評価するための基礎となる，組織の財務的・非財務的業績，ビジネスモデル，リスクと戦略についての統合的かつ包括的な見解。

【財務戦略】 様々な戦略の中から企業の正味現在価値を最大化するような戦略を識別し，競合する機会へ希少な資本資源を配分し，すでに示されている目的を達成するために選ばれている戦略を実施し監視する。

【内部統制】 価値創出と維持に対するリスクを管理するための方針，システム，プロセス，手続きに関するフレームワークを文書化すること。これは，このフレームワークを能率的かつ有効に実行し，フレームワークを報告・監督することを含む。

【投資評価】 戦略との整合性，オプションの優先順位，利用可能性，受容可能な利益対受け入れることのできないリスクといった点から特定の投資を行うべきかどうかを評価すること。

【マネジメント・コントロールと予算統制】 組織のあらゆるレベルで事前に決められた目標に対し，あらかじめ業績をコントロールするようなシステム。これは，プロジェクト，人的資源，活動，プロセス，販売数量と売上，資源，業務費用，資産，負債，キャッシュフローや他の非財務的な尺度を含む。

【価格，値引，製品の決定】 どのような製品を生産し，どのようなサービスを提供するかを決め，販売価格を決め，製品とサービスについて値引の方法を決める。

【プロジェクト管理】 必要な時，必要な場所で適切な知識と資源を利用できるようプロジェクトのすべての側面を統合化すること。とりわけ，期待された成果がタイムリーに，コストが有効に活用され，品質がコントロールされるような方法で生産されることを保証する。

【規制と法令遵守】 会計，法令上の報告，税，その他法令遵守に関係する法令の義務を実施すること。目的は，処罰や他の強制的な活動を避け，優れた企業とし

て市民権を得るよう組織としての評判を高めること。

【資源管理】　組織が意思決定を行う文脈において，資源の利用可能性について優先順位を考えること。これは，企業が能率的かつ有効に製品やプロセスを継続的に改善できるよう管理していくのに役立つ。これは，資源，システム，従業員を戦略的目的や組織の優先順位に整合させることを含む。

【リスク管理】　戦略目的の達成を助けるために，組織の活動から生じる不確実性を識別し，評価し，対応するプロセス。

【戦略的な税金の管理】　組織の税金の支払状況が，あらかじめ法的な要請を満たすよう管理しながら，財務分析と意思決定において税がどのような役割を果たすか決めること。

【資金と現金管理】　企業が扱うすべての財務的な事項。ビジネスを行うため外部・内部から資金を調達すること，為替や利率のリスク管理，金融機関，資金と現金の管理も含む。

【内部監査】　組織のリスク管理，ガバナンス，内部統制プロセスが有効に機能することを独立的に保証すること。これは，時々，統制の管理レビューと呼ばれることもある。内部監査は，管理会計の職能内にある実務領域ではない。しかし，管理会計は，内部監査機能により検証され，評価されるように内部統制システムに対して大きな貢献をしている。

<出所>　CIMA（2017）19頁。

1 － 9

まとめ：管理会計の本社機能を考える

まとめ：管理会計の「本社機能」を考える

- ■管理会計（経営企画・経理・財務）部門に求められる機能
  - ●中長期経営計画の策定と進捗管理
    - ➤予算管理との連携
    - ➤組織設計（組織構造，業績評価），人材開発
  - ●経営管理技術の探索・開発
  - ●事業構造の分析（顧客，損益，商品，機能）
  - ●M&A，業務提携の模索
  - ●新規事業開発
  - ●リスクマネジメント

    - ●自前主義を捨て，外部の経営資源・知見の積極的な活用
    - ●戦略部門としての体制整備と人材育成
- ■グローバル時代に求められる管理会計組織能力
  - ●グループ全体で多様な専門能力を有する人材を束ねる組織力
  - ●国内・海外拠点を結ぶ緊密なネットワーク
- ■グローバル時代に求められる管理会計人材力
  - ●海外子会社などの管理責任者とのコミュニケーションのための交渉術と英語力
  - ●経営層への情報提供における分析力と判断力
  - ●自社の経営状態を社内外に戦略的に発信できる説明力
    - ●管理会計部門に必要なジョブ・ディスクリプションの戦略的な定義
    - ●キャリア・ディベロップメント・プログラムの制度化と運用
    - ●専門知識・スキルに加え，ビジネススキルも重視した体系的・長期的教育プログラムの構築・運用

　本章では，「管理」会計から「経営」会計へと発展するために，管理ではなく経営参謀への転換（ブレーキ役からナビゲーターへの意識転換）を図る必要があるというメッセージをお伝えしました。

　内容としては，日本企業では，管理会計業務が複数部署に分散されているため，統合的な経営管理が難しくなっていることを説明し，人材育成の先進的取

り組みや組織体制について事例を紹介し，グローバル時代の世界標準の管理会計として提唱されたグローバル管理会計原則では，管理会計には広範な実務領域をカバーすることが期待されていることを紹介しました。

そこで，最後に本章のまとめとして，管理会計に求められる「本社機能」と必要な施策について考えてみましょう。

まず，管理会計（経営企画・経理・財務）部門に求められる機能を挙げてみます。代表的なものだけでも，中長期経営計画の策定と進捗管理（予算管理との連携，組織設計（組織構造，業績評価），人材開発），経営管理技術の探索・開発，事業構造の分析（顧客，損益，商品，機能），M&A（合併と買収）や業務提携の模索，新規事業開発，リスクマネジメントなど，多岐にわたります。

前節で紹介したGMAPにおける管理会計機能の主要な実務領域でも，外部報告や財務戦略，資源管理，資金・現金管理といった財務・経理業務や内部監査，内部統制も挙げられており，こうした会計関連の業務を一体的に遂行することが求められてきています。加えて，プロジェクト管理やリスク管理も挙げられるなど，管理会計部門が担う業務領域は拡がりを見せています。

これらの要請に応えるためには，自前主義を捨て，外部の経営資源・知見の積極的な活用と，戦略部門としての体制整備と人材育成が急務です。

次に，グローバル時代に求められる管理会計組織能力として，多様な専門能力を有する人材をグループ全体で束ねる組織力と，国内・海外拠点を結ぶ緊密なネットワークの構築と運用が求められます。

続いて，グローバル時代に求められる管理会計人材力として，海外子会社などの管理責任者とのコミュニケーションのための交渉術と英語力，経営層への情報提供における分析力と判断力，自社の経営状態を社内外に戦略的に発信できる説明力が求められます。

これらの要請に応えるためには，管理会計部門に必要なジョブ・ディスクリプションの戦略的な定義，キャリア・ディベロップメント・プログラムの制度化と運用，専門知識・スキルに加え，ビジネススキルも重視した体系的・長期的教育プログラムの構築・運用が必要になります。

参考文献

○プライスウォーターハウスクーパース㈱　豊國成康・伊藤久明・駒井祐太・PwC あらた監査法人　田所健（2015）「財務・経理部門の人材育成を考える」『経理情報』 2015年10月1日号（第1回）〜2015年12月1日号（第7回）。

第2部

コストマネジメント

第 2 章
原価企画の現状と課題

2 − 1

原価企画とは

原価企画とは

●●●●●●●●●●●●●●●●●●●●●●●●●●●●●●●●●●

- ■製品の企画・開発にあたって，顧客ニーズに適合する品質・価格・信頼性・納期などの目標を設定し，上流から下流におよぶすべてのプロセスでそれらの目標の同時的な達成を図る総合的利益管理活動（日本会計研究学会，1996）
  - ●原価低減活動の側面（狭義の原価企画）：製品開発コストマネジメント
  - ●目標利益達成活動の側面（広義の原価企画）：中期経営計画の目標達成に向けた利益マネジメント
- ■なぜ原価企画なのか？
  - ●競争環境の変化と製造段階での原価低減余地の減少
    - ➤顧客ニーズの多様化による多品種少量生産，製品ライフサイクルの短縮化
      - ✓製品（群）別利益マネジメントや製品ライフサイクル採算性の重要性
        - c.f.）自動車関連は製品ライフサイクルは長く，生産量も多いため原価改善効果も大きい
    - ➤グローバル競争の激化によるさらなる原価低減要請
      - ✓アジア企業の台頭など

- ●原価企画が大幅な原価低減を実現するのはなぜか？
  - ➤源流管理：開発設計段階で製品原価の大部分が決定
  - ➤原価企画支援方法・手法（VE，原価見積，コストテーブル，マイルストーン管理など）
  - ➤付加価値を生まないコスト・ドライバーの徹底的排除
  - ➤高い目標原価水準による発想転換・協働の動機づけ

●●●●●●●●●●●
●●●●●●●●●●●

　原価企画とは，新製品を企画・開発する段階において，市場で顧客に受け入れられる品質・価格・信頼性などの実現を図る総合的な利益管理活動です。原価企画は，電機，機械，自動車などの加工組立型産業を中心に多くの産業に普及しており，原価企画活動のあり方は一様ではありません。

　原価企画の多様な実践を大別すると，製品開発コストマネジメントとしての原価低減活動の側面（狭義の原価企画）と，中期経営計画の目標達成に向けた

原価企画の２つのタイプ（田中，1995）

● ●

■原価管理タイプ：狭義の原価企画
　　●新製品等の開発設計段階で目標原価を設定し，取引先企業を含めた全社的活動によって
　　　目標原価の達成を図る
■製品別利益管理タイプ：広義の原価企画
　　●中長期の総合的利益管理の一環として，製品（群）別利益計画において，目標となる
　　　売上高，原価，利益を設定し，国内外の取引先を含めた企業グループ活動によって，
　　　製品ライフサイクルにわたる目標利益・原価の達成を図る

【図表２－１】　原価企画実践年数と原価企画タイプとの関係（複数回答）

	10年未満（20社）	10年～20年（20社）	20年以上（39社）
狭義の原価企画（63社）	95.0%（19社）	80.0%（16社）	71.8%（28社）
広義の原価企画（35社）	10.0%（2社）	25.0%（5社）	46.2%（18社）

＜出所＞　東証一部・二部上場製造企業対象の実態調査（2012年）結果（田中他，2014）より作成。

　　●「狭義」の原価企画を実践する企業のほうが，「広義」の原価企画よりも多い
　　●原価企画の実践経験を積むと，「広義」の原価企画実践企業が増える傾向
　　　　　⇨「広義」の原価企画を実践するには，長年の経験知が必要

● ● ● ● ● ● ● ● ● ● ●
● ● ● ● ● ● ● ● ● ●

　利益マネジメント（広義の原価企画）とに分けられます。狭義の原価管理タイプの原価企画は，新製品等の開発設計段階で目標原価を設定し，取引先企業を含めた全社的活動によって目標原価の達成を図ります。一方，広義の製品別利益管理タイプの原価企画は，中長期の総合的利益管理の一環として，製品（群）別利益計画において，目標となる売上高，原価，利益を設定し，国内外の取引先を含めた企業グループ活動によって，製品ライフサイクルにわたる目標利益・原価の達成を図ります（田中，1995）。

　田中他（2014）の調査によれば，狭義の原価企画を実践する企業のほうが，広義の原価企画よりも多い傾向にあります。また，原価企画実施年数と原価企画タイプとの関係をみると，原価企画の実践経験を積むにつれて，広義の原価企画実践企業が増える傾向にあります（**図表２－１**）。この調査結果は，広義の原価企画を実践するには，長年にわたる経験知の蓄積が必要なことを示してい

原価の決定・発生間のタイムラグ

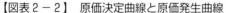

【図表2-2】　原価決定曲線と原価発生曲線

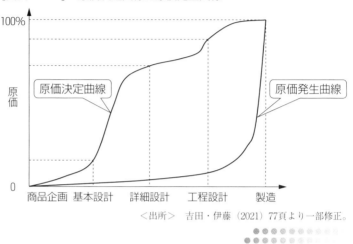

<出所>　吉田・伊藤（2021）77頁より一部修正。

ると言えるでしょう。

　あらためて，なぜ原価企画が重要なのでしょうか。ひとつは，競争環境の変化とともに製造段階での原価低減余地が減少していることに起因します。顧客ニーズの多様化による多品種少量生産や製品ライフサイクルの短縮化は，製品（群）別利益マネジメントや製品ライフサイクル全体での採算性の重要性を高めてきました。原価管理の話題ではよく登場するトヨタ自動車などの自動車産業では，家電やIT関連の消費財などに比べて，製品ライフサイクルは長く，生産量も多いため，原価企画だけでなく，製造段階での原価改善効果も大きい特殊な産業だと言えます。

　もうひとつには，アジア企業の台頭によるグローバル競争が激化しており，さらなる原価低減要請も無視できない要因となっていることがあります。

　それでは，原価企画が大幅な原価低減を実現するのはなぜでしょうか。第1

に，製品原価の大部分が開発設計段階で決定するため，源流管理の貢献が大きくなります。つまり，設計図が確定するまでに十分な検討・調整を実施することで，限られた納期の制約のもと，機能・品質・コストの均整の取れた製品が実現できます。

　原価の決定と発生との間にはタイムラグが存在します。原価発生曲線をみると，実際に製造原価の多くが発生するのは，部品・材料を購入し，生産活動が進行する製造段階になります。しかしながら，原価決定曲線をみると，製造原価の多くが決まるのは，設計図が確定してしまうまでの開発設計段階であることが分かります（**図表 2 － 2**）。

　第 2 に，VE（Value Engineering）や原価見積，コストテーブル，マイルストーン管理などの原価企画支援方法・手法が開発されています。これらの方法や手法は，パッケージソフトを購入すればすぐにでも利用できる類いのものではありません。時間をかけて，愚直に地道な努力を重ねて蓄積されていくノウハウだからこそ，持続的競争優位の源泉になりえます。

　第 3 に，開発設計段階でのみ，付加価値を生まないコスト・ドライバー（原価の発生要因）の徹底的な排除が可能になります。製造段階に進んでからでは，根本的な設計変更はできず，小幅な修正しかできません。

　第 4 に，高い目標原価水準による発想転換や協働による動機づけといった心理的要因も指摘されています。

参考文献

○加登豊（1993）『原価企画：戦略的コストマネジメント』日本経済新聞社。
○田中雅康（1995）『原価企画の理論と実践』中央経済社。
○田中雅康・田中潔・増田譲二・管康人・眞田崇（2014）「主要企業における原価企画の現状と課題(1)～(10)」『企業会計』第66巻第 3 号～第12号，66-71頁，106-111頁，138-144頁，116-122頁，136-141頁，126-131頁，146-151頁，144-149頁，122-127頁，141-146頁。
○日本会計研究学会（1996）『原価企画研究の課題』森山書店。
○吉田栄介（2003）『持続的競争優位をもたらす原価企画能力』中央経済社。
○吉田栄介・伊藤治文（2021）『実践Q&A コストダウンのはなし』中央経済社。

2 − 2

原価企画の発展レベル

原価企画の発展レベル

●●●●●●●●●●●●●●●●●●●●●●●●●●●●●

【図表2−3】　原価企画の発展レベル

段　　階	レベル1	レベル2	レベル3	レベル4
	開発設計中後期		開発設計前期	商品企画から製造初期流動
原価目標	希望的製造原価目標	明示的製造原価目標	＋開発設計費，設備投資費など	（利益計画，製品戦略の一環）
主な実施部門	開発設計	＋製造準備	＋主要取引先	＋海外部門
支援部門	委員会，会議など	原価企画部門（専任）の設立	専任スタッフ増加	＋経営企画など
支援内容	VE教育，原価見積支援	＋標準的実施手続きの作成，VE/原価情報の作成	活動全体の計画・調整，開発設計チームリーダーの補佐，目標達成状況管理	＋事業部利益計画との統合・調整，部品・担当者別目標の達成状況管理
原価見積	見積データの標準化はまだ，属人的見積	見積データの標準化（標準化進まぬ業種も）	見積基準・方法・データの標準化完成，コンピュータ見積	開発設計者による見積が一般化，海外用コストテーブル作成
重点テーマ	実践的VE教育	＋Job-planによる推進とVE支援，VE・原価情報の整備	企業グループ統合的原価企画，信頼性の高い原価見積	中長期利益計画との統合とグローバル化

<出所>　田中（1995）34-39頁より作成。

●●●●●●●●●●●
●●●●●●●●●●●

　田中（1995）では，原価企画の発展段階を5段階に区分しています。その特徴を，原価目標，主な実施部門，支援部門，支援内容，原価見積，重点テーマの6項目に分け，5つの発展段階を4つにまとめました（**図表2−3**）。

　それでは，テーマごとに発展の仕方を見ていきましょう。原価目標は，初期の頃は目標というよりも目安に過ぎない希望的製造原価目標から，明示的目標へと発展していきます。その対象も，初期の頃の製造原価から開発設計費や設備投資費などに範囲を拡げていきます。さらには，利益計画や製品戦略の一環として，グローバルな視点からも目標原価が設定されるようになります。

　主な実施部門は，初期の頃は開発設計部門が担当し，製造準備部門，主要取引先などが参画するようになり，最終的には，海外調達・生産関連部門を巻き込んだ活動へと発展していきます。

　支援部門は，初期の頃は委員会や会議などの形態で運営され，その後，原価企画部門が設置され，専任者も増えていきます。中期経営計画の目標達成に向けた利益マネジメント（広義の原価企画）にまで発展してくると，経営企画部門や営業企画部門が主管するようになります。支援内容は，初期の頃はVE（Value Engineering）教育や原価見積支援から始まり，原価企画の標準的実施手続き（Job-Plan）の作成，VE情報やコストテーブルの整備が進みます。原価企画専任スタッフが増える頃には，原価企画活動全体の計画・調整や開発設計チームリーダーの補佐，原価目標達成状況の管理などに業務範囲は拡がります。最終的には，事業部や海外も含めた全社的な原価・利益管理の中心的役割を担うようになっていきます。日本の大企業の原価企画実践レベルは，枠で囲んだレベル2から3の辺りに位置づけられます。

　原価見積は，初期の頃の属人的見積から，見積データの標準化が進み（現実には標準化が進まない業種），さらには見積基準・方法の標準化が進んでくると，PC上で3D-CAD（Computer-Aided Design）と連動した原価見積（コンピュータ見積）が可能となります。最終的には，開発設計者による原価見積が一般化し，その精度も上がり，海外の生産・調達拠点も含めた海外用コストテーブルが整備されていきます。重点テーマは，初期の頃は開発設計者への実践的VE教育，その後，標準的実施手続き（Job-Plan）の作成とそれに基づく推進やVE支援，VE情報とコストテーブルによる原価情報の整備が加わってきます。さらには，企業グループとして統合的な原価企画の実施や原価見積の信頼性の向上，最終的には，中長期利益計画と連動した広義の原価企画の実施ならびに海外調達・生産を含む原価企画のグローバル化へと発展していきます。

参考文献

○田中雅康（1995）『原価企画の理論と実践』中央経済社。
　※本節の解説は本書に依拠しています。

2－3

原価企画の方法・手法

目標製造原価達成に有効な方法・手法

●●●●●●●●●●●●●●●●●●●●●●●●●●●●●●●●●

■（開発設計段階により各方法・手法の有効性は異なるものの）原価見積とVEの有用性
　を強調する企業が多い（第1位，第2位）。
■次に重視されるのが，マイルストーン管理である（第3位，第4位）。

【図表2－4】　目標製造原価達成に有効な方法・手法ベスト10

順位	方法・手法
1	原価見積（コストテーブルを含む）
2	VE（サプライヤーとの共同VEを含む）
3	コストレビュー
4	デザインレビュー
5	部材の標準化・共通化・モジュール化
6	テアダウン，ベンチマーキング
7	コンカレント・エンジニアリング
8	類似品の過去事例分析
9	汎用部材活用，割安な国内外サプライヤーからの調達
10	新生産技術・新加工法の採用

＜出所＞　東証一部・二部上場製造企業対象の実態調査（2004年，2008年，
　　　　　2012年）結果を総合して作成（田中，2015，69頁）。

●●●●●●●●●●●
●●●●●●●●●●

　原価企画活動を支援する様々な方法・手法が知られています。田中（2015）
では，東証一部・二部上場の電気機器，輸送用機器，機械・精密機器，その他
製品の製造業5業種を対象に実施してきた調査のうち，2004年から2005年実施
の調査（有効回答数：135社），2008年から2009年実施の調査（同113社），2012年
から2013年実施の調査（同79社）の結果を総合しています。

　その結果，開発設計段階により各方法・手法の有効性は異なるものの，（コ
ストテーブルを含む）原価見積とVE（Value Engineering）の有用性を強調する

コストテーブルの活用実態

●●●●●●●●●●●●●●●●●●●●●●●●●●●●●●●●●●

【コストテーブル】
見積原価を一定の正確さをもって迅速・簡便に算出するために作成された諸々の資料

■原価企画実践年数10年未満の企業・事業所の約3分の1が，コストテーブルを
　未整備である。
■原価企画実践年数20年以上の企業・事業所の約3分の2が，コストテーブルの
　活用年数も20年以上である。

【図表2－5】　原価企画実践年数とコストテーブル作成状況

(単位：%)

	原価企画10年未満 （30社）	原価企画20年以上 （48社）	全社平均 （154社）
コストテーブルなし	34	7	14
コストテーブル（20年未満）	52	26	42
コストテーブル（20年以上）	14	67	44

＜出所＞　東証一部・二部上場製造企業対象の実態調査（2008年・2012年）結果の平均値（田中他，
　　　　　2014，11月号，123頁）より作成。

●●●●●●●●●●
●●●●●●

企業が多く（第1位，第2位），次に重視されるのがマイルストーン管理です（第
3位，第4位）（**図表2－4**）。

　それでは，目標製造原価達成に有効な方法・手法の上位に挙げられたコスト
テーブル（第1位の原価見積）とマイルストーン管理（第3位のコストレビュー，
第4位のデザインレビュー）について，さらに詳しく見ていきましょう。第2位
のVEは工学的アプローチですので，本書では詳細な説明は割愛します。

　まず，コストテーブルの活用実態について，原価企画実践とコストテーブル
作成状況との関係を見てみましょう（**図表2－5**）。コストテーブルとは，見積
原価を一定の正確さをもって迅速・簡便に算出するために作成された諸々の資
料です。原価企画実践年数10年未満の企業・事業所の約3分の1がコストテー
ブルを未整備である一方，原価企画実践年数20年以上の企業・事業所の約3分
の2が，コストテーブルの活用年数も20年以上であることが分かります。

　次に，コストテーブルの活用実態について，業種別，開発段階別に見てみま
しょう（**図表2－6**）。特徴的な3つの傾向がみられます。第1に，概算原価見

誰が原価見積を担当（コストテーブルを利用）するのか？

●●●●●●●●●●●●●●●●●●●●●●●●●●●●●●●●

> ■概算原価見積は，電気機器では開発設計者，輸送用機器では専門家が担う割合が高く，機械・精密機器はその間の傾向である。
> ■複数部門の見積担当者とは，各費目に応じて精通した部門が担当する方法である。
> 　例えば，直接材料費は調達部門，加工費は生産技術部門など。
> 　輸送用機器の約4分の1の企業・事業所で見られる。
> ■詳細原価見積は，総じて，開発設計者ではなく，専門家や複数部門の協働による割合が高い。

【図表2－6】　業種別の原価見積担当者

(単位：%)

	概算原価見積			詳細原価見積		
	電気機器 （119社）	輸送用機器 （57社）	機械・精密 機器（71社）	電気機器 （119社）	輸送用機器 （57社）	機械・精密 機器（71社）
開発設計者	63	21	34	29	6	9
原価見積専門家	20	52	43	34	49	52
複数部門の見積担当者	14	24	19	44	42	35
その他	3	3	4	5	3	4

＜出所＞　東証一部・二部上場製造企業対象の実態調査（1983年から2012年）結果の平均値（田中他，2014，11月号，126頁）より作成。

●●●●●●●●●●
●●●●●●●●●●

積は，電気機器では開発設計者，輸送用機器では原価見積専門家が担う割合が高く，機械・精密機器はその中間的な傾向です。第2に，複数部門の見積担当者が担当する方法は，輸送用機器の約4分の1の企業・事業所でみられます。複数部門の見積担当者とは，各費目に応じて精通した部門が担当する方法です。例えば，直接材料費は調達部門，加工費は生産技術部門などが原価見積を担当します。第3に，詳細原価見積は，総じて，開発設計者ではなく，専門家や複数部門の協働による割合が高いと言えます。

　続いて，マイルストーン管理の利用状況を見てみましょう。マイルストーン管理とは，開発設計の主要な節目ごとに目標達成状況をチェックし，Go/No-go判断を繰り返す進捗管理です。

　マイルストーン管理のレビュー業務は，会議体を通じて実施し，技術・品質・環境・安全等を総合的に評価するデザインレビュー（DR：Design Review），

マイルストーン管理

●●●●●●●●●●●●●●●●●●●●●●●●●●●●●●●●

■開発設計の主要な節目ごとに目標達成状況をチェックし，Go/Nogo判断を繰り返す
進捗管理
　●デザインレビュー（DR）：技術・品質・環境・安全等を総合的に評価
　●コストレビュー　（CR）：目標原価の達成可能性を見積原価に基づき評価
　●ビジネスレビュー（BR）：目標利益の達成可能性など採算性を評価

【図表2－7】　マイルストーン管理を厳格に実施している企業(注)の割合

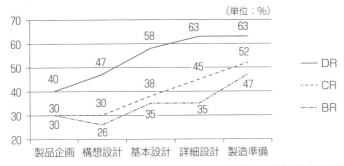

（注）　レビューへの参加者，意思決定者，実施時期，検討内容等が規定で明確に決まっており，
　　　　これに従って厳格にレビューを実施している企業。

＜出所＞　東証一部・二部上場製造企業対象の実態調査（2008年と2012年）結果の平均値（田中，
　　　　2015，36頁）より作成。

●●●●●●●●●●●●●●●
●●●●●●●●●●●●●●

目標原価の達成可能性を見積原価に基づき評価するコストレビュー（CR：Cost
Review），目標利益の達成可能性など採算性を評価するビジネスレビュー
（BR：Business Review）の3つに大別されます（**図表2－7**）。

　これらの3つのタイプのレビューの実施と開発段階との関係について，田中
（2015）によれば，デザインレビュー実施企業の割合は，開発後期では3分の
2ほど，コストレビュー実施企業の割合は，開発後期でも半分程度，ビジネス
レビューについては，さらに少ないことが分かります（**図表2－7**）。

参考文献

○田中雅康（2015）『原価企画と開発購買戦略』中央経済社。
○田中雅康・田中潔・増田譲二・管康人・眞田崇（2014）「主要企業における原価企
　画の現状と課題(1)～(10)」『企業会計』第66巻第3号～第12号。

2-4

コストレビューはどのように実施するのか？

コストレビューはどのように実施するのか？

●●●●●●●●●●●●●●●●●●●●●●●●●●●●●●●●●●

【図表2-8】　主要な原価会議の流れ・タイミング

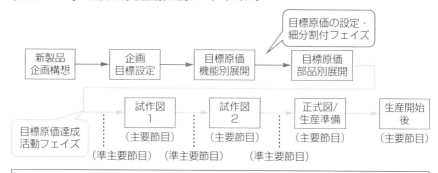

　コストレビューは，基本的には，開発フローの節目で原価会議を開催します（**図表2-8**）。原価会議において，各部品担当の開発メンバーから，現状の原価見積値と将来の見通し，目標未達状況の場合にはその対策などを発表してもらい，商品全体の目標原価の達成状況を確認しながら，開発を進めていきます。

　「コストレビューは実施していますが，目標原価が達成できません」という声もよく耳にします。こうした企業では，各主要節目（部品担当の開発メンバーが集まる原価会議）の直前になって，各開発チーム内での原価見積を実施して

いるだけのことも多いようです。これでは成行管理に過ぎず，目標原価の達成に貢献することはできません。つまり，PDCA（Plan-Do-Check-Action）のサイクルを主要節目ごとに 1 回転させるだけでは，目標未達の場合の対策が後手に回ってしまいます。

　そうならないために，目標原価達成に貢献するコストレビューには，いくつかのポイントがあります。

　第 1 に，商品目標原価を部品別に展開する前に機能別に展開することです。機能別展開を経ずに部品別に展開したのでは，現状の部品構成に基づく設計になってしまい，大幅な原価低減は望めません。VE（Value Engineering）やQFD（Quality Function Development：品質機能展開）を活用して，機能ごとにかけるべきコストを算出することが重要になります。その上で，部品構造をシンプルに，使用材料を少なくする設計を心がけることが大切です。

　第 2 に，商品全体の目標原価達成活動を支援する原価管理担当者は，各開発メンバーに原価低減アイデアの創出を委ねるのではなく，原価会議に先立ち，積極的に，原価低減活動を支援する必要があります。例えば，主要節目（原価会議）の間に，各開発チームに，目標原価達成状況を評価する準主要節目を設定します。開発チームに割り付けられた原価目標の達成状況を把握し，遅れているチームの支援に注力するなど，会議体に先んじた積極的な働きかけが求められます。開発チームにより節目が異なることが想定される場合には，開発チームに節目設定時期を委ねる場合もあります。

参考文献

○吉田栄介・伊藤治文（2021）『実践Q&A コストダウンのはなし』中央経済社。

コスト変動リスク管理
：富士フイルムビジネスイノベーション㈱
【事例研究】

コスト変動リスク管理

■コスト変動のリスクを最小限に抑え，商品目標原価値を達成するために行う管理活動

【図表2－9】　事務機器メーカーのコスト変動リスク概念図

設計リスク	類似機不具合対策リスク	
	慢性不良対策リスク	
	共通項対策リスク	オゾン，熱，騒音，落下振動，安全基準
	新技術リスク	
	設計者不安材料リスク	
	他部門要求対策リスク	加工性，組立性，営業
	VAリスク	プラス（未検討，未反映），マイナス（評価NG，評価額）
構成リスク	構成漏れリスク	未出図分漏れ，リスト作成ミス
	小組立リスク	仕入先変更，手配単位変更
資材値リスク	部品見積リスク	

<出所>　加登（1993）176頁より作成。

　コスト変動リスク管理は，製品開発プロセスにおけるコスト変動のリスクを最小限に抑え，商品目標原価値を達成するために行う管理活動です。事務機器メーカーでの開発期間中に発生する様々なコスト変動メニューを認識する取り組みが知られています（**図表2－9**）。

　富士フイルムビジネスイノベーション㈱（旧 富士ゼロックス㈱）の取り組みを詳しく見てみましょう。まずは，変動メニュー（コスト変動が予想されるリスク事項）への対応策を検討します。コストアップやダウンが予測される変動メニューを早く見えるようにし，アップ額を極小化できるように，変更対応策の

確認と検討を行う準備として，変動メニュー表に登録します。コスト変動予測額の登録は，図面化前のため設計者の予測額となります。

　次に，変動メニュー表に登録されたメニューは，開発活動機能チームリーダーが，その内容と開発機能目標を達成しているかを確認した上で，開発商品QCD（Quality, Cost, Delivery）責任者に申請します。

　開発商品QCD責任者は，変更内容とコスト変動予測額を確認し，妥当な変更か，アップ額を極小化する他の案はないか，目標値以内に入っているかなどを確認します。アップ額を極小化できる案が他にあったり，目標原価未達であったりすれば，開発活動機能チームリーダーに戻され，再検討を指示されます。

　変更予定メニューの確認後，変更することに問題がなければ承認されます。開発商品QCD責任者により変更予定メニューが承認されると，図面変更ならびに変更手続きが開始され，出図され，外注部品については取引先に渡ります。

　取引先からの原価見積回答値が変動予定額を下回れば，そのままの変更図面で進めます。回答値が変動予定額を上回ると，調達部門担当による取引先との交渉を中心とした原価改善活動を実施します。しかし，交渉ではコスト乖離が解消できないと判断されると，設計に戻して設計者による改善検討を実施することもあります。

　最後に，開発機能ごとのコスト変動予測額とコスト変動実績額を，全開発機能について原価推進責任者が集計し，開発商品QCD責任者が確認することで，目標設定時の予備費以下になるように費消管理します。

　この変動値推移を見える化することにより，設計者は予備費の減少が分かり，変動を抑制する意識づけにもなっています。

参考文献

○加登豊（1993）『原価企画：戦略的コストマネジメント』日本経済新聞社。
○吉田栄介・伊藤治文（2021）『実践Q&A コストダウンのはなし』中央経済社。
　※富士フイルムビジネスイノベーション㈱の取り組みの解説は本書に依拠しています。

2－6

目標原価未達の意味【実態調査】

（導入期製品の）目標原価はどの程度達成されているのか？

●●●●●●●●●●●●●●●●●●●●●●●●●●●●●●●●●

■製造初期流動段階で，約80％の製品が目標原価未達に終わっている。
■詳細設計段階における機能・性能の詳細な検討や技術的問題の発覚などで，
　基本設計段階での見込み違いが露呈し，達成率は低下する。
■製造準備段階以降の厳しい努力によって，目標原価の達成率を着実に上げていくことも重要である。

【図表2－10】　開発設計段階別の目標原価達成割合トレンド

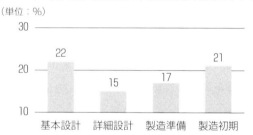

（単位：％）

<出所>　東証一部・二部上場製造企業対象の実態調査（2004年から2012年）結果の平均値（田中他，2014，9月号，146頁）より作成。

●●●●●●●●●●
●●●●●●●●●●

　実際に，開発初期に設定された商品目標原価は，どの程度達成されているのでしょうか。

　田中他（2014）の調査によれば，（成長・成熟期ではない）導入期製品の製造初期流動段階で，約80％の製品が目標原価未達に終わっています（**図表2－10**）。その要因として，詳細設計段階における機能・性能の詳細な検討や技術的問題の発覚などで，基本設計段階での見込み違いが露呈し，目標達成率が低下することが指摘されています。対策として，製造準備段階以降の厳しい努力によっ

目標製造原価の未達原因は何か？

●●●●●●●●●●●●●●●●●●●●●●●●●●●●●●●●●●●●

■原価企画マネジメントに起因する問題（①②⑥⑦⑧）が大きい。計画・見積能力を
高め，購買部門などからの支援・情報提供体制を整える必要がある。
■開発設計者の原価目標意識の不足（⑤）もマネジメントの問題であり，
原価企画活動への全員参加の組織体制構築が必要である。
■原価企画活動の範囲を越える外部環境要因（③）と技術要因（④）も無視できない。
為替リスクマネジメント，企業内外での技術開発動向の的確な把握・活用が重要で
ある。

【図表 2 −11】　開発設計段階別の目標原価未達原因

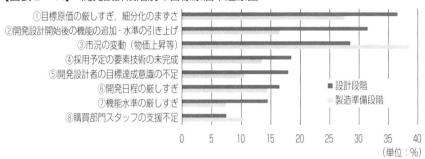

<出所>　東証一部・二部上場製造企業対象の実態調査（2008年・2012年）結果の平均値（田中他，
2014，9月号，147頁）より作成。

●●●●●●●●●●●●●
●●●●●●●●●●

て，目標原価の達成率を着実に上げていくことの重要性も強調されています。

　それでは，目標原価の未達原因について詳しく見ていきましょう。同じ調査
結果から，開発設計段階別（設計段階と製造準備段階）の目標製造原価の未達原
因をまとめました（**図表 2 −11**）。

　設計段階における目標原価未達原因として挙げられた割合の多い順に，①厳
しすぎる目標原価や細分化のまずさ，②開発設計開始後の機能の追加や機能水
準の引き上げ，③物価上昇等の市況の変動，④採用予定の要素技術の未完成，
⑤開発設計者の目標達成意識の不足，⑥厳しすぎる開発日程，⑦厳しすぎる機
能水準，⑧購買部門スタッフの支援不足となっています。

　つまり，原価企画マネジメントに起因する問題（①②⑥⑦⑧）が大きいと言

目標原価の未達は悪なのか？
挑戦的目標（stretch target）の持つ意味

●●●●●●●●●●●●●●●●●●●●●●●●●●●●

■現状を打破する発想の転換がなければ達成不可能な水準（Hiromoto, 1988）
　●努力すれば達成可能な水準の合理性を主張する目標設定理論（Locke and Latham, 1990）とは不整合（加登，1993）。
　●1980年代中頃，GE社CEOのJack Welch氏が好んで発言。
■劇的な原価低減への貢献（加登，1993）の原理
　●知識創造の促進
　　➢個人：新たな解決策を導出するのに必要な知識のゆらぎを創出（清水，1992a）。
　　➢グループ：参加者間の知識・情報伝達の触媒機能（岩淵，1992；清水，1992b）。
　●組織学習の促進
　　➢目標と見積の差異に対する頻繁なモニタリング・インタラクションを導出し，原価低減を促進（Koga and Davila, 1999）。

【挑戦的目標の意味】
●目標は，発想転換・協働促進のためのスローガンであり，コミットメント（必達目標）でない可能性。
●プロジェクト・個人業績（目標達成程度）が必ずしも報酬と直結しない日本的経営と整合的。
●設計担当エンジニアが本来的に好まない原価という制約を，本来的欲求（創造的活動）に整合させる仕掛け。

●●●●●●●●●●●●
●●●●●●●●●●●

えます。そのため，計画・見積能力を高め，購買部門などからの支援・情報提供体制を整える必要があります。

　加えて，開発設計者の原価目標意識の不足（⑤）もマネジメントの問題ですので，原価企画活動への全員参加の組織体制構築が必要です。

　さらには，原価企画活動の範囲を越える外部環境要因（③）と技術要因（④）も無視できません。為替リスクマネジメント（第10章第6節）や企業内外での技術開発動向の的確な把握・活用が重要になります。

　それでは，あらためて目標原価の未達について考えてみましょう。

　原価企画では，挑戦的な目標水準（stretch target）が強調されます。1990年頃から今日まで，現行モデルに比べて数％の原価低減ではなく，数十％の原価

低減目標を掲げる事例が数多く紹介されてきました。海外でも，日本企業の原価企画における目標原価水準は，現状を打破するような発想の転換がなければ達成不可能な水準であると紹介されてきました（Hiromoto, 1988）。

　このstretch targetという言葉は，1980年代中頃，General Electric社CEOのJack Welch氏が好んで発言していたことからも，原価企画におけるstretch targetの目標設定の考え方が海外でも受け入れられたのかもしれません。

　一方，こうした挑戦的な目標水準は，努力すれば達成可能な水準の合理性を主張する目標設定理論（Locke and Latham, 1990）とは不整合であることも指摘されてきました（加登，1993）。一般的には，難しすぎる目標では，やる気を失ってしまうことが懸念されます。

　それでも，原価企画においては挑戦的な目標水準が，劇的な原価低減へ貢献することが主張されてきました（加登，1993）。挑戦的な目標水準に設定することが劇的な原価低減をもたらす原理のひとつは，知識創造の促進です。

　個人の知識創造については，挑戦的な目標を掲げることで，これまでの常識ではその実現に応えられないために，新たな解決策を導出するのに必要な知識のゆらぎを創出する（清水，1992a）と考えられています。

　また，グループにおける知識創造については，挑戦的な目標に取り組むためには個人の能力では限界があるため，参加者間の知識・情報伝達を促す触媒機能となること（岩淵，1992：清水，1992b）も主張されてきました。

　他にも，挑戦的な目標水準が組織学習を促進するとも言われます。目標と見積の差異に対する頻繁なモニタリング・インタラクションを導出し，原価低減を促進する（Koga and Davila, 1999）と主張されてきました。

　つまり，目標原価が未達に終わったからと言って，必ずしも原価企画活動が失敗だったとは言えないのかもしれません。達成はできなかったけれども，高い目標に挑戦することで，新しい発想に基づく設計アイデアが生まれ，ある程度の原価低減効果も得られ，挑戦的な組織風土や設計担当エンジニアの原価意識が高まるなど，十分な成果と言える場合もあるでしょう。

　多くの企業において，実際に目標原価未達が多発していても，目標原価未達のために発売中止になる商品は少数です。中止に至らずに，製造段階での原価改善活動でも十分な原価低減成果が得られないまま，会社に望ましい利益をもたらさない商品が世に出ることがあることも事実です。

　もちろん，原価企画の先端的企業においては，長年にわたる経験とデータの蓄積から，絶妙な水準の目標原価を設定し，目標原価達成活動を支援する充実した組織体制のもと，着実に目標原価を達成していきます。

　以上のような学術的議論も踏まえて，挑戦的目標の意味を考えてみましょう。
　第1に，原価企画における目標は，多くの発展途上の原価企画実践企業においては発想転換や協働促進のためのスローガンに過ぎず，コミットメント（必達目標）ではない可能性があります。市場や顧客に価格決定権を握られ，会社に必要な適正利潤を確保するための目標利益額を予定販売価格から差し引いて算出される目標原価を，厳しすぎると感じる方も多いでしょう。また，開発設計段階での見積原価と量産段階の原価計算に基づく実際原価とでは原価構造が異なるため，目標原価の達成状況をきちんと追えていない企業もたくさん存在します。そうした場合には，業績評価の対象となるような目標ではなく，スローガンに過ぎないものになってしまいます。それでも，アイデア創発，挑戦的な組織風土や原価意識の醸成には役立つのかもしれません。
　第2に，プロジェクトや個人の業績が必ずしも報酬と直結しない日本的経営と整合的と言えるかもしれません。目標達成程度により評価されるのであれば，挑戦的目標ではなく達成可能性の高い目標が求められるでしょう。
　目標設定理論では説明できないこうした日本的実務が機能する要因としては，日本企業では，個人成果と報酬との結びつきが欧米企業ほどタイトではないことや，原価企画活動の主体が一般の方というよりは，専門性の高い技術者（設計担当エンジニア）であることから，厳しい目標への耐性が強いことも考えられます。
　第3に，設計担当エンジニアが本来的に好まない原価という制約を，本来的

欲求（創造的活動）に整合させる仕掛けと言えるかもしれません。

　多くのエンジニアの方にとっては，これまでにないデザインや機能を創出することが本来の仕事であり，自分自身で図面を描きたいと考えるでしょう。一方，原価を考慮した設計は，制約が多く，新たな図面をできるだけ描かずに，共通化・共有化を図ることで原価は下がります。そのため，後ろ向きの業務と思われがちな原価を考慮した設計活動を創造的活動ととらえ，本来業務として認識してもらうために，挑戦的目標は機能している部分があるように思います。それはつまり，数％の原価低減ではなく，大幅な原価低減目標により，根本的に，現行の設計状況を見直す必要が生じるためです。

参考文献

○岩淵吉秀（1992）「原価企画の機能：情報共有化と知識創造の観点から」『企業会計』第44巻第 8 号，41-47頁。
○加登豊（1993）『原価企画：戦略的コストマネジメント』日本経済新聞社。
○清水信匡（1992a）「原価企画活動における目標原価情報と知識創造活動の関係」『産業経理』第51巻第 4 号，1 - 9 頁。
○清水信匡（1992b）「集団的知識創造活動としての原価企画における目標原価情報の役割」『企業会計』第44巻第10号，38-44頁。
○田中雅康・田中潔・増田譲二・管康人・眞田崇（2014）「主要企業における原価企画の現状と課題(1)～(10)」『企業会計』第66巻第 3 号～第12号，66-71頁，106-111頁，138-144頁，116-122頁，136-141頁，126-131頁，146-151頁，144-149頁，122-127頁，141-146頁。
○Hiromoto, T.（1988）"Another hidden edge : Japanese management accounting", *Harvard Business Review*, Vol. 66, No. 4, pp.22-26.
○Koga, K. and Davila, A.（1999）"What is the role of performance goals in product development? : a study of Japanese camera manufacturers", In Hitt, M.A., Clifford, P.G., Nixon, R.D. and Coyne K.P.（Eds.）, *Dynamic Strategy Resources : Development, Diffusion and Integration*, John Wiley & Sons, London, pp.403-431.
○Locke, E. and Latham, G.（1990）*Goal setting and task performance*, Prentice Hall, Englewood Cliffs, NJ.

2 － 7

設備投資企画
：トヨタ自動車㈱【事例研究】

トヨタ自動車㈱の設備投資企画

■トヨタ自動車㈱の原価企画の発展経緯
- ●1960年代　原価企画・改善・維持の3本柱
- ●1980年代　原価企画，原価維持・改善，設備投資企画
  - ➤FA化やCIM化による設備投資額の急増が背景
  - ➤近年のグローバル化，競争激化を背景に，総合的マネジメントとして再統合の機運
■設備投資企画
- ●製造原価＝原単位×レートのうち「レート」の低減を目指す
  - ➤現有設備の有効活用，生産効率の上がる設計，内製造機・造型能力の活用，設備仕様の見直し
  - ➤購買部門も設備メーカーにVA・VEをあらためて徹底し，提案目標を掲げ，優良仕入先表彰制度の整備

【図表2-12】　原価企画と設備投資企画の比較

	原価企画	設備投資企画
主な担当部門	主として設計（＋調達・購買）部門	生産技術（＋経理）部門
アプローチ	設計図面の改善により「原単位の縮小」を目指す	設備の効率的運用により「レートを下げ」，原単位当りの原価低減を目指す

　日本での原価企画の源流は，VE（Value Engineering）が米国から導入された1960年代初頭に遡ることができます（日本会計研究学会，1996）。VEは，1940年代後半に米国のGE（General Electric）社で開発され，1960年代には，国防予算の原価低減計画の中心技法として広く採用されていきました（田中，1985）。

　1962年に，トヨタ自動車がVEを導入し，翌年には原価管理の3本柱（原価維持，原価改善，原価企画）のひとつとして位置づけたのが，原価企画という用語のひとつの起源であるとされています（日本会計研究学会，1996）。

その後1980年代前後からは，FA（Factory Automation）化やCIM（Computer Integrated Manufacturing）化による設備投資額の急増を背景に，生産技術部門を中心とした「設備投資企画」にも注力するようになり，「原価維持，原価改善，原価企画」の3分類から，「原価企画，原価維持・改善，設備投資企画」の3分類へとシフトするようになります（岡野，2003）。

この頃から，生産技術部門を中心に，設備投資企画を充実させるとともに，現有設備の有効活用，生産効率の上がる設計，内製造機・造型能力の活用，設備仕様の見直しなどに取り組みます。購買部門も設備メーカーにVA（Value Analysis）・VEをあらためて徹底し，提案目標を掲げ，優良仕入先表彰制度を整備していきます（岡野，2002）。

2000年頃までには，企業活動のグローバル化や競争激化を背景に，ふたたび原価企画を中心とした総合的原価管理活動として再統合の機運が高まります（岡野，2002）。

原価企画は設計部門が主管し調達・購買部門が支援するのに対して，設備投資企画は，生産技術部門が主管し，経理部門が支援する体制です。また，原価企画は設計図面の改善により「原単位（製品1単位当りの投入資源の標準的分量）の縮小」を目指すのに対して，設備投資企画は，製造原価（＝原単位×レート）のうち「レート」を下げて，原単位当りの原価低減を目指します（岡野，2003）（**図表2−12**）。

参考文献

○岡野浩（2002）『日本的管理会計の展開：「原価企画への歴史的視座」＜第2版＞』中央経済社。
○岡野浩（2003）『グローバル戦略会計：製品開発コストマネジメントの国際比較』有斐閣。
○田中雅康（1985）『VE（価値分析）』マネジメント社。
○日本会計研究学会（1996）『原価企画研究の課題』森山書店。

2 - 8

まとめ：原価企画の現状と課題

まとめ：原価企画の現状と課題

●●●●●●●●●●●●●●●●●●●●●●●●●●●●●●●●●

■原価企画の現状
- ●変わらぬ原価企画の重要性
- ●自動車産業に見る絶えざる発展の可能性
- ●各社各様の取り組み

■原価企画の課題
- ●原価見積能力の向上
  - ➤コストテーブルの整備・維持管理
  - ➤開発設計者自身による原価見積
- ●部門間や他社との連携
  - ➤他部門（調達，製造，営業，財務・経理）との連携
  - ➤サプライヤー企業との連携
- ●海外事業展開への対応
  - ➤海外開発拠点での原価企画のハイブリッド化
  - ➤グループ全体としての開発・生産拠点の統合的マネジメント
  - ➤複数の生産拠点を経て完成される製品の原価見積・計算

■原価企画の課題への対策
- ●愚直で地道な原価企画能力の蓄積
- ●自動車産業とは異なる原価企画モデルの探究
- ●パッケージソフトの可能性

　本章のまとめとして，原価企画の現状と課題・対策について，追加的に説明しておきましょう。

　まず，原価企画の現状について，3点にまとめておきます。第1に，変わらぬ原価企画の重要性です。1960年代の日本企業の取り組みを起源とする原価企画は，半世紀以上が経過した今日でもコストマネジメントのための中心的地位にあることに変わりはありません。

　第2に，自動車産業に見られる絶えざる発展の可能性です。原価企画がその誕生から半世紀以上が経過してもコストマネジメントの中心であり続けられる

トヨタ自動車㈱の原価企画のその後

●●●●●●●●●●●●●●●●●●●●●●●●●●●●●●●●●●●●

- ●2000年 7 月　CCC21（Construction of Cost Competitiveness for the 21st century）
  - ➢（全調達コストの 9 割を占める173部品の）より効率的な調達のため調達部門を再組織化
  - ➢一方，CCC21の活動は調達部門が中心であったため，開発部門に甘えや，製品群間で歩留まりの大きなブレも
- ●2005年 5 月　VI（Value Innovation）
  - ➢CCC21が調達・経理部門中心の活動であった反省から，事務局を開発部門に
  - ➢部品単体ではなく大きなシステムとして，サプライヤー企業との協働を通じて，部品構成を少なく，部品を軽く・小さくし，原価低減を図る（日経ビジネス，2008）
- ●2008年　製品プロジェクト重視から機能重視の管理への転換
  - ➢すべての部品を対象に，これまでの同車種の現行モデル基準から比較対象を大幅に拡大し，既存車最高歩留まりを目標に掲げた
  - ➢1992年のセンター制（FR，FF，商用車・RV，要素技術）導入以来，類似製品プロジェクト間の連携を重視してきたのに対し，プロジェクト間に横串を通すべく組織を再編成
- ●2016年 4 月　カンパニー制導入
  - ➢機能軸から製品軸へと揺り戻し

●●●●●●●●●●●●●●●●
●●●●●●●●●●●●●●●

のは，絶えざる発展を遂げていることと無関係ではありません。

　絶えざる発展の事例として，トヨタ自動車の原価企画のその後について，簡単に紹介しましょう。2000年 7 月に，CCC21（Construction of Cost Competitiveness for the 21st century）と呼ばれる原価低減イニシアティブを開始します。これは，原価企画活動を徹底的に見直し， 3 割もの原価低減を目指すものでした。（全調達コストの 9 割を占める173部品の）より効率的な調達のため，分割されていた調達部門をひとつの部門に集約する再組織化などを実施しました。その一方，CCC21の活動は調達部門が中心であったため，開発部門に甘えや，製品群間で歩留まりの大きなブレがあることも分かってきました。

　そこで2005年 5 月から，年間3,000億円以上の原価低減効果を見込むVI（Value Innovation）を始めます。CCC21が調達・経理部門中心の活動であった反省から，開発部門に事務局を置きました。アプローチとしては，部品単体ではなく大きなシステムとして，サプライヤー企業との協働を通じて，部品構成を少なく，部品を軽く・小さくし，原価低減を図ります（日経ビジネス，2008）。

2008年からは，すべての部品を対象に，これまでの同車種の現行モデル基準から比較対象を大幅に拡大し，既存車最高歩留まりを目標に掲げました。製品プロジェクト重視から機能重視の管理への転換です。1992年のセンター制（FR，FF，商用車・RV，要素技術）導入以来，類似製品プロジェクト間の連携を重視してきたのに対し，プロジェクト間に横串を通すべく組織を再編成しました。

2016年4月には，製品軸で7つのカンパニー（先行技術開発を担う「先進技術開発カンパニー」，車両カンパニーである「トヨタコンパクトカーカンパニー」，「ミッドサイズヴィークルカンパニー」，「CVカンパニー」，「レクサスインターナショナルCo」，ユニットを担当する「パワートレーンカンパニー」，「コネクティッドカンパニー」）を設立し，カンパニー制を導入しました。機能軸から製品軸への揺り戻しです。このように，組織体制は不変ではなく，競争環境の変化に対応して，変更を繰り返します。

第3に，各社各様の取り組みです。一口に原価企画と言っても，その取り組みは多様です。トヨタ自動車をはじめとする自動車メーカーでの実践が有名ですが，自動車産業の特殊性にも注意する必要があります。

自動車は，商品価格が高額で，部品点数も多く，その数は2万点から3万点におよび，製品ライフサイクルも長く7年から8年とも言われ，以前よりも伸びている印象を受けます。外注率も高く，部品点数の9割（金額ベースであれば7割）以上が外注部品ということもあります。

そのため，数年におよぶ開発期間の中で，しっかりと源流管理を実践し，サプライヤー企業とも連携してコストを作り込むことで，大きな原価削減効果が期待できます。一方，商品数も多く，商品単価が安く，開発期間も製品ライフサイクルも短い製品の原価企画には異なるアプローチが必要ですが，残念ながら，そうした軽量級原価企画の取り組みは十分とは言えません。

実際に，製品ライフサイクル，製品構造，製造環境などによって，様々な原価企画の取り組みがあり，非製造業においても利益計画・事業計画を着実に達成するための利益企画活動も知られています。

　次に，原価企画の現状に対する課題について，3点にまとめておきます。第1に，原価見積能力の向上です。原価企画の最も重要な成功要因ですが，原価見積に使えるコストテーブルを整備し，維持管理することは容易ではありません。加えて，開発設計者自身が原価見積をできるようになることが理想ですが，こちらもなかなか難しいのが現状です。

　第2に，部門間や他社との連携です。設計部門だけの原価低減活動には限界があり，調達部門や製造部門，製造設備については財務・経理部門，業種によっては営業部門などとの連携が重要になってきます。また，特に加工組立型産業では，部品の外注率が高く，サプライヤー企業との連携なしには目標原価達成活動は効果を発揮できません。

　第3に，海外事業展開への対応です。1985年のプラザ合意（当時のG5（先進5カ国蔵相・中央銀行総裁会議）により発表された為替レート安定化に関する合意の通称。これにより協調して円高・ドル安に誘導）以降，日本企業のグローバル化が進展し，今日では生産拠点だけでなく，開発や販売においても海外拠点の重要性は増大しています。そうした中，原価企画の海外移転が十分に進展しているとは言えません。海外の開発拠点での日本流と現地流との原価企画のハイブリッド化，グループ全体としての開発・生産拠点の統合的マネジメント，複数の生産拠点を経て完成される製品の原価見積・計算など，課題は山積しています（第10章，第11章）。

　続いて，課題への対策について，3点にまとめておきます。第1に，優れた原価企画能力の獲得は一朝一夕にはできません。それゆえ，持続的競争優位の源泉になるのです。原価企画能力の蓄積のための愚直で地道な継続的な努力を重ねる以外に方法はありません。

　例えば，海外事業展開への対応について，マツダは，日本やメキシコ，タイなどの国内外における生産拠点への対応強化とグローバルにおけるコスト競争力の向上を図るため，2013年12月，経営企画本部のコストコントロール機能および原価企画部とコスト革新推進部を移管し，原価企画本部を新設する組織改

革を実施しました。その後，2019年4月には，商品企画・開発段階における原価の作り込みを商品単位で一貫して推進できる体制にして収益力の強化を図るために，原価企画本部の原価企画部とコスト革新推進部を廃止し，原価企画推進部，コモディティ企画推進部，商品収益企画部を新設しました。

　第2に，自動車産業とは異なる原価企画モデルを探究する必要があります。自動車メーカーには優れた原価企画の実践例がありますが，自社の産業・製品特性に合った原価企画の姿は異なるはずですので，できることから少しずつでも推進体制を構築することが重要です。

　第3に，パッケージソフトの可能性です。原価企画やJIT（Just-in-Time）生産方式などの日本的経営管理手法は，米国発のABC（Activity-Based Costing）（第7章第6節）やBSC（Balanced Scorecard）（第6章）などと違い，パッケージソフトにはなりにくいと言われてきました。

　その理由としては，原価企画の実施プロセスやコスト・データの種別・粒度，コストテーブルやVE事例集などの各種データベースのフォーマットが各社各様であることや，新規導入するソフトウエアと既存のIT業務ツールとの互換性や操作性の問題などが指摘されてきました。また，意識改革の必要性や暗黙知を形式知化しにくいといった理由も挙げられます。

　そうした問題を克服すべく，実際にいくつかのソフトウエアが提供されています。ひとつは，㈱日立ソリューションズが2009年7月に提供を開始したCostProducerです。その特徴として，①製品ごとの原価低減活動の進捗状況を部門や活動単位ごとに参照できること，②データ共有・精度の向上，③利益計画，売価，コストのシミュレーション，④目標原価の設定から機能ユニット，工程，費目への細分割付に有用なことが挙げられています。VE活動の先駆的企業であり，その普及にも多大な貢献をしてきた日立グループの製品ですので，VE活動と原価企画活動との親和性からも，有望なソフトウエアであると考えます。

　他にも，TIS㈱が2018年4月に提供を開始したLinDo統合原価企画があります。特徴としては，独立系らしく，マニュアルを見なくても直感的に動かせる

原価企画のパッケージソフト

- ■原価企画パッケージソフトの実現困難性
  - ●企業ごとに異なる原価企画実施プロセス，データ種別・粒度
  - ●企業内の各種データベースのフォーマットの不統一
  - ●既存のIT業務ツールとの互換性，操作性
- ■CostProducer
  - ●㈱日立ソリューションズ　2009年7月1日提供開始
  - ●特徴
    - ➤製品ごとの原価低減活動の進捗状況を，部門や活動単位ごとに参照
    - ➤データ共有・精度の向上
    - ➤利益計画，売価，コストのシミュレーション
    - ➤目標原価の設定から機能ユニット，工程，費目への細分割付
- ■LinDo統合原価企画
  - ●TIS㈱　2018年4月6日提供開始
  - ●特徴
    - ➤マニュアルなしでも直感的に動かせる操作性
    - ➤BOMへの連動性

操作性やBOM（Bill of Materials）連動に優れている印象です。

参考文献

○吉田栄介（2003）『持続的競争優位をもたらす原価企画能力』中央経済社。

○吉田栄介（2012）『原価企画能力のダイナミズム』中央経済社。

○吉田栄介・伊藤治文（2021）『実践Q&A コストダウンのはなし』中央経済社。

○日経ビジネス（2008）「特集　トヨタの執念：原材料高と戦う新発想」『日経ビジネス』2008年9月1日号，26-38頁。

第3章

統合コストマネジメント

3－1

コストマネジメント手法の利用状況⑴【実態調査】

わが国製造業におけるコストマネジメント手法の利用状況

●●●●●●●●●●●●●●●●●●●●●●●●●●●●●●●●

【図表3－1】 コストマネジメント手法の普及，利用と効果

	採用率	経営管理目的の利用(注1)	効果(注2)（目的と効果の相関）
原価企画	85.9%		
標準原価計算	75.0%	5.48	5.27（0.58＊＊　）
直接原価計算	62.6%	4.98	5.32（0.81＊＊＊）
実際原価情報による管理		5.02	5.12（0.71＊＊＊）
物量情報による管理		4.38	4.96（0.80＊＊＊）
ミニ・プロフィットセンター	32.6%		

Pearsonの相関係数： ＊＊＊p＜0.1%，＊＊p＜1％

（注1） 利用目的を7点尺度（「1　全く利用していない」から「7　全般的に利用している」で調査。
（注2） その効果を7点尺度（「1　全く効果がない」から「7　極めて効果がある」）で調査。
＜出所＞ 2019年1月～3月，東証一部上場製造業922社対象（有効回答会社数：92社，10.0%）
（吉田他，2019）。

●主要な原価計算・管理手法の採用率は高い。
●「経営管理目的の利用」と「効果」の相関も高い。
　⇨「する，しない」ではなく，「いかに」実践するのかで企業間の差がつく。

●●●●●●●●●●
●●●●●●●●●●

　筆者の研究グループが，2019年1月から3月にかけて，東証一部上場製造業922社を対象（有効回答数・率：92社・10.0%）に実施した調査結果を報告します（吉田他，2019）（**図表3－1**）。

　まず，コストマネジメント手法の採用率をみると，原価企画85.9%，標準原価計算75.0%，直接原価計算62.6%と高く，MPC（Micro Profit Center）は32.6%と比較的低くなっています。

　次に，経営管理目的での各手法の利用度をみると，7点尺度（「1 全く利用していない」から「7 全般的に利用している」）の平均得点が，標準原価計算5.48，直接原価計算4.98，実際原価情報による管理5.02，（作業時間や品質などの）物量情報による管理4.38となっています。原価企画とMPCは，原価管理を含む経営管理目的に利用することは分かっていますので，あえて設問にはしていません。ABC（Activity-Based Costing）の利用は数社に留まるため，表記はしていませんが，普及率は決して高くはありません。

　続いて，各手法を利用した効果に対する評価について，経営管理目的の利用の得点が7点尺度（「1 全く効果がない」から「7 極めて効果がある」）で4点以上の企業が，その効果をどの程度評価しているのかを調査しました。その結果，標準原価計算による経営管理効果5.27，直接原価計算による経営管理効果5.32，実際原価情報による経営管理効果5.12，物量情報による経営管理効果4.96と，総じて高評価であることが分かります。

　最後に，経営管理目的の利用程度とその効果との相関係数は，標準原価計算による経営管理0.58，直接原価計算による経営管理0.81，実際原価情報による経営管理0.71，物量情報による経営管理0.80と，こちらも総じて高くなっています。つまり，これらの手法の利用程度が高いほど，手法による経営管理効果も高く評価している傾向を示しています。

　以上の調査結果から，主要な原価計算・管理手法の採用率は高く，経営管理目的の利用と効果の相関も高いことから，実施するのかしないのかではなく，「いかに」実践するのかで，企業間で原価計算・管理手法の有用性に差がつくことが推察されます。

参考文献

○吉田栄介・岩澤佳太・徐智銘・桝谷奎太（2019）「日本企業における管理会計の実態調査（東証・名証一部上場企業）」『企業会計』第71巻第9号〜第12号，122-128頁，128-133頁，125-131頁，110-115頁。

3 － 2

コストマネジメント手法の利用状況⑵【実態調査】

標準原価計算と直接原価計算の利用状況

●●●●●●●●●●●●●●●●●●●●●●●●●●

【図表３－２】　加工組立型４業種における標準原価計算と直接原価計算の利用状況

標　準原価計算	直　接原価計算	機　械	電気機器	輸送機器	精密機器	合　計
○	○	4	14	5	0	23
○	×	2	9	2	1	14
×	○	2	1	5	1	9
×	×	2	0	1	0	3
合　計		10	24	13	2	49

＜出所＞　2019年１月～３月，東証一部上場製造業922社対象（有効回答会社数：92社，10.0%）（吉田他，2019）。

●標準CAと直接CA併用企業が多数
　➤加工費管理に有用な標準CAと，変動費（原材料費や購入部品費）管理に有用な直接CAの活用
●業種別の利用状況の違い
　➤製品特性（ライフサイクル，加工費率，外注率，設備費，海外生産など）の影響
●【参考】化学産業：11社中９社が「併用」

●●●●●●●●●●
●●●●●●●●●●

　原価計算手法の中でも，経営管理目的への貢献が期待される標準原価計算と直接原価計算の２つの利用状況を取り上げてみましょう。

　標準原価計算に基づく原価管理は，製造段階での原価維持活動のための手法として最もよく知られる手法です。原価管理を効果的にするための原価の標準として標準原価を設定し，月次でPDCA（Plan-Do-Check-Action）サイクルを回します。また，標準原価は，見積財務諸表の作成の基礎となる情報を提供し，

予算管理にも役立ちます。

　直接原価計算は，製品原価に固定製造原価を含めないことによって，期間損益の歪み（全部原価計算の逆機能）を是正し，価格決定や内製・外注の判断など，製品関連の意思決定や利益計画，予算編成などに役立ちます。

　筆者の研究グループによる調査結果から，加工組立型 4 業種（機械，電気機器，輸送機器，精密機器）における標準原価計算と直接原価計算の利用状況を示しました（吉田他，2019）（**図表 3 － 2**）。

　全体の特徴的な傾向としては，標準原価計算と直接原価計算の併用企業が多数を占めています（49社中23社）。大企業では，本来的に加工費の管理に向いている標準原価計算と，固定費部分を特定し変動費（原材料費や購入部品費）の管理に向いている直接原価計算の双方を活用している傾向が表れています。

　業種別の利用状況の違いを見ると，電気機器産業では，24社中23社が標準原価計算を利用している一方，標準原価計算を利用せずに直接原価計算を利用している企業は 1 社のみでした。それに対して，輸送機器産業では13社中 5 社が直接原価計算のほうだけを利用しています。製品ライフサイクルや，加工費率，外注率，設備費の多寡，海外生産の状況など，製品・生産特性の影響によって，業種間の標準原価計算と直接原価計算の利用状況の違いが生じていると思われます。表記はしませんでしたが，化学産業では11社中 9 社が，標準原価計算と直接原価計算の併用企業です。花王㈱の取り組みが広く知られているように，化学産業では，直接原価計算と標準原価計算を統合した直接標準原価計算を活用しています。

参考文献

○吉田栄介・岩澤佳太・徐智銘・桝谷奎太（2019）「日本企業における管理会計の実態調査（東証・名証一部上場企業）」『企業会計』第71巻第 9 号～第12号，122-128頁，128-133頁，125-131頁，110-115頁。
○吉田栄介・花王株式会社会計財務部門(2020)『花王の経理パーソンになる』中央経済社。

3－3
標準原価管理と原価改善の比較

生産段階での原価管理：標準原価管理 vs. 原価改善

●●●●●●●●●●●●●●●●●●●●●●●●●●●●●●●

■標準原価管理
　●現行の製造条件のもと，実際原価を標準原価に一致させようとする原価維持活動
■原価改善（cost improvement, kaizen costing, continuous improvement）
　●現行の製造条件を不断に変更することを通じて，原価標準を積極的に引き下げ，製品の
　　製造原価を改善目標原価水準にまで計画的に引き下げる継続的原価低減活動
　① 製品別原価改善
　●目的：新製品における原価企画の目標未達部分の達成や，不採算製品の収益性回復。
　●新製品の企画・設計段階での原価管理活動（原価企画）における目標原価が，量産開
　　始3カ月程度経過しても達成されない場合，目標原価未達成額を目標改善額として設
　　定し，製品別原価改善委員会（プロジェクト・チーム）を組織し，VA（Value Anal-
　　ysis）活動を通じて，目標原価の達成を目指す。
　●製品別原価改善委員会
　　➤チームリーダー：当該製品製造担当役員や原価管理担当役員
　　➤サブリーダー：当該製品担当のプロダクト・マネジャー
　　➤その他のメンバー：製造，設計，生産技術，購買の部門長など

●●●●●●●●●●●●
●●●●●●●●●●●●

　製造段階での原価管理手法として，標準原価管理と原価改善とを比較しま
しょう。標準原価管理は，現行の製造条件のもとで，実際原価を標準原価に一
致させようとする原価維持活動です。一方，原価改善（kaizen costing, cost im-
provement）は，現行の製造条件を不断に変更することを通じて，原価標準を
積極的に引き下げ，製品の製造原価を原価改善目標水準にまで計画的に引き下
げる継続的原価低減活動です。原価改善には，新製品の目標原価の未達分の製
造段階での達成を目指す製品別原価改善と，既存製品の製造段階で日常的に行
われる期別原価改善があります。

② 期別原価改善
■短期利益計画から利益改善目標額と原価改善目標額を決定し,各部門に割り当て,現場で改善活動の実施,原価改善差異の測定・分析をするPDCAサイクル。
Step1：改善目標の設定：前期末製品単位当り実際原価が当期製品単位当り基準原価（原価改善の出発点）。
Step2：基準原価から,例えば「当期は8％の原価削減を目標」といった具体的な改善目標を原価削減率で設定。当期の改善目標総額：図中の斜線部分。
Step3：原価改善成果の測定：図中のS字曲線。
Step4：こうした原価改善活動により達成された期末実際原価が,次期製品単位当り基準原価となり,新たな原価削減目標を設定。こうした原価改善のサイクルが繰り返される。

【図表3－3】　期別原価改善における原価改善目標と実際原価

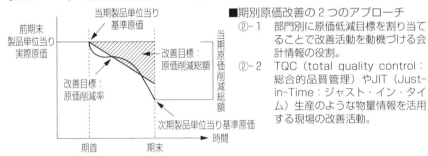

■期別原価改善の2つのアプローチ
②-1　部門別に原価低減目標を割り当てることで改善活動を動機づける会計情報の役割。
②-2　TQC（total quality control：総合的品質管理）やJIT（Just-in-Time：ジャスト・イン・タイム）生産のような物量情報を活用する現場の改善活動。

＜出所＞　Hilton, et al.（2000）p.701を参考にして作成。

（1）製品別原価改善

　製品別原価改善は,新製品における原価企画の目標未達部分の達成や,不採算製品の収益性回復を目的に行います。新製品の企画・設計段階での原価管理活動を原価企画（第2章）と呼びますが,原価企画における目標原価が,量産開始3カ月程度経過しても達成されない場合,目標原価未達成額を目標改善額として設定し,製品別原価改善委員会（プロジェクト・チーム）を組織し,VA（Value Analysis）活動を通じて,目標原価の達成を目指します。

　製品別原価改善委員会は,通常,生産技術担当役員や原価管理担当役員をチームリーダー,当該製品担当のプロダクト・マネジャーをサブリーダーとし,製造,設計,生産技術,購買の部門長などから構成されます。

（2）期別原価改善

　期別原価改善は，短期利益計画から利益改善目標額と原価改善目標額を決定し，各部門に割り当て，現場で改善活動の実施，原価改善差異の測定・分析をするPDCA（Plan-Do -Check-Action）サイクルを回す活動です。

　期別原価改善における原価の推移の一例を**図表3－3**に示しました。期別原価改善は，全社での取り組みや，事業，工場，工程単位など，様々な組織単位で取り組みが行われます。

　まず，前期末実際原価が当期基準原価となります。つまり，前期末（当期首）の実際原価を出発点として，原価改善活動が始まります。

　次に，基準原価から，例えば「当期は8％の原価削減を目標とする」といった具体的な改善目標を原価削減率で設定します。図表内に斜線で示した原価削減総額が当期の改善目標の総額となります。目標達成を目指し，原価改善活動を遂行した実際原価の推移を例示したのが波型の曲線です。実際原価の削減は，通常，計画どおりに直線的に推移するのではなく，効果的な改善提案により劇的に下がることもあれば，一度下がった原価がまた上昇することもありながら，改善目標に向けて努力を続けます。原価改善活動により達成された期末実際原価が次期の基準原価となり，新たな原価削減目標を設定します。

　こうした原価改善のPDCAサイクルを繰り返し，日常的・継続的に実施されるのが期別原価改善です。期別原価改善は，部門別に原価低減目標を割り当てることで改善活動を動機づける会計情報の役割に加え，TQC/M（Total Quality Control/Management：総合的品質管理）やJIT（Just-in-Time：ジャスト・イン・タイム）生産などの物量情報を活用する取り組みにも支えられています。

TQCとTQM

　1960年代以後，日本企業は，QCサークルと呼ばれる現場での少人数グループによる品質管理活動を通じて，日本製品の品質に対する国際的な高い信頼を得てきました。日本で発展したこの品質管理活動がTQCです。

　一方，米国では，1980年代前半の米国経済の低調を脱するための官民一体と

なったひとつの取り組みとして，1987年に，マルコム・ボルドリッジ賞（米国国家経営品質賞）が創設されました。日本生まれのTQC研究から学び，さらなる戦略的要素を組み込みながら，体系的な品質管理の仕組を構築しました。TQCが製造品質の向上を目指していたのに対して，マルコム・ボルドリッジ賞は，全社的な経営品質を審査対象にしたことで，TQM時代が幕を開けます。

　その後，日本でも，マルコム・ボルドリッジ賞に倣い，1995年12月に，公益財団法人日本生産性本部が日本経営品質賞を創設します。1996年4月には，日本企業の品質管理活動を主導してきた日本科学技術連盟（日科技連）は，TQC（全社的品質管理）をTQM（総合的品質管理）へ名称変更しました。

　欧州でも，1987年3月に欧州主導のISO9000シリーズが制定されると，1990年代前半には，日米企業の品質管理活動においても無視できない存在になってきました。つまり，ISO9000シリーズの認証取得なしに国際的な取引をすることが困難になってくるなど，ビジネスルールの変更を迫られてきたのです。

JIT生産

　JIT生産とは，必要なものを，必要な量だけ，必要なときに生産する方法です。伝統的な生産方式であるプッシュ（押し出し）方式では，生産効率を重視し，多くの在庫を生み出したのに対して，市場の需要に応じて生産量を決めるプル（引っ張り）方式であるJIT生産では，過剰在庫や過剰労働力などの多くのムダを取り除くことで，原価低減を図ります。

　JIT生産を管理する手段のひとつとして，作りすぎのムダを防ぐためにトヨタで開発された手法に，カンバン方式があります。カンバン方式では，生産に必要な1単位分の部品を入れた箱に，品番，前工程，後工程，生産時期・方法，運搬時期・場所・方法などを記したカンバンをつけます。製造現場では，1箱の部品を使い切ると，そのカンバンを前工程へ送ります。前工程では，カンバンに記された数量の部品を製造し，カンバンをつけて後工程に送ります。

参考文献

○Hilton, R., Maher, M. and Selto, F. (2000) *Cost Management*, McGrow-Hill, Irwin.
○吉田栄介・伊藤治文（2021）『実践Q&A コストダウンのはなし』中央経済社。

3 - 4

原価改善と原価企画の連携
：ダイハツ工業㈱【事例研究】

原価改善と原価企画の連携事例：ダイハツ工業㈱
● ●

■会社情報（参考：2016年 3 月期。2016年 7 月トヨタ自動車㈱による完全子会社化のため上場廃止）
　●連結売上高1,690,308百万円，連結営業利益83,386百万円
　●従業員数（12,796人：2018年 4 月時点）
■近年の取り組み（畑井他，2013）
　●製品別原価改善（VA活動）
　　➤プロジェクト・チームによる 1 年から 2 年の活動（製品ライフサイクルは 4 〜 5 年）。
　　➤設計・調達・工場部門から量産以降を担当するメンバーを選出。
　●期別原価改善（年度ごとの活動）
　　➤主に製品や工場単位で費目別の原価低減活動を実施。
　　➤購入部品の取り組み：「価格改定」。
　　➤調達部門とサプライヤー企業との協働。
■特徴（畑井他，2013）
　●次期製品の製品開発・「原価企画」によって生み出される部品を，既存製品の「原価改善」として採用。
　●既存製品の「原価改善」成果を，既存製品だけでなく，次期製品の製品開発・「原価企画」へ提供。
　●以前は原価改善（原価管理部）と原価企画（原価企画部）の担当部署が異なるため連携は不十分であった。➡同一フロアに配置。
● ● ● ● ● ● ● ● ● ● ● ● ● ●
● ● ● ● ● ● ● ● ● ● ● ●

　製造段階での原価改善と，製品開発段階での原価企画とはどのように連携しているのでしょうか。ダイハツ工業㈱の事例を見てみましょう。

　原価企画の目標原価が量産開始時点で未達の場合，製品別原価改善（VA：Value Analysis）活動を実施します。プロジェクト・チームによる 1 年から 2 年の活動（製品ライフサイクルは 4 年から 5 年）で，設計・調達・工場部門から量産以降を担当するメンバーを選出して，実行します。

　製品別原価改善の他に，ダイハツ工業㈱の原価改善としては，年度ごとの原

価低減目標の達成を目指す期別原価改善も実施しています。期別原価改善は，主に製品や工場単位で費目別の原価低減活動を実施します。その中でも，特に，購入部品の取り組みを「価格改定」と呼び，調達部門とサプライヤー企業との協働で実施します。

　製品別原価改善と原価企画の連携について，ダイハツ工業㈱の取り組みの特徴を挙げると，第1に，次期製品の製品開発や原価企画によって生み出される部品を，既存製品の原価改善として採用しています。製品ライフサイクルが長く，次期製品と既存製品との類似性も高いことから，既存製品の原価改善に貢献するVE部品が開発されると，既存製品にも投入されていきます。

　第2に，既存製品の原価改善成果を既存製品だけでなく，次期製品の製品開発や原価企画へフィードバックすることを推奨しています。

　第3に，以前は原価改善（原価管理部）と原価企画（原価企画部）の担当部署が異なるため，連携が不十分であった時期もありましたが，これらの部署を同一フロアに配置することで，コミュニケーションが円滑に図れるようになっています。

参考文献

○畑井竜児・鈴木新・松尾貴巳・加登豊（2013）「原価改善と原価企画の実践における連携」『原価計算研究』第37巻第1号，40-52頁。
　※本節の解説は本論文に依拠しています。
○門田安弘（1994）『価格競争力をつける原価企画と原価改善の技法』東洋経済新報社。

3 - 5

原価改善と原価企画の連携

：A社【事例研究】

原価改善と原価企画の連携事例：A社

- ■A社：産業財・消費財など複数事業を有する電気機器メーカー（畑井他，2013）
- ■近年の取り組み
  - ●製品別原価改善
    - ➤目標原価未達時に「原価改善計画」を立案。
    - ➤条件付き承認として量産を開始。
  - ●期別原価改善
    - ➤商品事業部（原価企画担当）と工場間で整合した目標原価改善額を達成すべく工場が実施。
    - ➤初年度：設備償却やライン従業員の未習熟を考慮した工場仕切値の設定。
    - ➤次年度以降：年数％ダウンの計画を，前年度7月頃から検討を始め，4月の標準原価設定時に反映。
    - ➤標準原価は1年間変更なし。原価改善額は工場利益額とみなされる。
- ■【事例】発売10年超の電子部品P
  - ●対象製品の特徴
    - ➤人気商品だが，売価は低下し，利益額が減少。原価改善活動成果により利益確保。
    - ➤製品構造や材料変更を伴うVEには顧客承認が必要。つまり，原価低減活動は困難。
  - ●取り組み
    - ➤部門横断型チームによる開発プロジェクトの実施
      - ✓製品P1の製品構造・材料・工法を見直し（1st Look VE），試作品P10の作成まで担当。
      - ✓P1比30％の原価低減が可能であることを試算。
    - ➤これを受けて，短期間で実現可能な成果を活用し，改良製品P11を開発，市場投入。
      - ✓意図的に既存製品P1の販売数量を減らし，改良製品P11への移行を促す。
      - ✓つまり，P1の改善活動がP11にとっては原価企画活動。

　原価改善と原価企画の連携の事例として，産業財・消費財など複数事業を有する電気機器メーカーの取り組みも紹介しましょう。

　この電気機器メーカーの原価改善も，製品別原価改善と期別原価改善の2つのアプローチに大別されます。製品別原価改善は，製品開発段階での目標原価が量産開始時点で未達の時に原価改善計画を立案し，条件付き承認として量産

を開始します。

　期別原価改善は，商品事業部（原価企画担当）と工場間で整合した目標原価
改善額を達成すべく工場が実施します。新製品の場合，初年度は，設備償却や
ライン従業員の未習熟を考慮した工場仕切値を設定し，次年度以降，年数％ダ
ウンの計画を，前年度7月頃から検討を始め，4月の標準原価設定時に反映さ
せます。標準原価は1年間変更せず，原価改善額は工場利益額とみなされます。

　製品別原価改善と原価企画の連携について，発売後10年を超える成熟製品で
ある電子部品Pの事例を取り上げましょう。

　対象製品の特徴として，人気商品ですが，10年間の競合との価格競争の結果，
売価は低下し，利益額が減少していて，原価改善活動の成果によってかろうじ
て利益を確保している状況でした。顧客が製品品質を重視するため，製品構造
や材料変更を伴うVE（Value Engineering）には顧客承認が必要です。そのため，
既存製品の原価低減活動には一定の限界があります。

　そこで，意図的に既存製品の販売数量を減らし，改良製品への移行を促すこ
とで継続的に利益を獲得するとともに，製品ライフサイクルの長期化を図るこ
とにしました。

　部門横断型チームによる開発プロジェクトを実施し，既存製品P1の製品構
造・材料・工法を見直し（1st Look VE），試作品P10の作成まで担当しました。
その結果，既存製品P1と比べて30％の原価低減が可能であることを試算しま
した。これを受けて，短期間で実現可能な成果を活用し，改良製品P11を開発し，
市場投入しました。

　つまり，既存製品P1の改善活動が，改良製品P11にとっては原価企画活動に
なります。

参考文献

○畑井竜児・鈴木新・松尾貴巳・加登豊（2013）「原価改善と原価企画の実践におけ
　る連携」『原価計算研究』第37巻第1号，40-52頁。
　※本節の解説は本論文に依拠しています。

3－6
標準原価管理と原価企画の連携
：ファナック㈱【事例研究】

標準原価管理と原価企画の連携事例：ファナック㈱

●●●●●●●●●●●●●●●●●●●●●●●●●●●●●●●●●●

■会社情報（2020年3月期）＜Yahoo！ファイナンスより＞
　●工作機械用NC装置世界首位。産業用ロボットや小型マシニングセンターも。
　●連結売上高508,252百万円，連結営業利益88,350百万円
　●従業員数（連結8,164人，単独4,018人）
■取り組み（金子，2016）
　●高い目標設定
　　➢目標製造原価＝売価－目標売上高営業利益率（35％）
　　➢未達状況が確認されると，商品開発中止。
　●耐性の強い費用構造
　　➢損益分岐点比率を3分の1以下にするよう厳格な指示。
　　➢「Weniger Teile」＝部品点数の削減
　　　✓「少ない部品でつくればコストが下がり，信頼性は上がる」実質的創業者である
　　　　稲葉清右衛門は，この言葉にもの作りの基本方針を込める。
　●責任体制
　　➢開発責任者は，開発終了後，「臨時製造部長」として工場に赴く。
　　➢原価企画で設定された目標製造原価が標準原価として設定される。
　●Made in Japanへのこだわり

●●●●●●●●●●●●●●
●●●●●●●●●●●●●●

　製造段階での標準原価管理と，製品開発段階での原価企画の連携について，ファナック㈱の事例を見てみましょう。

　米中貿易摩擦の影響もあり，2020年決算では業績が大きく落ち込みましたが，ファナックは，工業機械用NC（Numerical Control）装置の世界首位，産業用ロボットでも世界の4強の一角を占め，非常に高い収益性を誇る企業として知られています。

　ファナックの利益・原価管理の特徴は，第1に，原価企画における非常に高い目標設定です。製品開発段階の原価企画における目標原価は，「目標製造原

価＝売価－目標売上高営業利益率（35％）」で設定されます。量産段階に移行するまでに目標原価の未達状況が確認されると，この非常に高い目標の未達を理由に，商品開発は中止されます。

　第2に，耐性の強い費用構造です。ひとつは，損益分岐点比率を3分の1以下にするようにとの厳格な指示に表れています。つまり，売上高が3分の1以下に減っても利益が出せるような企業体質の構築を目指しています。

　もうひとつは，「Weniger Teile（＝部品点数の削減）」の重視です。「少ない部品でつくればコストが下がり，信頼性は上がる」。実質的創業者である稲葉清右衛門氏は，この言葉にモノづくりの基本方針を込めました。

　第3に，責任体制です。開発責任者は，開発終了後に「臨時製造部長」として工場に赴きます。開発段階の原価企画で設定した目標原価で実際に製造できていることを確認するまで，臨時製造部長として従事します。この際，原価企画で設定された目標製造原価を標準原価として設定します。このことで，開発から製造段階まで，一貫した原価管理が可能になります。

　この第3の特徴が，標準原価管理と原価企画の連携であり，こうした取り組みは，他に例を見ない極めて先進的な取り組みと言えます。

　第4に，Made in Japanへのこだわりです。ファナックでは，研究開発から製造まで，すべて国内で行っています。30以上の工場を有し，規模の効率性，研究開発と製造の連携，品質とコストの作り込みへのこだわりから，国内開発・製造を継続しているものと考えられますが，こうした徹底ぶりも他に類のない取り組みです。

参考文献

○金子秀（2016）「原価企画と利益管理：ファナックを事例として」『社会科学論集』第146・147合併号，59-73頁。※本節の解説は本論文に依拠しています。

3－7

開発購買【事例研究】

開発購買：他社事例

● ●

■新製品開発活動において，開発購買エンジニアが調達の視点から開発設計者やサプライヤーなどと連携・協働することによって，開発設計諸目標を達成させること（田中，2015）
　●購買・調達活動の重要性の高まり
　●原価企画活動を支える3つの仕組み
　　➢マイルストーン管理
　　➢コンカレント・エンジニアリング
　　➢開発購買
■開発購買の方法
　●データベース方式
　　➢リコー：部品のステータス管理（推奨・認定・限定，禁止・廃止）
　　　✓品質基準をクリアした部品への集約→部品単価・管理コスト低減，品質リスク低減
　　　✓設計効率向上による設計期間の短縮
　　➢日立製作所
　●部品チーム方式
　　➢富士通：エンジニアリング購買統括部：新規サプライヤー開拓，設計部への提案，原価企画の推進
　　➢日産自動車：クロスファンクショナルチーム：購買部門に隣接した原価低減チームの設置
　　➢Apple：サプライヤー企業の調達部門の参画
　●大部屋方式
　　➢トヨタ自動車，ホンダ，リコー

　開発購買とは，新製品開発活動において，開発購買エンジニアが調達の視点から開発設計者やサプライヤーなどと連携・協働することによって，開発設計諸目標を達成させることです（田中，2015）。開発購買が注目される背景として，購買・調達活動の重要性の高まりがあります。1985年のプラザ合意（当時のG5（先進5カ国蔵相・中央銀行総裁会議）が発表した為替レート安定化に関する合意の通称。これにより協調して円高・ドル安に誘導）以降のグローバル化に伴い，近年では，拡大傾向にあった調達先の選別を志向する傾向にあります。

　開発設計者を主体とする原価企画の取り組みが定着する中で，開発購買の取り組みの重要性も増しています。今日では，開発購買は，マイルストーン管理，コンカレント・エンジニアリングとならび，原価企画活動を支える重要な3つの仕組みのひとつと言えます。

　開発設計者と開発購買エンジニア，サプライヤーの3者の連携の形は，開発設計者と開発購買エンジニアの連携が先行する企業や，開発購買エンジニアとサプライヤーとの連携が先行する企業など，様々です。

　開発購買の実施方法は，以下の3つに大別されます。これらの3つは，どれかひとつを選ぶのではなく，組み合わせて実践されています。

　第1は，サプライヤーや設計担当者との図面や部品情報をデジタル化し，情報共有するシステムを構築・運用するデータベース方式です。㈱リコーでは，部品のステータス管理（推奨・認定・限定，禁止・廃止）を実施し，品質基準をクリアした部品への集約を図ることで，部品単価や管理コストの低減，品質リスクの低減，設計効率向上による設計期間の短縮を実現しています。㈱日立製作所でも，データベース方式の開発購買が成果を上げています。

　第2は，部品の調達業務に関する組織を設ける部品チーム方式です。富士通㈱は，2001年の調達改革の一環として，エンジニアリング購買統括部を新設し，新規サプライヤーの開拓，設計部への提案，原価企画の推進といった業務を担当しています。日産自動車㈱の有名なクロスファンクショナルチームの取り組みの中でも，購買部門に隣接した原価低減チームが設置されました。米Apple社では，工場を所有しないファブレス（fabless）経営でもあり，サプライヤー企業の設計担当者だけでなく調達部門も開発購買に参画しています。

　第3は，開発・設計，生産技術，購買・調達部門などの異なる部門の担当者をひとつの部屋に集める大部屋方式です。これらの部門間調整の迅速化に加え，営業部門やサプライヤー技術者との連携も期待されます。トヨタ自動車㈱，本田技研工業㈱，㈱リコーをはじめ，多くの企業で取り組みが行われています。

参考文献

○田中雅康（2015）『原価企画と開発購買戦略』中央経済社。

3 - 8

開発購買【実態調査】

開発購買の連携・協働の実態

●●●●●●●●●●●●●●●●●●●●●●●●●●●●●●●●

■情報提供の実態としては，部材やその調達，加工・製造技術や主要サプライヤーに関する情報が重視されている。
■開発支援・協働推進の実態としては，原価企画における原価改善手法（VE，コストレビュー，原価見積）が多用され，その他にも様々な施策が採用されている。

【図表3 - 4】　連携・協業の実態（複数回答）

(単位：%)

	選択肢	割合		選択肢	割合
情報提供	サプライヤーの優れた加工技術・部材	67	開発支援・協働推進	VE	80
	新機能部材・代替品	60		目標原価の達成活動（原価低減・コストレビュー）	73
	部材単価	60		原価見積	70
	部材の需要・価格動向	53		部材の標準化・共通化の推進活動	63
	部材の入手性・リードタイム	50		サプライヤーの紹介・協力体制づくり	63
	標準・推奨部材	50		新サプライヤーの探索	60
	EOL（End of Life）候補部材	50		コンカレント・エンジニアリング	53
	主要サプライヤーの現状・動向	50		EOL部品の不使用徹底	50
				新部材の探索	50

＜出所＞　日本経営システム協会主催「開発設計段階の原価企画・CE研究会」参加企業55社へのアンケート調査（2011年，有効回答数30社。田中（2015）52-53頁に所収）。

　開発購買の連携・協働の実態について見てみましょう。

　田中（2015）の調査によれば，開発購買において提供される情報の上位は，「サプライヤーの優れた加工技術・部材，推奨部材などの情報」67％，「新機能部材・代替品の情報」60％，「部材単価の情報」60％となっています。4位以下の情報も見ると，提供情報の実態として，部材やその調達，加工・製造技術や主要サプライヤーに関する情報が重視されています（**図表 3 − 4** 左）。

　開発購買における開発支援や協働推進する内容の上位は，「VE（Value Engineering）活動」80％，「目標原価の達成活動（原価低減・コストレビューなど）」73％，「原価見積業務」70％，「部材の標準化・共通化の推進活動」63％となっています。それ以下の情報も見ると，開発支援・協働推進の実態として，原価企画における原価改善手法（VE，コストレビュー，原価見積）が多用され，その他にも様々な施策が採用されていることが分かります（**図表 3 − 4** 右）。

開発購買の開始時期／開発・設計段階別の方法・手法

●●●●●●●●●●●●●●●●●●●●●●●●●●●●●●●●●●●●

> ■開発購買の開始時期
> ●約3分の2の企業が，開発購買を製品企画・構想設計段階から始めており，
> 　開発設計のフロントローディング化を示唆している。
> ●基本・詳細設計段階から開発購買を始める企業は少ない。
> ●製造準備段階から開発購買を始める企業は見当たらない。

【図表3－5】　開発購買の開始時期（複数回答）

（単位：%）

段　階	割　合
製品企画	31
構想設計	34
基本設計	28
詳細設計	7
製造準備	0

<出所>　日本経営システム協会主催「開発設計段階の原価企画・CE研究会」参加企業55社へのアンケート調査（2011年，有効回答数30社）。田中（2015）51頁に所収。

【図表3－6】　各段階で多用される方法・手法

開発設計段階 多用される方法・手法	企画・ 構想	基本・ 詳細	製造 準備
機能水準，構造の見直し	○		
類似品等の過去事例の分析	○	○	
コスト・ドライバー分析		○	
サプライヤーへの原価低減要請		○	○

<出所>　東証一部・二部上場製造企業対象の実態調査（2004年，2008年，2012年）結果を総合して作成（田中，2015，69頁）。

　開発購買の開始時期は，開発段階順に見ると，「製品企画」31％，「構想設計」34％，「基本設計」28％，「詳細設計」7％，「製造準備」0％となっています（**図表3－5**）。つまり，約3分の2の企業が，開発購買を製品企画・構想設計段階から始めており，開発設計のフロントローディング化を示唆しています。基本・詳細設計段階から開発購買を始める企業は少なく，製造準備段階から開発購買を始める企業は見当たりません。

　開発購買で多用される方法・手法を開発段階別に見てみましょう（**図表3－6**）。製品企画・構想設計段階では，部品の機能水準や構造の見直し，類似品等の過去事例の分析が多用され，基本・詳細設計段階では，類似品等の過去事

開発購買の組織体制

●●●●●●●●●●●●●●●●●●●●●●●●●●●●●●●

> ■3分の1の企業が，職制上の専門組織を設置している。
> ■半数の企業が，調達部門内に開発購買を担当する専任チーム・グループをもつ。

【図表3－7】　開発購買の推進組織（複数回答）

（単位：%）

選択肢	採択割合
(1)　開発購買を行う専門組織がある	20
(2)　開発購買を行う専門組織と委員会・会議体がある	13
(3)　委員会・会議体がある	13
(4)　調達部門に開発購買を推進するチーム・グループがある	50
(5)　調達部門スタッフがプロジェクトチームを作ったり，個別に支援する	20
(6)　開発購買の機能を果たす組織・委員会・会議体はない	7

＜出所＞　日本経営システム協会主催「開発設計段階の原価企画・CE研究会」参加企業55社へのアンケート調査（2011年，有効回答数30社。田中（2015）47頁に所収）。

例の分析に加え，コスト・ドライバー分析とサプライヤーへの原価低減要請，製造準備段階では，サプライヤーへの原価低減要請が多用されます。つまり，開発段階の源流に遡るほど，より本質的に原価低減に貢献する開発購買が実施できることを物語っています。

　開発購買の推進組織について，「(1)開発購買を行う専門組織がある」20%と「(2)開発購買を行う専門組織と委員会・会議体がある」13%を合わせると，おおよそ3分の1の企業が，職制上の専門組織を設置しています。また，「(4)調達部門に開発購買を推進するチーム・グループがある」50%となっており，半数の企業が，調達部門内に開発購買を担当する専任チーム・グループを設置していることがわかります（**図表3－7**）。

参考文献

○田中雅康（2015）『原価企画と開発購買戦略』中央経済社。

【参考】産業構造の一例

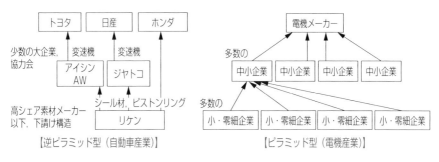

【逆ピラミッド型 (自動車産業)】　　　　　【ピラミッド型 (電機産業)】

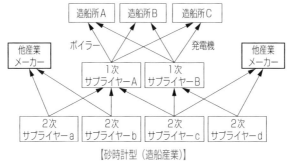

【砂時計型 (造船産業)】

　開発購買では，サプライヤーとの連携が重要になりますが，参考までに，様々な産業構造について見てみましょう。

　一般に，産業構造としてイメージされるのがピラミッド型でしょう。電機産業などで見られ，最終製品を製造するメーカー（大企業）と直接取引する多数の下請け中小企業があり，それらの企業に部材を納品する孫請けの多数の小・零細企業が存在し，多層化されたピラミッド構造が形成されています。

　一方，自動車産業の2次請け（ティア2：Tier2）までの産業構造に見られるのが，逆ピラミッド型です。1次請け（ティア1：Tier1）企業の中には，世界的なメガサプライヤーも含まれ，2次請け企業の中には，さらに少数の高シェアを誇る素材メーカーも存在します。

　また，造船産業は，1次サプライヤーが少数の大企業で構成される砂時計型です。2次サプライヤーは造船に限らず他産業のメーカーへも納品する多数の企業で構成されます。

3 - 9

開発購買の発展レベル

開発購買の発展レベル

● ●

【図表3-8】　開発購買の発展レベル

	レベル1	レベル2	レベル3	レベル4
	開発設計者への改善提案付き調達	サプライヤーへの必要事項指示型調達	サプライヤーとの共同開発型調達	サプライヤーからの機能・仕様提案型調達
Step1	開発設計者に要求事項（QCDES）の確認	開発設計者が主要な指示・制約条件を明示		サプライヤーから見積価格を含めた提案
Step2	開発購買エンジニア（サプライヤーと協働も）から改善案を提案	開発購買エンジニアが複数のサプライヤーに提示		調達側はQCDES等を総合評価
Step3	開発設計者による再設計案に基づく調達	応募サプライヤーが図面化，見積価格の提示	共同開発パートナーの技術を活用し図面化，目標原価達成に向け原価改善を繰り返す	顧客の視点から合理的価格を算出，交渉
		最善案を選択，詳細仕様を仮決定し，サプライヤーに再見積を要請…	パートナーと製造分担を決め，調達条件を交渉	

<出所>　田中（2015）6-7頁を参考に作成。

● ● ● ● ● ● ● ● ● ● ● ● ●
● ● ● ● ● ● ● ● ● ● ● ●

　田中（2015）は，開発購買を4段階の発展段階に区分しています（**図表3-8**）。
　第1段階は，開発設計者への改善提案付き調達です。まず，開発購買エンジニアは，調達を依頼された設計案について，開発設計者に要求事項（QCDES：Quality, Cost, Delivery, Ecology, Safety）を確認します。次に，この設計案に対して，開発購買エンジニアは，製造や調達の観点から改善案を提案します。こ

の際に，サプライヤーと協働することもあります。続いて，これらを受けて，開発設計者は再設計案をつくり，開発購買エンジニアはそれに基づく調達を実施します。

　第2段階は，サプライヤーへの必要事項指示型調達です。まず，開発設計者が，調達したい部品についての主要な指示・制約条件を明示します。開発購買エンジニアは，国内外の複数のサプライヤーにこれらの指示・条件を提示し，参加企業を募ります。次に，応募したサプライヤーは，調達側企業の要望に基づいて図面化し，見積価格を提示します。続いて，調達側企業は，提示された図面案のうち最善案を選択し，詳細仕様を仮決定し，サプライヤー候補企業に再見積を要請します。その後，調達側企業は，サプライヤー候補企業から再提出された仕様と見積価格を査定し，サプライヤー候補企業と交渉し，合意に至れば，調達となります。

　第3段階は，サプライヤーとの共同開発型調達です。第2段階の取り組みと異なり，サプライヤーに設計を依頼するのではなく，まず，開発設計者が提示した主要な指示・制約条件をクリアするための共同開発パートナーを募ります。次に，共同開発パートナーが決まると，調達側企業とパートナー企業の技術を活用し図面化し，目標原価達成に向けて原価改善を繰り返します。続いて，パートナーと製造分担を決め，調達条件を交渉し，調達となります。

　第4段階は，サプライヤーからの機能・仕様提案型調達です。まず，調達側企業は，国内外のサプライヤーから従来品の機能，品質，コストを大幅に改善する提案を，見積価格を含めて受けます。次に，調達側企業は，QCDESの観点からこの提案を総合的に評価します。続いて，提案された新機能や付加価値について，顧客の視点から合理的な価格を算出し，サプライヤーとの交渉を経て，適正な価格を決定し，調達となります。

参考文献

○田中雅康（2015）『原価企画と開発購買戦略』中央経済社。
　※本節の解説は本書に依拠しています。

3-10

まとめ：統合コストマネジメントを志向する

まとめ：統合コストマネジメントを志向する

●●●●●●●●●●●●●●●●●●●●●●●●●●

■実際・標準・直接原価計算などに基づく製造段階での原価管理
　●国内での標準原価管理の形骸化
　　➤標準原価の適時改定の困難性
　　➤多品種化・製品ライフルサイクルの短縮化→標準原価管理の対象・サイクルの適合性
　●海外生産拠点での既存製品の原価管理
　　➤標準原価：主たる活躍の場は海外か？
　　➤実際原価：精度の問題，（複数拠点を経て完成品を製造している場合など）製品別
　　　　　　　　原価が把握できているのか？
　●標準・実際原価計算：「したいこと」と「できること」の割り切りが必要
　　　　　　●直接原価計算の活用拡大の可能性：
　　　　　　　　➤変動費－固定費，管理可能費－管理不能費，直接費－間接費区分の視点
　　　　　　　　➤利益計画，意思決定，価格決定，原価管理，業績評価目的の利用可能性
■開発・設計段階と製造段階の原価管理の連続性
　●「言語」（集計単位・ルール）の違い
　●製品（群）別利益管理の不徹底
　　　　　　製品（群）別利益管理ルールの整備，利益管理責任者の任命，
　　　　　　報告・管理体制の整備
■中長期経営計画と予算管理および原価企画との連動性
　●中長期経営計画と製品計画（原価企画）との時間的親和性
　●会計・非会計アプローチ統合の困難性
　　➤中長期経営計画から導かれる製品（群）別目標利益の達成管理体制の不備
　　➤予算管理：コスト・センターでの原価改善目標の予算管理と部門間協業
　　➤原価企画：会計的単位ではない「原単位」の縮小を意図。責任者は誰か？
　　　　　　　　原価企画活動のための組織体制（責任者），業務ルールの整備，
　　　　　　　　計画・進捗管理の徹底

●●●●●●●●●●●●
●●●●●●●●●●●●

　ここまで，個別に実践されることの多いコストマネジメント手法・活動について，それらを連携させる取り組みについて説明してきました。

　本章のまとめとして，統合コストマネジメントを志向する上での課題と対策

について整理しておきます。

（1）実際・標準・直接原価計算などに基づく製造段階での原価管理

まず，製造段階の原価計算手法の活用について考えてみましょう。

国内の生産拠点においては，標準原価管理の形骸化が懸念されます。ひとつの課題は，標準原価の適時改定の困難性です。標準原価管理が機能するためには，適切な標準原価の設定が重要になりますが，予算管理のための基礎情報としては1年固定が望ましい一方，製品ライフサイクルが1年未満であったり，価格下落の早い製品に対する原価管理の目標値としては，より短期間での変更が求められます。ただし，頻繁に標準値を変更したのでは，標準と言えるのかという現場からの疑念を生みかねませんし，業績評価における目標値の観点からも頻繁な変更は逆効果になりかねません。つまり，どのタイミングで標準を変更することが適切なのかは，目的によって異なるため，悩ましい問題です。

他にも，多品種や製品ライフサイクルの短い製品を製造する企業では，製品ライフサイクルが数年にわたる少品種大量生産時代に登場した標準原価管理との相性がよくない一面があります。

多品種生産の企業では，対象製品を絞り込み，基準となる製品を決めて標準原価を設定し，派生品に横展開します。製品ライフサイクルが数カ月しかない場合には，通常，月次管理の標準原価管理では，PDCA（Plan-Do-Check-Action）サイクルを数回しか回すことができません。

また，海外の生産拠点においては，国内工場で製造経験のある既存製品の原価管理が中心になります。そのため，国内拠点との比較も含め，標準原価管理は海外拠点では有望な原価管理手法だと考えます。

一方，実際原価による管理には，原価計算精度の問題が伴います。加えて，複数拠点を経て完成品を製造している場合には，製品別原価を把握することはより困難になります。

以上のような課題への対策として，標準・実際原価計算については，「したいこと」と「できること」の割り切りが必要です。製品種類が数万点に達する

部品メーカーなどでは，そもそも製品ごとに原価管理を実施するよりも，事業や顧客，工場，生産ライン別など，製品別ではないセグメント（括り）での原価管理が有効でしょう。また，IFRS（International Financial Reporting Standards：国際会計基準）の適用により，各拠点での原価計算方法が統一されたり，ERP（Enterprise Resource Planning）システムの導入により，集計できていた原価情報が入手できなくなったりすることもあります（第10章，第11章）。

　直接原価計算については，再評価されてよいのではないでしょうか。変動費－固定費，管理可能費－管理不能費，直接費－間接費区分の視点は，様々な経営管理に有望で，利益計画，意思決定，価格決定，原価管理，業績評価目的の利用可能性が高いと言えます。

（2）開発・設計段階と製造段階の原価管理の連続性

　次に，開発・設計段階と製造段階の原価管理の連続性について考えてみましょう。

　ひとつは，両段階での「言語」（集計単位・ルール）の違いです。開発・設計段階では，「原単位（製品1単位当りの投入資源の標準的分量）」の見積原価の最小化を目指しますが，製造段階では，生産量を乗じた月次の実際原価を算定します。原価構造や計算ルールが異なりますので，原価企画における見積原価と量産後の実際原価を比較することは容易ではありません。

　もうひとつは，製品（群）別利益管理の不徹底です。開発所期の目標原価の達成状況を，量産後に測定・検証する企業は多くはありません。開発拠点と生産拠点が地理的に離れていたり，製品開発の責任者が量産段階まで担当するような余裕はないと考える企業は多いでしょう。

　以上のような課題への対策として，製品（群）別利益管理ルールの整備，製品（群）別利益管理責任者の任命，見積・実際原価の報告・管理体制の整備が必要です。つまり，原価計算制度に基づく月次原価管理だけではなく，製品（群）ごとの利益管理体制の構築・運用が必要になります。

　こうした取り組みは一朝一夕に実現するものではありません。やろうとする

意思と，できることからすぐに始める行動力が必要です。

（3）中長期経営計画と予算管理および原価企画との連動性

　最後に，中長期経営計画と予算管理および原価企画との連動性について考えてみましょう。

　ひとつは，中長期経営計画と製品計画（原価企画）との時間的親和性です。自動車産業の場合，製品ライフサイクルは数年におよぶため中長期経営計画における利益計画と原価企画を連動させて実践しやすいと言えます。一般的には，年次や半期予算に基づき業績管理を実施しますが，自動車産業に限らず，建設業やプラント業など，製品ライフサイクルの長いビジネスの場合は，予算管理に頼りすぎない工夫が必要になります（第7章）。

　もうひとつは，会計アプローチと非会計アプローチの統合の困難性です。第1に，中長期経営計画から導かれる製品（群）別目標利益の達成管理体制の不備です。中長期経営計画における利益目標は，個別の事業や製品（群）の目標利益を総合したものであるはずですが，これらが紐づいていない企業もあります。また，製品ごとの目標利益責任を負うプロジェクト・リーダー（製品利益責任者）が任命されていない企業や，そもそも製品別利益管理が困難な業種があります。

　第2に，コスト・センター（原価責任を負う組織単位）での原価改善目標の予算管理です。部・課・工程などに原価改善目標が割り振られますが，製品別原価改善の場合は，目標値は原価企画活動の積み残しですし，コスト・センターの枠を越えた協業が有効ですが，部門間協業は予算管理とは馴染みません。また，期別原価改善の場合は，コスト・ドライバー（原価作用因）とは無関係に，コスト削減を求められる場合も少なくありません。

　第3に，原価企画は，会計的単位ではない「原単位」の縮小を意図しています。また，前述のとおり，目標原価の達成責任者が不明なことも多いです。

　以上のような課題への対策として，原価企画活動のための組織体制（責任者），業務ルールの整備，計画・進捗管理の徹底が必要です。つまり，中長期経営計

画という年次を越える期間の利益・原価管理，部・課などの組織単位ごとの期間原価の予算管理，原価企画と製品別原価改善との連動，こうしたプロジェクトによるマネジメントと期別原価改善や標準・実際原価に基づく管理などコスト・センターにおけるマネジメントの統合を推進する必要があります。

『実践経営会計』正誤表

本書（146頁下から3行目～147頁上から3行目）におきまして、下記の間違い
がありましたので、お詫びして訂正いたします。

株式会社 中央経済社

【誤】

ROICは、NOPAT（Net Operating Profit After Taxes：税引後営業利益）を投下資金（投下資本）で
割ることで計算します。投下資金（有利子負債＋株主資本）の計算には、WACC（Weighted Average
Cost of Capital：加重平均資本コスト）を用います。

$$ROIC = \frac{税引後営業利益（NOPAT）}{投下資金（WACC）}$$

【正】

ROICは、NOPAT（Net Operating Profit After Taxes：税引後営業利益）を投下資金（投下資本）で
割ることで計算します。企業にとっては、ROICが少なくとも WACC（有
利子負債＋株主資本）で割ることで計算します。企業にとっては、ROICが少なくとも WACC
（Weighted Average Cost of Capital：加重平均資本コスト）を上回ることが要求されます。

$$ROIC = \frac{税引後営業利益（NOPAT）}{投下資金（有利子負債＋株主資本）}$$

第 4 章

小集団利益管理活動の可能性

4-1

アメーバ経営を知る

アメーバ経営とは

●●●●●●●●●●●●●●●●●●●●●●●●●●●●●●●●●

【定義】
- ●「機能ごとに小集団部門別採算制度を活用して，すべての組織構成員が経営に参画するプロセス」（アメーバ経営学術研究会，2010，20頁）
- ●「市場に応答して，現場から経営トップに至る全組織構成員の創意工夫を引き出して，組織全体を現場から活性化するために，組織を小集団のアメーバに細分化し，その採算を見える化した上で，アメーバ・リーダーにその経営を任せる小集団部門別採算制度」（谷・窪田，2017，83頁）

$$時間当り採算 = \frac{付加価値\{収益-（人件費を除く）費用\}}{時間}$$

- ●なぜ人件費を費用算入しないのか？
  - ➤人件費の詳細が明らかになると，給料の高いメンバーを入れ替えれば採算性がよくなると考え，人間関係に悪影響を及ぼしかねないため。
  - ➤金額の大きな人件費を加えると，原材料費や水道光熱費，通信費，消耗品費，工具費，交通費などの経費を地道に削減する努力が滞りかねないため。

【基本的仕組み】
- ●小集団部門別採算制度と財務会計との一本化
  - ➤アメーバ組織の階層性
  - ➤時間当り採算を積み上げ，人件費総額を控除すれば全社利益
- ●「予定」，「実績」，「差異」を比較するPDCAマネジメント

　JALを再生させた経営手法として広く知られる京セラのアメーバ経営。利益責任単位として通常想定される事業部よりも小さな部や課・工程などの組織単位（アメーバ）ごとの利益管理を志向する取り組みです。

　「機能ごとに小集団部門別採算制度を活用して，すべての組織構成員が経営に参画するプロセス」（アメーバ経営学術研究会，2010，20頁），「市場に応答して，現場から経営トップに至る全組織構成員の創意工夫を引き出して，組織全体を現場から活性化するために，組織を小集団のアメーバに細分化し，その採算を

見える化した上で，アメーバ・リーダーにその経営を任せる小集団部門別採算制度」（谷・窪田，2017，83頁）などと定義されます。

　その経営管理上の特徴として，小集団部門別採算と時間当り採算の2つが挙げられます。

　第1の小集団部門別採算制度は，基本的には財務会計制度と一本化されています。つまり，階層性のあるアメーバ組織において，各アメーバの時間当り採算を積み上げ，人件費総額を控除すれば全社利益と一致します。

　また，アメーバ経営は，「予定」と「実績」，それらの「差異」を比較するPDCA（Plan-Do-Check-Action）マネジメントと言えます。

　第2の時間当り採算とは，アメーバごとに売上（総生産）と費用を計算し，付加価値（＝総生産－人件費を除いた費用）を算出し，総時間で割ることで，アメーバごとの収益性を測る概念です。

　ユニークなのは，人件費は費用に含めずに，アメーバごとの時間当り採算を算定する点です。人件費を費用に含めないことの合理性として，現場のリーダーにとって人件費は固定費（売上の増減にかかわらず一定額が発生する費用）であったり，自身の裁量の範囲を超えたりするため，現場の問題に集中してもらうためとも言えます。他にも，人件費の詳細が明らかになると，給料の高いメンバーを入れ替えれば採算性がよくなると考え，人間関係に悪影響を及ぼしかねないことや，金額の大きな人件費を加えると，原材料費や水道光熱費，通信費，消耗品費，工具費，交通費などの経費を地道に削減する努力が滞りかねないといった理由も挙げられます。加えて，京セラ創業者の稲盛和夫氏の「従業員たちが幸福になる仕組みでなければ，企業は長く存続しない」という考えの反映とも言えます。

$$時間当り採算＝\frac{付加価値\{収益－（人件費を除いた）費用\}}{時間}$$

　アメーバ経営の特徴を，人材育成，全員参加経営，部門別採算の3つのキーワードから，もう少し詳しく見ていきましょう。

アメーバ経営の特徴：人材育成，全員参加経営，部門別採算

- ■人材育成
  - ●任せる経営
    - ➤会社を中小企業の連合体のような構成にし，各アメーバの経営をリーダーに任せる
    - ➤経営者意識の醸成
  - ●リーダーの役割
    - ➤メンバー全員が十分な働きをするには組織を牽引するリーダーの役割が重要
    - ➤アメーバの数は信頼できるリーダーの数に依存するとも言われる
  - ●目標設定・実現
    - ➤アメーバ・リーダーが設定する各アメーバの目標の合計は全社の業績目標
    - ➤目標の一致（goal congruence）に向けて，上司は，リーダーのモチベーションを高め，挑戦的目標の設定，それを実現するための計画立案・実践力を高める必要がある
- ■全員参加経営
  - ●アメーバ組織の階層性
    - ➤現場だけの管理システムではなく，現場から経営トップに至るまでの全員参加の経営
  - ●アメーバの自主的なPDCAマネジメント
    - ➤各アメーバが会社方針を受け，年度計画（マスタープラン）を立て，月次予定・実績管理を実施
    - ➤目標・実績値は，メンバー全員で共有
- ■部門別採算
  - ●アメーバ経営の原理原則＝売上最大，経費最小
  - ●アメーバ間の売買
  - ●理解容易性を追求した家計簿のような採算表

まずは，人材育成です。アメーバ経営では，会社を中小企業の連合体のような構成にし，各アメーバの経営をリーダーに任せることで，経営者意識の醸成を図る「任せる経営」を標榜しています。

メンバー全員が十分な働きをするには組織を牽引するリーダーの役割が重要です。アメーバの数は信頼できるリーダーの数に依存するとも言われています。

また，アメーバ・リーダーが設定する各アメーバの目標の合計は全社の業績目標となります。そのため，目標の一致（goal congruence）に向けて，上司は，リーダーのモチベーションを高め，挑戦的目標を設定し，それを実現するための計画立案・実践力を高める必要があります。

次に，全員参加経営です。アメーバ経営は，現場だけの管理システムではなく，アメーバ組織には階層性があり，現場から経営トップに至るまでの全員参加の経営を目指しています。また，各アメーバは会社方針を受け，年度計画（マ

時間当り採算表（製造部門）

● ●

【図表4－1】　時間当り採算表（製造部門）

収益	総出荷	Ⅰ	9,925,000	円
	社外出荷		1,700,000	
	社内売		8,225,000	
費用	社内買	Ⅱ	2,585,000	円
	総生産	Ⅲ＝Ⅰ－Ⅱ	7,340,000	円
	経費合計	Ⅳ	3,982,000	円
	原材料費		2,350,000	
	外注加工費		156,000	
	水道光熱費		65,000	
費用	修繕費		42,000	
	減価償却費		192,000	
	社内金利		37,000	
	部内共通費		74,000	
	営業口銭		734,000	
	本社経費		258,000	
	差引売上	Ⅴ＝Ⅲ－Ⅳ	3,360,000	円
	総時間	Ⅵ	700	時間
	定時間		644	
時間	残業時間		16	
	共通時間		30	
	振替時間		10	
	当月時間当り	Ⅶ＝Ⅴ÷Ⅵ	4,800	円/時間

➡ この製造アメーバの売上合計
出荷された製品が物流倉庫や他の製造アメーバに入荷した時点で計上

➡ この製造アメーバが創出したグロスの価値

この製造アメーバ固有の経費

総生産に対して営業部門に支払う営業口銭率は事業別に設定
➡（この表では，同一事業部門内取引と仮定し一律10%と設定）

➡ この製造アメーバが創出したネットの価値（付加価値）

事業（本）部の間接（非採算）
➡部門の時間負担分
➡他のアメーバ人員の貸借分

スタープラン）を立て，月次予定・実績管理を実施するPDCAマネジメントを回します。この際，目標・実績値は，メンバー全員で共有します。

　続いて，部門別採算です。アメーバ経営の原理原則は，売上最大，経費最小です。売上を最大限にすると同時に経費を最小限に抑える創意工夫を徹底的に続けていく姿勢こそが，高収益を生み出すと考えられています。また，アメーバ間の売買に市場原理を持ち込むとともに，誰でも理解できる家計簿のような採算表を用います。

　製造部門で用いられる時間当り採算表を示しました（**図表4－1**）。まず，「総出荷」（「社外出荷」と社内の他のアメーバへの「社内売」の合計）がこの製造アメー

バの売上合計になります。売上は，出荷された製品が物流倉庫や他の製造ア
メーバに入荷した時点で計上されます。

　次に，「総出荷」から「社内買」（社内の他のアメーバからの購入）を差し引い
た「総生産」が，この製造アメーバが創出したグロス（総量）の価値になります。

　続いて，「総生産」から「経費」合計を差し引くと，この製造アメーバが創
出したネット（正味）の価値（付加価値）である「差引売上」になります。す
でに述べたように，経費に人件費を含めず，原材料費や外注加工費，水道光熱
費，修繕費，減価償却費などのアメーバ固有の経費に加えて，在庫や固定資産，
売掛金に対して社内金利も負担します。加えて，総生産に対して営業部門に支
払う営業口銭（営業口銭率は事業別に設定）や本社費も応分に負担します。

　最後に，「差引売上」を「総時間」で割れば「当月時間当り」になります。「総
時間」はアメーバ内の定時間と残業時間だけでなく，部内や間接部門の時間負
担分である「共通時間」，他のアメーバから応援にきてもらった「振替時間」
（「時間移動」とも言う）を加減して算定します。

　アメーバ経営に関するその他のキーワードをまとめておきましょう。
（1）ミニ・プロフィットセンター（MPC：Micro Profit Center）制
　事業部（プロフィット・センター）より小さな機能別組織単位での利益管理の
取り組みです。基本的には，製造部門と営業部門が対象です。研究開発・資
材・管理部門はノンプロフィット・センターとすることが多いです。

　製造部門は本来コスト・センターのため，「売上」を計上するための何らか
の市場の見える化が必要になります。アメーバ経営以外にも，ラインカンパ
ニー制などの取り組みがあります（第4章第5節，第6節）。
（2）社内売買
　中間生産物の受け渡しは，コストプラスの振替ではなく，アメーバ間の交渉
による社内売買が行われます。また，取引先への売上は製造部門に入り，営業
部門は一定の営業口銭を受け取ります。

アメーバ経営に関するキーワード

●●●●●●●●●●●●●●●●●●●●●●●●●●●●●●●●●●●●

（1）　ミニ・プロフィットセンター（MPC：Micro Profit Center）制
　●事業部より小さな機能別組織単位での利益管理
　　➤基本は，製造部門と営業部門。
　　　研究開発・資材・管理部門はノンプロフィット・センター
　　➤製造部門は本来コスト・センターのため，市場の見える化が必要
　●アメーバ経営以外にも，ラインカンパニー制などの取り組み
（2）　社内売買
　●中間生産物の受け渡しは，コストプラスの振替ではなく，アメーバ間の交渉による社内売買
　●取引先への売上は，製造部門に入り，営業部門は一定の営業口銭を受け取る
（3）　時間当り採算
　●各アメーバの業績測定指標：利益額ではなく労働1時間当りの付加価値
　●アメーバの規模，機能に関係なく，比較可能
　●人件費を経費に含まない
　●製品完成後，売れるまでの間，金利をかける
（4）　PDCAサイクル
　●全社的な採算数値目標（ストレッチ・ターゲット）による年間計画「マスタープラン」
　　━➤全アメーバのマスタープラン━➤月次の詳細計画「予定」
　●月次，週次の会議，日次の朝礼にて，実績がフィードバック
（5）　フィロソフィ（経営理念）
　●目標達成の重圧による利己的・近眼的行動を防ぐ
　●経営管理の仕組みとともに，車の両輪

（3）時間当り採算

　各アメーバの業績測定指標で，利益額ではなく労働1時間当りの付加価値を指します。各アメーバの規模や機能に関係なく比較可能な指標と言えます。人件費を経費に含まないことや，製品完成後，売れるまでの間，金利をかけることなどが特徴的です。

（4）PDCAサイクル

　全社的な採算数値目標（ストレッチ・ターゲット）による年間計画「マスタープラン」に基づき，全アメーバのマスタープランが作成され，月次の詳細計画である「予定」が立てられます。各アメーバには，月次，週次の会議，日次の朝礼にて実績がフィードバックされます。

（5）フィロソフィ（経営理念）

　目標達成の重圧による利己的・近眼的行動を防ぐために，フィロソフィは経営管理の仕組み（部門別採算性と時間当り採算）とともに，車の両輪の役割を

【参考】責任会計制度

● ●

- ■責任会計制度
  - ●管理会計システムを経営管理上の責任と結びつけ，経営組織における職制上の責任者の業績を会計数値として明確に可視化し，そのことにより，マネジメント・コントロールを効果的に実行するための会計制度（小菅，2010，172頁）。
  - ●効果的な予算（利益）管理システムには健全な責任会計制度が必須。
- ■責任会計制度における組織の役割
  - ●コスト・センター（cost center）
    - ➤原価・費用についてのみ責任を負う組織単位
    - ➤製造部門，本社部門，研究開発部門など
    - ➤製造予算，一般管理費予算
  - ●レベニュー・センター（revenue center）
    - ➤収益に対してのみ責任を負う組織単位
    - ➤販売部門など
    - ➤売上高予算，販売費予算
  - ●プロフィット・センター（profit center）
    - ➤利益（＝収益−原価・費用）責任を負う組織単位
    - ➤事業部など
    - ➤損益予算
  - ●インベストメント・センター（investment center）
    - ➤原価・収益・利益に加え投資効率について責任を負う組織単位
    - ➤SBUやカンパニー
    - ➤損益予算、設備投資予算を含む資本予算、貸借対照表予算

> ミニ・プロフィットセンター
> - ●本来，コスト・センターである少人数で構成される部門を，プロフィット・センターとしてマネジメントする仕組み
> - ●現場の自律を促し、人材育成、利益意識の醸成などを意図
> - ●例：京セラのアメーバ経営など

担っています。

　アメーバ経営に代表されるミニ・プロフィットセンター制の取り組みは，本来，コスト・センターである製造部門などの組織単位（部，課，工程など）をプロフィット・センター化する経営管理の取り組みと言えます。「ミニ」プロフィット・センターと呼ばれるのは，本来的にはコスト・センターである少人数で構成される部門を，事業部などの大人数の組織に適用されてきたプロフィット・センターとしてマネジメントする仕組みだからです。ミニ・プロフィットセンター制は，アメーバ経営のように利益管理の仕組みであるだけでなく，現場の自律を促し，人材育成，利益意識の醸成などを意図した取り組みであることが多いです。

　それでは，参考までに，責任会計制度と責任会計制度における組織の分類を

紹介しておきましょう。

　まず，責任会計制度とは，「管理会計システムを経営管理上の責任と結びつけ，経営組織における職制上の責任者の業績を会計数値として明確に可視化し，そのことにより，マネジメント・コントロールを効果的に実行するための会計制度」（小菅，2010，172頁）のことです。つまり，効果的な予算（利益）管理システムには健全な責任会計制度が必須となります。

　次に，責任会計制度における組織の役割を説明します。第1は，コスト・センター（cost center）です。原価・費用についてのみ責任を負う組織単位で，製造部門，本社部門，研究開発部門などが該当します。予算の種類としては，製造予算や一般管理費予算の管理責任を負います。

　第2は，レベニュー・センター（revenue center）です。収益に対してのみ責任を負う組織単位で，販売部門などが該当します。予算の種類としては，売上高予算や販売費予算の管理責任を負います。

　第3は，プロフィット・センター（profit center）です。利益（＝収益－原価・費用）責任を負う組織単位で，事業部などが該当します。予算の種類としては，損益予算の管理責任を負います。

　第4は，インベストメント・センター（investment center）です。原価・収益・利益に加え，投資効率について責任を負う組織単位で，SBU（Strategic Business Unit）やカンパニーが該当します。予算の種類としては，損益予算，設備投資予算を含む資本予算，貸借対照表予算の管理責任を負います。

参考文献

○アメーバ経営学術研究会（2010）『アメーバ経営学：理論と実証』KCCSマネジメントコンサルティング。
○アメーバ経営学術研究会（2017）『アメーバ経営の進化：理論と実践』中央経済社。
○稲盛和夫（2010）『アメーバ経営：ひとりひとりの社員が主役』日経ビジネス人文庫。
○小菅正伸（2010）「第6章　利益管理」（谷武幸・小林啓孝・小倉昇編（2010）『業績管理会計』中央経済社に所収）。
○谷武幸・窪田佑一（2017）『アメーバ経営が組織の結束力を高める：ケースからわかる組織変革成功のカギ』中央経済社。

4－2

アメーバ経営【実態調査】

アメーバ経営の実態

●●●●●●●●●●●●●●●●●●●●●●●●●●●●●

【図表4－2】　アメーバ経営の実態調査結果

要　素	具体的内容	採用率（%）
時 間 当 り 採 算	時間当り採算を指標とする月次の実績集計	98.8
月 次 予 定	月次予定としての目標の設定	100.0
実 績 検 討 会	月次実績の検討会の実施	97.5
マスタープラン	年間計画にあたるマスタープランの作成	90.0
人 員 貸 借	人員を貸借した場合のアメーバ間での実績振替（時間当り採算の算出のために時間移動を行う）	94.9
社 内 金 利	社内金利のルールの設定	67.1
下 位 展 開	時間当り採算の下位レベルへの展開　（例：課のレベルまでしか作っていなかった採算表を，係のレベルでも開始）	75.6
実 績 早 期 化	月次の採算実績の作成の早期化（アメーバ経営導入時点より月次の採算実績を早めに確定できるようになる）	72.5
週 日 次 展 開	週次・日次への展開　（例：月次でしか採算表を作っていなかったが，週次や日次でも採算管理を開始したなど）	34.2
ギ ャ ッ プ	補助帳簿等を利用した管理会計情報と財務会計情報のギャップの分析（管理会計の一部の情報を財務会計に利用）	40.5
一 本 化	管理会計と財務会計の一本化	25.3
朝 礼 報 告	朝礼（昼礼・終礼）などでの実績報告の実施	65.4
唱 和	朝礼（昼礼・終礼）などでの経営理念・信条・フィロソフィの唱和	76.9
教 育 研 修	アメーバ経営に関する現場レベルでの教育研修	83.1

KCCS㈱の顧客企業326社へのアンケート調査（2011年1月）。回収数97社（中央値：売上高2,549百万円，従業員数104名），回収率29.8%。

<出所>　窪田他（2017）252頁より一部修正。

●●●●●●●●●●●●●●
●●●●●●●●●●●●●

　アメーバ経営は，京セラコミュニケーションシステム㈱のコンサルティング事業を通じて，製造業だけでなく非製造業や医療・介護事業など，多様な業種にわたる869社（2020年12月末現在）の導入実績があります。

　京セラコミュニケーションシステムの顧客企業に対する実態調査（窪田他，

アメーバ経営の実態（製造業のみ）

●●●●●●●●●●●●●●●●●●●●●

【図表4－3】 アメーバ経営の実態調査結果（製造業のみ）

要　素	具体的内容	採用率（%）
営 業 口 銭	営業への口銭の支払（＝営業部門の収益を，製造が支払う口銭から営業部門で発生する経費を引く形態に変更）	84.0
受 注 残	採算表上に受注残を管理項目として加える	30.4
R ＆ D	製造・営業部門だけでなく研究開発部門でも時間当り採算の算出（研究開発部門をNPCからPCへ変更）	33.3
社 内 売 買	社内売買の実施	93.0
市 価 基 準	社内売買において市価を反映した社内売買単価の決定	60.7
主体的価格決定	社内売買においてリーダー間で主体的に社内売買単価の決定	51.8
一 対 一 対 応	モノの移動と同時に売上と経費を一対一対応で認識	82.1

KCCS㈱の顧客企業326社へのアンケート調査（2011年1月）。回答製造企業58社（受注生産43社，見込生産15社）。　　　　　　　　　　　　　＜出所＞　窪田他（2017）252頁より一部修正。

■「社内売買」，「一対一対応の原則」，「営業口銭」の3つの要素の採用率は高い。
■市場の見える化（市価基準）やリーダー間の価格交渉は，温度差あり。

●●●●●●●●●●
●●●●●●●●●●

2017）の結果を見てみましょう（**図表4－2**）。アメーバ経営の諸要素の中でも，まず，「時間当り採算」，「月次予定」，「実績検討会」，「マスタープラン」，「人員貸借」の5つの要素は，9割以上の企業で採用されています。次に，「社内金利」，「下位展開」，「実績早期化」，「朝礼報告」，「唱和」，「教育研修」の6つの要素は，約3分の2以上の企業で採用されています。最後に，「週日次展開」，「ギャップ」，「一本化」の3つの要素は，十分に浸透しているとは言えません。

　同様に，製造業のみで採用される要素についての実態調査（窪田他，2017）の結果を見てみましょう（**図表4－3**）。「営業口銭」，「社内売買」，「一対一対応の原則」の3つの要素の採用率は高く，「市価基準（市場の見える化）」や「主体的価格決定（リーダー間の価格交渉）」には，企業間で温度差があります。「受注残」や「R&D」の採用は，おおよそ3分の1程度の企業に留まっています。

参考文献

○窪田祐一・三矢裕・谷武幸（2017）「アメーバ経営は企業に成果をもたらすのか：導入企業97社へのアンケートに基づく実態調査」（アメーバ経営学術研究会（2017）『アメーバ経営の進化：理論と実践』中央経済社に所収）。

4 － 3

アメーバ経営＋α
：㈱ディスコ【事例研究】

アメーバ経営＋α：㈱ディスコ

● ●

■会社情報（2020年３月期）＜Yahoo！ファイナンスより＞
  ●半導体，電子部品向け切断，研削，研磨装置で世界首位
  ●連結売上高141,083百万円，連結営業利益36,451百万円
  ●従業員数（連結4,015人，単独2,881人）
■1993年　アメーバ経営本格導入
■2003年　利益率向上を目指し，独自の「Will会計」を導入（杉山，2007）
  ●社内通貨を用いた部門単位の会計制度
  ●採算表に，すべての「仕掛品」と「棚卸資産」を追加
  【背景】以前は，製品完成時に「売上」として計上（一部製品のみ「仕掛品」管理）。
　　　　　半導体製造装置は受注生産だが納期は２～３カ月のため，ある程度の製品在庫
　　　　　や仕掛品は必要。半導体産業は需給変化が激しいため，在庫管理は重要。
  ●採算表に，「労務費」を追加
  【背景】売上高人件費比率が２割を超えるため，人件費への目配りも重要課題で，
　　　　　全社の最重要指標は，ITバブル以降，経常利益率。
　➤アメーバ経営の取り組み年数は長く，人件費を加えても地道なコスト削減努力は失わ
　　れない。
　➤良好な人間関係を維持するため「モデル人件費」（職位に応じた時給モデル）という
　　概念を設定。それに実労働時間を掛け「労務費」とした。
　➤現場リーダーやメンバーに正確な給与金額が知られる事態を回避する一方，経営層へ
　　の報告時点では「労務費」金額は実際値に修正。

● ● ● ● ● ● ● ● ● ●
● ● ● ● ● ● ● ● ● ●

　京セラコミュニケーションシステム㈱のコンサルティングを受ける企業や京
セラ㈱とは異なる独自に発展したアメーバ経営もあります。

　㈱ディスコでは，1993年に京セラのアメーバ経営を本格導入しました。その
後，過剰在庫を抱えたこともあり，2003年に，利益率向上を目指し，独自の社
内通貨を用いた部門単位の会計制度である「Will会計」を導入します。

　京セラのアメーバ経営と比較すると，京セラ流のオリジナルの採算表には掲載されないすべての「仕掛品」と「棚卸資産」を追加しました。その背景として，以前は，製品完成時に「売上」として計上し，一部の製品のみ「仕掛品」管理をしていましたが，半導体製造装置は受注生産とはいえ納期は 2 ～ 3 カ月かかるため，ある程度の製品在庫や仕掛品は必要とされます。半導体産業は需給変化が激しいため，ディスコでは在庫管理は重要だと考えています。

　加えて，採算表に「労務費」を追加しました。その背景として，売上高人件費比率が 2 割を超えるため，人件費への目配りも重要課題となります。IT バブル以降，全社的な最重要指標として経常利益率を設定しており，この目標達成のためにも，現場での人件費への目配りも重要であると考えています。

　ディスコでは，アメーバ経営の取り組み年数が長いことも，人件費を費用項目に加えたとしても地道なコスト削減努力は失われないと判断した要因に挙げられます。

　ディスコならではの工夫としては，現場での良好な人間関係を維持するために，「モデル人件費」（職位に応じた時給モデル）という概念を設定し，それに実労働時間を掛けて「労務費」を計算しています。現場のリーダーやメンバーに，各人の正確な給与金額が知られる事態を回避する一方，経営層への報告の際には，「労務費」金額は実際値に修正します。

■2006年　採算表に記載する経費を「変動・完全意思費」,「固定・完全意思費」,「変動・準意思費」,「固定・準意思費」の4通りに色分け（杉山，2007）
　●完全意思費：削減しても今期のビジネスには影響しない経費
　　　　【例】社外セミナーの受講費
　●準意思費：節約は可能だが，ゼロにはできない経費
　　　　【例】コピー代など
　●この区分けを現場リーダーに徹底することで，本部長や部長が予算を審査する際に「現在の市況ならこの完全意思費はやめよう」といった判断を素早くできる
■2011年　個人単位で採算管理する「個人Will会計」に発展（杉山，2007）
　●新業務は社内オークションで受発注
　●人事評価には直結させず，賞与連動はわずか
　●稼いだWillを社内の福利厚生施設の利用料や備品代などに充てることもできる
　●厚生労働省「第1回　働きやすく生産性の高い企業・職場表彰」最優秀賞受賞

　2006年には，採算表に記載する「経費」を「変動・完全意思費」,「固定・完全意思費」,「変動・準意思費」,「固定・準意思費」の4通りに色分けしました。

　「完全意思費」は，削減しても今期のビジネスには影響しない経費を指します。例えば，社外セミナーの受講費などです。「準意思費」は，節約することはできても，ゼロにはできない経費を指します。例えば，コピー代などです。

　この区分けを現場リーダーに徹底することで，本部長や部長が予算を審査する際に，「現在の市況ならこの完全意思費はやめよう」といった判断を素早くできるようになります。

　2011年には，ディスコ独自のアメーバ経営は，個人単位で採算管理する「個人Will会計」に発展します。

　社内通貨「Will」とは，1 Will＝1円に換算されます。2003年頃にアメーバ単位で導入されたものを，個人単位に発展させています。つまり，すべての社員が，「Will」を管理する個人口座を持ち，業務だけでなく事務用品に至るまで個人Willで取引されます。

　例えば，新業務は社内オークションで受発注され，より安価なWillで入札した者が担当者になり，その落札額が自分のWill会計の収入として計上されます。自

分で選んだ仕事を担当するので，やらされ感がなくなるといった効果があります。

「個人Will会計」は，人事評価には直結させず，賞与連動はわずかです。獲得したWillを備品代などに充てることもできます。

2017年には，厚生労働省「第1回　働きやすく生産性の高い企業・職場表彰」最優秀賞を受賞しています。

受賞理由の第1は，社内通貨「Will」による生産性の向上と働き方改革です。すでに述べた「やらされ感がなくなる」ことに加え，人件費の高い人はWill落札額の高い，より困難な仕事に入札すること，他人への業務依頼には自分のWill会計の支出を伴うのでコスト意識が出てくること，残業をすると自分のWill会計の支出として計上されるので残業削減が図れることが挙げられています。さらには，Willは，投資制度を通じた社内プロジェクトの価値の見える化や，社内研修による人材育成にも効果を上げていることも挙げられています。

Will以外の受賞理由としては，勤務地自由選択制度の導入（勤務地についてライフスタイル等に応じた場所の選択が可能），FA制度の導入（キャリア向上等のために異動先を自ら選択可能（異動元の所属長は拒否不可）），配当連動インセンティブの導入（株主配当総額の1％相当を従業員に支給）が挙げられています。

参考文献

○杉山泰一（2007）日経クロステック＞IT経営＞稲盛流改革で現場を変える！＞ケース2：ディスコ「ITバブルを機に独自手法へ昇華，利益率重視を鮮明に」2007年7月4日掲載記事。
URL：https://xtech.nikkei.com/it/article/COLUMN/20070627/276032/
※本節の解説（2006年までの取り組み）は本記事に依拠しています。
○Bernstein, E., Jinjo, N. and Sakuma, Y.（2018）「ディスコにおける個人Will」（P-Will at DISCO：英語版），Harvard Business School Publishingオンデマンドサービス。
URL：https://www.bookpark.ne.jp/cm/contentdetail.asp?content_id=HBSP-419J43　※本節の解説（2011年以降の個人Will会計の取り組み）は本論文に依拠しています。

4－4

TPS＋アメーバ経営
：㈱フジクラ【事例研究】

TPS＋アメーバ経営：㈱フジクラ

●●●●●●●●●●●●●●●●●●●●●●●●●●●●●●●●●●●●

- ■会社情報（2020年3月期）＜Yahoo！ファイナンスより＞
  - ●電線御三家の一角。独立系。フレキシブルプリント基板（FPC）で世界有数。
  - ●連結売上高672,314百万円，連結営業利益3,346百万円
  - ●従業員数（連結55,936人，単独2,665人）
- ■1987年　トヨタ生産方式（TPS）の導入
- ■2005年　経営理念を明文化
- ■2006年　TPSをベースとしたG-FPS（フジクラ流の製造部門と間接部門の業務改善活動）の中にアメーバ経営手法（2004年導入）を融合（杉山，2007）
  - (1)　業務プロセスの聖域なきムダ取り活動
  - (2)　顧客の視点での製品品質の向上を目指す業務改善活動
  - (3)　アメーバ経営手法を使った採算意識と経営感覚の現場への浸透
  - ●「以前は，製造したケーブルの長さ，使用した銅の重さ，製造時間などの指標の変化で業務改善効果を測定していた。これらの指標も金額に換算できるが，その値は実際の売り上げや実際に発生した経費などの値と必ずしも結びつかない。アメーバ経営でこの点を変えることができた」（鈴鹿事業所所長兼メタルケーブル事業部製造部主席部員の清水明生氏　2008年8月）
  - ●「様々な業務改善の効果が金額で分かり，現場のやりがいが高まった」（鈴鹿事業所製造部生産技術センター主管部員の菊田和夫氏　2008年8月）

　トヨタ生産方式（TPS：Toyota Production System）とアメーバ経営との融合を図る㈱フジクラの取り組みを紹介しましょう。

　フジクラでは，1987年にトヨタ生産方式を導入しています。創業120年目の2005年には，「第3の創業の年」と位置づけ，経営理念を明文化し，様々な取り組みを通じて，経営理念の全社的な浸透を図ってきました。

　2006年には，フジクラ流の製造部門と間接部門の業務改善活動であり，トヨタ生産方式をベースとしたG-FPS（Global/General Fujikura Production System）

の中に，すでに2004年に導入していたアメーバ経営を融合することを目指し，その後も融合活動は続いています。

　G-FPSは，(1)全員参加の業務プロセスの聖域なきムダ取り活動，(2)顧客視点での製品品質の向上を目指す業務改善活動，(3)アメーバ経営手法を使った採算意識と経営感覚の現場への浸透で構成されます（杉山，2007）。

　この第3の構成要素に位置づけられるG-FPSとアメーバ経営との融合の成果として，次のような現場の声も紹介されています（杉山，2007）。

　「以前は，製造したケーブルの長さ，使用した銅の重さ，製造時間などの指標の変化で業務改善効果を測定していた。これらの指標も金額に換算できるが，その値は実際の売り上げや実際に発生した経費などの値と必ずしも結びつかない。アメーバ経営でこの点を変えることができた。」（鈴鹿事業所所長兼メタルケーブル事業部製造部主席部員の清水明生氏　2008年8月）

　「様々な業務改善の効果が金額で分かり，現場のやりがいが高まった。」（鈴鹿事業所・製造部生産技術センター主管部員の菊田和夫氏　2008年8月）

　トヨタ生産方式と管理会計・原価計算手法との融合については，国内外で多くの議論がありますが，在庫を持たないことや人件費をコストに算入しないことなど，トヨタ生産方式とアメーバ経営には親和性がありそうです。

参考文献

○杉山泰一（2007）日経クロステック＞IT経営＞稲盛流改革で現場を変える！＞ケース3：フジクラ「トヨタ流と融合，グローバル展開もにらむ」2007年7月5日掲載記事。
　URL：https://xtech.nikkei.com/it/article/COLUMN/20070627/276008/
　※本節の解説の多くは本記事に依拠しています。

4 – 5

製造部門別採算経営
：浜松ホトニクス㈱【事例研究】

製造部門別採算経営：浜松ホトニクス㈱
●●●●●●●●●●●●●●●●●●●●●●●●●●●●●●●●

- ■会社情報（2020年9月期）＜Yahoo！ファイナンスより＞
  - ●光電子増倍管で世界シェア約90%
  - ●連結売上高140,251百万円，連結営業利益21,752百万円
  - ●従業員数（連結5,066人，単独3,559人）
- ■1975年　社内金券制度の導入（窪田，2015）
- 【目的】原価低減，資金繰りの円滑化，従業員の業務意識向上
- ■特徴（窪田，2015）
  - ●社内金券制度（社内金券と社内借入手形）
    - ➤社内金券
      - ✓事業部や部門へ配分され，予実管理
    - ➤社内借入手形
      - ✓返済計画，上職者（保証人）の押印，社内金利
  - ●製造部門別採算（製造部門ごとに成果計画実績表）
    - ➤主任部員（特定の製品群の責任者）以上のマネジャー単位で作成
    - ➤人件費も含まれ，積み上げれば，事業部の成果計画実績表となる

●●●●●●●●●●●●
●●●●●●●●●●●●

　MPC（Micro Profit Center：ミニ・プロフィットセンター）制の取り組みは，アメーバ経営に限ったことではありません。

　MPC制とは，通常であればコスト・センター（コスト責任を負う組織単位）とみなされる工場内の生産ラインや製造工程をプロフィット・センター（利益責任を負う組織単位）としてマネジメントする仕組みです。納期やコストといったプロセス目標ではなく，自部門における利益目標を掲げることで，現場の自律促進，人材育成や利益・原価意識の醸成などを意図しています。

　アメーバ経営以外のMPC制の取り組みとして，浜松ホトニクス㈱の社内金券などを利用した小集団部門別採算経営を紹介しましょう。

　特徴の第1は，社内金券制度です。社内金券制度は，1975年に，原価低減，資金繰りの円滑化，従業員の業務意識向上を目的に導入されました。

　金券は，前月の売上に基づき，毎月，事前に決められた配分ルールで事業部へ，さらに事業部から各部門へと配分されます。人件費や材料費など，すべての社内取引は金券で決済され，現在の発行額は月商の3カ月分ほどになっています。

　製品は，複数の工程を経て生産され，製品ごとに責任者（主任部員），工程ごとにも責任者（専任部員）が配置されています。

　工程ごとに予定原価を設定し，実際原価との予実管理（予算と実績の差異分析に基づく管理）を実施しており，予定原価と実際原価の差異により，金券の保有量は増減します。社内売買もあり，社内売買は基本的には製品間のレベルで実施されています。

　金券が不足した場合には，社内借入手形を発行し，本社の金券センターや事業部長から金券を借り入れます。その際には，返済計画や上職者（保証人）の押印が求められ，社内金利も適用されます。

　特徴の第2は，製造部門別採算です。特定の製品群の責任者（主任部員）以上のマネジャー単位で，製造部門ごとに成果計画実績表を作成します。

　製品群ごとに，売上高，固定費項目，変動費項目，在庫増減，間接費の計画と実績を示し，主任部員は，売上高からこれらの費用を控除した成果に責任を負います。事業部長は，これらからさらに本社費を控除した成果に責任を負います。成果計画実績表には，人件費項目も含まれ，製造部門のものを積み上げれば，事業部の成果計画実績表となります。

参考文献

○窪田祐一（2015）「創意工夫を促すマネジメント・コントロール：浜松ホトニクスの小集団部門別採算経営」『企業会計』第67巻第2号，56-64頁。
　※本節の事例解説は本論文に依拠しています。

4 − 6

ラインカンパニー制
：住友電気工業㈱【事例研究】

ラインカンパニー制：住友電気工業㈱
●●●●●●●●●●●●●●●●●●●●●●●●●●●●●●

■会社情報（2020年3月期）＜Yahoo！ファイナンスより＞
　●電線首位。自動車用ワイヤハーネスで世界大手の一角。光ファイバーなど通信インフラ
　　でも大手。
　●連結売上高3,107,027百万円，連結営業利益127,216百万円
　●従業員数（連結283,910人，単独6,020人）
■1996年　ラインカンパニー制の導入
　●背景
　　➢QCD指標の限界
　　➢小集団活動の限界
　　➢標準原価差異分析の限界（タイミングの遅さゆえ，改善済みや市価下落）
■特徴
　●製造ライン・工程別の疑似的損益管理（実際には標準原価管理）
　●損失機会やムダの金額表示
　●ラインカンパニーごとの改善計画書の作成
■成果
　●原価低減と利益増大
　●現場リーダーの態度の変化
　●カンパニーの枠を越えた改善活動の展開

　アメーバ経営以外のMPC制の取り組みとして，住友電気工業㈱のラインカンパニー制を紹介しましょう。
　住友電気工業では，1996年のラインカンパニー制導入以前に，3つの問題を抱えていました。第1に，QCD（Quality, Cost, Delivery）指標の限界です。QCD指標の担当部署が異なるため，ある指標を改善すると他の指標が悪化するという「もぐらたたき的改善」に陥っていました。第2に，小集団活動の限界です。長年にわたる活動と売上の低迷により，活動テーマの方向性が定まら

ず，活動は停滞気味でした。第3に，標準原価差異分析の限界です。住友電気工業では標準原価管理を実施していましたが，標準原価差異分析によって現場に提供される情報がすでに改善済みの問題であったり，年初に設定される標準原価を達成しても，販売価格下落のために原価低減が十分ではなくなったりしていました。

　こうした問題を克服するために，生産技術部門主導のもと，ラインカンパニー制を導入します。ラインカンパニー制は，工程ごとの小規模利益責任単位である「商店」と，複数の「商店」を束ねる製造ラインごとの利益責任単位である「カンパニー」で構成されます。

　その特徴の第1は，製造ライン・工程別の疑似的損益管理です。実際には標準原価管理ですが，標準原価を売上と見立て，カンパニーPL（損益計算書）を作成しています。第2に，損失機会やムダの金額表示です。QCDの複数目標を掲げるよりも，改善の優先順位が明確になります。第3に，ラインカンパニーごとの改善計画書の作成です。月次の業績検討会議では，カンパニーPLと改善計画書に基づいて議論します。

　成果としては，第1に，カンパニー内の改善促進による原価低減と利益増大が挙げられます。第2に，現場リーダーの態度の変化です。現場に活気が戻り，人材育成効果が認識されています。第3に，カンパニーの枠を越えた改善活動の展開です。他のカンパニーやスタッフ部門と協働する改善提案も実現しています。

参考文献

○吉田栄介・松木智子（2005）「住友電工のミニプロフィットセンターとエンパワメント」（櫻井通晴編『企業再編と分権化の管理会計』中央経済社に所収）。
○窪田祐一・島吉伸・吉田栄介（2004）「ミニプロフィットセンターの相互依存関係マネジメントへの役立ち：電子部品メーカーA社のケースを通じて」『原価計算研究』第28巻第2号，27-38頁。※本節では紹介しきれなかった事例研究です。

4 − 7

まとめ：小集団利益管理活動の可能性

まとめ：小集団利益管理活動の可能性

●●●●●●●●●●●●●●●●●●●●●●●●●●●●●●

【小集団利益管理の貢献可能性】
■経営者マインドの醸成
　●現場リーダーが計画立案から実施・評価に至るPDCAマネジメントの主体
　●顧客や利益概念を現場レベルで日常的に意識
　●計画立案や目標・実績値を介した上司とのビジネス・コミュニケーションの効用
■小集団部門別採算
　●コスト・センターのプロフィット・センター化━▶利益マネジメントの容易性
　●市場の内部化
　●現場で活用される会計（オープンブック・マネジメント）
【小集団利益管理の導入課題】
　●経営トップの主導性
　●現場リーダーの行動規範としてのフィロソフィの役割
　●既存の原価計算・管理，業績管理システムとの整合性
　●組織変革マネジメント

●●●●●●●●●●●●
●●●●●●●●●●●

　ここまで，アメーバ経営などの小集団利益管理活動の取り組みについて説明してきました。ここでは，本章のまとめとして，小集団利益管理の貢献可能性と導入における課題について整理しておきます。

（1）小集団利益管理の貢献可能性

　小集団利益管理の貢献可能性として，経営者マインドの醸成が挙げられます。公式なマネジャー（課長）クラスではない現場リーダーが，計画立案から実施・評価に至るPDCA（Plan-Do-Check-Action）マネジメントの主体となる仕組みですので，やらされ感がなくなり，若いリーダーやメンバーの意識の高まりが期待されます。またQCD目標とは異なり，社内外の顧客や利益概念を現場レ

ベルで日常的に意識するようになります。さらには，計画立案や目標・実績値を介した上司とのビジネス・コミュニケーションの効用も期待されます。

　小集団部門別採算の意義についても，もう一度確認しておきましょう。まず，一般的な管理方法ではQCD目標を掲げるコスト・センターをプロフィット・センター化することで，利益マネジメントが容易になります。多くのMPC（Micro Profit Center：ミニ・プロフィットセンター）制の取り組みにおいて，各MPCの利益額を積み上げれば，全社利益と一致する仕組みを構築しており，人材育成や現場の活性化目的を越えた利益マネジメントの仕組みとして機能しています。

　次に，市場の内部化です。一般的には，顧客接点のある営業部門以外には意識しにくい市場や顧客を，各MPCが社内取引を通じた売上・利益という形で意識することができます。

　さらには，現場で活用される会計（オープンブック・マネジメント）の意義です。経理部門から示される会計数値ではなく，各MPCが自ら計画を立て，改善し，目標達成を目指す「活きた」会計の現場利用がそこにはあります。

（2）小集団利益管理の導入課題

　最後に，小集団利益管理の導入課題を挙げておきましょう。

　まず，MPC制の取り組みには，経営トップの主導性が不可欠です。加えて，アメーバ経営に限らず，現場リーダーの行動規範としてのフィロソフィ（企業理念，経営哲学）の役割は重要です。部分最適に陥らず，長期的な視点で社内外の顧客との関係を構築し，企業価値向上に貢献する業務遂行と人材育成が期待されます。

　また，新しい経営管理の仕組みの導入には，既存の原価計算・管理，業績管理システムとの整合性の向上を図り，適切な組織変革マネジメントの実践がなければ，組織に定着させることはできません。

第3部

業績管理

第5章

稼ぐ経営から企業価値向上へ

5 － 1

キャッシュフロー経営の挑戦

キャッシュフロー経営の挑戦

● ●

■発生主義会計の限界（櫻井，2019）
　➤発生主義：支出・収入の発生が確定した時点で金額を計上
　　✓勘定合って銭足らず：損益計算上の利益額にキャッシュの裏付けはなく，
　　　利益が出ていても資金繰りに困ることもある
　　✓Profit is an opinion, cash is a fact：損益計算上の利益は，仮想的であったり
　　　（有価証券評価損など），操作余地もある（会計処理方法の変更など）のに対して，
　　　キャッシュはより現実に即した数値が計上される
　　✓黒字倒産：損益計算上の利益が出ていても，債務の支払いができず，
　　　倒産してしまうこともある
■管理会計におけるキャッシュフロー経営（現金主義）の挑戦（櫻井，2019）
　➤現金主義：現金の支出・収入があった時点で金額を計上
　●1930年代の不況期：直接原価計算
　　✓在庫を抱えることによる経営への圧迫━━➤棚卸資産の計算構造のキャッシュフロー化
　●1960年代：設備投資意思決定
　　✓大型の設備投資━━➤（埋没原価である）減価償却費による意思決定のミスリード
　　　　　　　　　　　　━━➤プロジェクト別採算計算の必要性の高まり
　●1970～80年代：PPM（Product Portfolio Management），
　　　　　　　　　　キャッシュフロー投資利益率（Cash Flow Return on Investment：
　　　　　　　　　　CFROI）
　　✓製品ポートフォリオと事業単位の評価の重点化
　　　━━➤PPMによる企業全体として最適なキャッシュフロー経営を目指す
　　　━━➤「金のなる木」の創出　＋　「負け犬」の売却によるキャッシュを，
　　　　　特定の「問題児」に集中投資し，「花形」に育成
　　✓海外拠点の増大
　　　━━➤会計制度の異なる海外拠点との損益データの比較は困難
　　　━━➤CFROIなどキャッシュフロー情報の有用性の増大
　●1990年代以降：DCF（Discount Cash Flow）法

　　近代以降の企業会計は，基本的に発生主義（支出・収入の発生が確定した時点で金額を計上）に基づいていますが，いくつかの限界も知られています。

　例えば，損益計算上の利益額にはキャッシュの裏付けはないため，利益が出ていても資金繰りに困ることもある「勘定合って銭足らず」や，債務の支払ができずに倒産してしまう「黒字倒産」もありえます。損益計算上の利益は，有価証券評価損などのように仮想的であったり，会計処理方法の変更など操作余地もあったりするのに対して，キャッシュは，より現実に即した数値が計上されるため，「Profit is an opinion, cash is a fact」とも言われます。

　そのため，管理会計の世界でも，発生主義に対して，現金主義（現金の支出・収入があった時点で金額を計上）に基づく多くの取り組みが実践されてきました。

　そうした管理会計におけるキャッシュフロー経営（現金主義）の挑戦を歴史的に概観しましょう。

　1930年代の不況期の1937年に，最初の管理会計におけるキャッシュフロー経営への挑戦である直接原価計算が誕生します。当時から，在庫を抱えることが経営を圧迫することは直感的に認識されており，棚卸資産の計算構造をキャッシュフロー化する技法として，直接原価計算が生み出されました。

　1960年代には，大型の設備投資が増え，プロジェクト別採算計算の必要性が高まります。発生主義では減価償却費を計算しますが，埋没原価（意思決定に無関係の原価）である減価償却費が意思決定をミスリードする危険性があります。そこで，より妥当な設備投資意思決定のために，キャッシュフロー情報の重要性が高まってきました。

　1970年代から80年代には，PPM（Product Portfolio Management）やキャッシュフロー投資利益率（Cash Flow Return on Investment：CFROI）（本章第2節）が登場します。

　PPMは，ボストンコンサルティンググループが1970年代に提唱したマネジメント手法で，製品ポートフォリオと事業単位の評価の重点化を通じて，企業全体として最適なキャッシュフロー経営を目指します。製品・サービスや事業は4つに分類され，「金のなる木」（低成長率・高市場占有率）の創出と「負け犬」（低成長率・低市場占有率）の売却によるキャッシュを，特定の「問題児」（高成

キャッシュフロー指標の経営管理目的別の活用方向性

●●●●●●●●●●●●●●●●●●●●●●●●●●●●●●●●●●●●●

> 発生主義：支出・収入の発生が確定した時点で金額を計上
> 現金主義：現金の支出・収入があった時点で金額を計上━━▶キャッシュフロー経営

（1）　棚卸資産と売上債権管理
　　●発生主義会計：棚卸資産や売上債権は利益増加要因
　　●キャッシュフロー経営：棚卸資産や売上債権は資金繰り悪化要因
（2）　設備投資等の意思決定
　　●発生主義会計：利益情報は短期資源配分（予算管理）では重要だが，
　　　　　　　　　　長期資源配分の意思決定には不向き
　　　　　　　　　　∵期間損益算定のための減価償却費計算には多くの前提あり
　　●キャッシュフロー経営：経営効率を高めるため，投資効率の良し悪しを判断
（3）　企業・事業の評価
　　●発生主義会計：短期的業績評価のためには利益情報は有用だが，会計方針により
　　　　　　　　　　企業評価には注意が必要だし，累積的損失の隠蔽もありえる
　　●キャッシュフロー経営：PPM，M&Aのための企業評価（将来の収益性など）に
　　　　　　　　　　　　　　キャッシュフロー情報は有用

●●●●●●●●●●●●
●●●●●●●●●●●

　長率・低市場占有率）に集中投資し，「花形」（高成長率・高市場占有率）となるように育成します。

　1985年のプラザ合意（当時のG5（先進5カ国蔵相・中央銀行総裁会議）により発表された為替レート安定化に関する合意の通称。これにより協調して円高・ドル安に誘導）以降，日本企業の海外進出は進展します。海外拠点の増大に伴い，会計制度の異なる海外拠点との損益データの比較が困難である問題が顕在化したことも，CFROIなどのキャッシュフロー情報の果たす役割を増大させました。

　1990年代以降には，M&A（合併と買収）が盛んに実施され，企業価値の測定のためには，粉飾の可能性を捨てきれない会計上の利益よりも，DCF（Discount Cash Flow）法によるキャッシュフロー情報の重要性が高まりました（第8章）。

　発生主義会計における利益概念に基づく業績評価にもそれなりの合理性があるとしても，とりわけ，（1）棚卸資産と売上債権管理，（2）設備投資等の意思決定，（3）企業・事業の評価については，発生主義に基づく利益概念ではなく

キャッシュフロー情報が有用です。

（1）棚卸資産と売上債権管理

　発生主義会計では，棚卸資産や売上債権は利益の増加要因となります。

　一方，キャッシュフロー経営では，棚卸資産や売上債権は資金繰りの悪化要因とみなされます。キャッシュフローを増やすためには，棚卸資産を減らし，売上債権の回収期間を短縮する必要があります。

（2）設備投資等の意思決定

　発生主義会計の利益情報は，短期資源配分（予算管理）では重要ですが，期間損益算定のための減価償却費計算には多くの前提条件が設定されていて，長期資源配分の意思決定には不向きです。

　一方，キャッシュフロー経営では，経営効率を高めるための投資効率の良し悪しを判断することができます。

（3）企業・事業の評価

　発生主義会計の利益情報は，短期的業績評価のためには有用ですが，企業評価に用いるには，会計方針による違いに注意を払う必要や，累積的損失の隠蔽もありえます。

　一方，キャッシュフロー経営は，PPMやM&Aのための企業・事業評価（将来の収益性など）に有用です。

参考文献
○櫻井通晴（2019）『管理会計＜第 7 版＞』同文舘出版。
　※本節の解説は本書に依拠しています。

---

5 - 2

キャッシュフロー指標の代表例

キャッシュフロー指標の代表例（CFROI，EBITDA）

●●●●●●●●●●●●●●●●●●●●●●●●●●●●●●●●●

（1）　キャッシュフロー投資利益率：キャッシュフロー基準の投資利益率（ROI）

$$CFROI = \frac{税引後営業キャッシュフロー}{粗資産合計}$$

●税引後営業キャッシュフロー＝税引後営業利益＋減価償却費＋その他調整項目
●粗資産合計＝物価調整率調整後の投資額＋償却資産（有形＋無形）
　　　　　　　　　　　　　　　　　　　（Black, *et al.*, 2000, pp.78-79）

（2）　EBITDA（Earning before Interest, Taxes, Depreciation and Amortization：支払利息・税金・減価償却控除前利益）

EBITDA＝税引前利益＋減価償却費＋（純）支払利息

●キャッシュフローに近い指標であり，「キャッシュベースでの収益力」を示す。
●会計基準や税率の違いが表れないため，異なる国の企業・業績比較に有効。
●2002年WorldCom社破綻時，巨額の営業費用（リース代）を減価償却費に付け替え，EBITDAを水増し。

キャッシュフロー指標の代表例として，2つの指標を中心に解説します。

（1）キャッシュフロー投資利益率（CFROI）

まずは，キャッシュフロー基準の投資利益率（ROI：Return on Investment）であるキャッシュフロー投資利益率です。投下資本から生み出される利益をキャッシュフローで見る指標です。

CFROIは，税引後営業キャッシュフローを粗資産合計で割ることで計算さ

れます。分母の粗資産合計は，インフレの影響も考慮し，物価調整率調整後の
投資額に，建物や機械設備等の有形固定資産と無形固定資産から成る償却資産
を加えて計算します。分子の税引後営業キャッシュフローは，税引後営業利益
に非現金費用とその他の調整項目を加えて計算します。

　CFROIは，機関投資家による企業評価や長期にわたる事業評価に適してい
ますが，すべての企業の業績評価に適用できるかはさらなる検討が必要と言わ
れています（櫻井，2019）。

（2）EBITDA

　次 に，EBITDA（Earning before Interest, Taxes, Depreciation and Amortiza-
tion：支払利息・税金・減価償却控除前利益）です。会計基準や税率の違いが表
れないため，異なる国の企業・業績比較に有効とされています。

　しかし，2002年のWorldCom社破綻時に明るみに出たように，巨額の営業費
用（リース代）を減価償却費に付け替えてEBITDAを水増しした事例もありま
す。WorldCom社では，本来であれば収益的支出として当期の費用とするべき
支出を資本的支出（設備投資）として処理しました。

　EBITDAが多いと，企業の長期的成長要因である設備投資に積極的な印象
を与えることができるので，恣意的な会計操作が行われる危険性にも注意が必
要です。

当期純利益，EBIT，EBITDAの比較

●●●●●●●●●●●●●●●●●●●●●●●●●●●●●●●●●●

【図表5－1】　利益，EBIT，EBITDAの比較

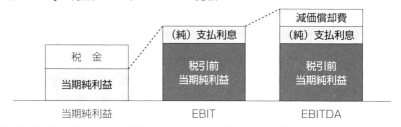

（3）　EBIT（利払前・税引前利益）

　　　＝税引前当期純利益＋支払利息－受取利息

　●投資額が大きく，借入金で賄っている会社では，支払利息も多くなるため，
　　税金や利息を支払う前の「実際のビジネスで獲得した利益」を示す指標として活用
　●ベースとなる利益は，税引前当期純利益だけでなく，
　　営業利益や経常利益を用いる会社も。

（3）当期純利益，EBIT，EBITDAの比較

　最後に，当期純利益，EBIT，EBITDAを比較しましょう（**図表5－1**）。

　EBIT（Earning before Interest, and Taxes：利払前・税引前利益）は，税引前当期純利益から支払利息と受取利息とを加減して計算します。

　EBITは，投資額が大きく，借入金で賄っている会社では，支払利息も多くなるため，税金や利息を支払う前の「実際のビジネスで獲得した利益」を示す指標として活用されます。ベースとなる利益指標は，税引前当期純利益だけでなく，営業利益や経常利益を用いる会社もあります。

　EBITDAは，EBITに減価償却費を加えて計算します。EBITが利益額に支払利息を加えて融資への積極的な姿勢を評価しようとする指標であるのに対して，EBITDAではさらに減価償却費も加えることで，投資への積極姿勢も評価する指標になっています。

　参考までに，より基礎的なキャッシュフロー指標として，フリー・キャッシュフロー（free cash flow）があります。フリー・キャッシュフローは，「適切な資本コストで割り引いたときに，正味現在価値がプラスになるすべての代替的投資案に資金を投入した後で残存する超過キャッシュフロー」（櫻井，2019，87頁）と説明されます。つまり，フリー・キャッシュフローとは，経営者が運用先を自由に決定できるキャッシュフローです。

　フリー・キャッシュフローは，次の式のように，営業キャッシュフローと投資キャッシュフローを足して算定されます。しかし，投資キャッシュフローは，機械や設備への投資によるキャッシュの増減を表すので一般的にマイナスになりがちなため，フリー・キャッシュフローは，営業キャッシュフローから投資キャッシュフローを差し引くことで算定されるとも言えます。そのため，フリー・キャッシュフローがプラスであれば，本業の儲けで投資をまかなえている健全な状態であると言えます。

> フリー・キャッシュフロー
> ＝営業キャッシュフロー＋投資キャッシュフロー

参考文献

○櫻井通晴（2019）『管理会計＜第7版＞』同文舘出版。
　※本節の解説の多くは本書に依拠しています。
○平岡秀福（2009）「企業と事業の財務的評価のためのキャッシュフロー概念」『創価経営論集』第33巻第1号，39-57頁。
○Black, A., Philip, W. and J. Davies（2000）*In Search of Shareholder Value*, 2nd ed., Financial Times Management.（初版の翻訳本：井手正介監訳（1998）『株主価値追求の経営』東洋経済新報社）

5 - 3

Non-GAAP指標の活用【事例研究】

Non-GAAP指標とは

●●●

- ●一般に認められた会計原則（GAAP：Generally Accepted Accounting Principles）に準拠しない利益指標のこと
- ●特徴
  - ➢IFRSや米国会計基準採用企業が多く，Non-GAAP指標を採用
  - ➢Non-GAAPなので，監査法人のチェックは不要━▶信頼性の欠如，会計不正リスク
- ●経緯
  - ➢1990年代後半の米国：減価償却費等の足し戻し
  - ➢2000年代以降の日本：情報・通信，不動産業などを中心に登場
- ● 2つの代表的な方向性
  - ➢日本基準の「営業利益」の類似指標：事業利益，調整後利益
  - ➢キャッシュフロー指標：EBIT，EBITDAなど

　21世紀に入り，日本企業の財務報告においてもNon-GAAP指標が登場するようになります。Non-GAAP指標とは，一般に認められた会計原則（GAAP：Generally Accepted Accounting Principles）に準拠しない利益指標のことです。

　Non-GAAP指標が財務報告に登場し始めるのは，1990年代後半の米国においてです。主な調整項目は，減価償却費やのれん等の償却費の足し戻しでした（中條，2019）。つまり，積極的な投資やM&A（合併と買収）を独自指標によって財務報告として開示しようとする動きでした。

　2000年代以降の日本でも，情報・通信業，不動産業，陸運業，サービス業において開示が進みます（中條，2019）。Non-GAAP指標を採用する日本企業は，IFRS（International Financial Reporting Standards：国際会計基準）や米国会計基準採用企業が多く，日本基準との開示情報の違いを埋めるために，Non-GAAP指標を開示しているようです。

日本企業におけるNon-GAAP指標の具体例

●●●●●●●●●●●●●●●●●●●●●●●●●●●●●●●

【図表 5 － 2 】　日本企業におけるNon-GAAP指標の具体例

企　業	Non-GAAP指標	算　式
味の素，カゴメ	事業利益	日本基準の営業利益±持分法による投資損益
ビール業界（キリン，アサヒ，サッポロ）		日本基準の営業利益
中外製薬	コア実績	IFRS実績から非経常事項（事業所再編，非継続事業，訴訟，環境対策の費用）や外部無形資産の取得を除外
電通	調整後営業利益	営業利益－買収に伴う無形資産の償却費，M&A費用，固定資産の売却損益などの一時的要因
日本たばこ産業		営業利益－のれんの減損損失
ユニ・チャーム	コア営業利益	日本基準の営業利益（IFRS基準の営業利益は開示せず）
エーザイ	キャッシュ・インカム	当期純利益＋固定資産償却費＋インプロセスR&D費＋のれん償却費＋減損損失
ビール業界（キリン，アサヒ，サッポロ）	EBITDA	事業利益＋減価償却費＋α（計算式は 3 社とも異なる）

<出所>　『企業会計』2019年特集「Non-GAAP指標の取扱い」より作成。

●●●●●●●●●●●●●
●●●●●●●●●●●●●

　ただし，Non-GAAP指標ですので，監査法人のチェックは不要なため，信頼性の欠如や会計不正リスクを指摘する声もあります。

　日本企業のNon-GAAP指標には，2 つの代表的な方向性があります。

　ひとつは，IFRS適用に伴い，日本基準の「営業利益」の類似指標である「事業利益」や「調整後利益」を開示する動きです（**図表 5 － 2**）。

　例えば，「事業利益」です。同じ名称でも，味の素㈱やカゴメ㈱とビール業界とでは計算式が異なります。また，ビール業界で「事業利益」として開示される日本基準の営業利益は，ユニ・チャーム㈱では，「コア営業利益」と呼ばれ，同じ利益概念でも企業によって名称が異なることがあります。

　㈱電通や日本たばこ産業㈱でも，IFRS基準の営業利益に何らかの調整を加えて，日本基準の頃と変わらない業績指標として，また他社との比較可能性を担保する指標として開示しています。

　中外製薬㈱の「コア実績」は，「IFRS実績」から非経常事項を調整したもので，「IFRS実績」のPL（損益計算書）から調整した「コア実績」のPLも開示しています。日本企業においては独特な取り組みですが，親会社のロシュや海外の製薬会社では多く見られます。

　もうひとつは，キャッシュフロー指標であるEBIT（Earning before Interest, and Taxes：利払前・税引前利益）やEBITDA（Earning before Interest, Taxes, Depreciation and Amortization：支払利息・税金・減価償却控除前利益）などを開示する動きです（**図表5－2**）。エーザイ㈱は「キャッシュ・インカム」という独自指標を開示しています。キャッシュ・インカム＝当期純利益＋固定資産償却費＋インプロセスR&D（Research and Development：研究開発）費＋のれん償却費＋減損損失の算式で計算されます。インプロセスR&D費とは，企業買収時に，他の研究開発には転用できない特定の研究開発目的に使用される資産・負債を一括計上するものです。

　ビール業界では，キリンホールディングス㈱，アサヒビール㈱，サッポロホールディングス㈱の3社がEBITDAを開示していますが，計算式は3社とも異なりますので，比較の際には注意が必要です。

　日本基準とIFRSの連結損益計算書の様式を比較して，「事業利益」の意味を考えてみましょう（**図表5－3**）。

　まずは，日本基準とIFRSの「営業利益」の違いです。IFRSの営業利益は，日本基準では営業外収益・費用や特別損益だった項目を含みます。そのため，日本基準に慣れた日本企業には違和感があります。

　次に，IFRS採用企業で多く見られるNon-GAAP指標「事業利益」です。「事業利益」は，日本基準の「営業利益」に類似しています。その定義や計算式は企業によって異なりますが，基本的には，事業利益＝売上収益－売上原価－販

日本基準とIFRSの連結損益計算書にみる「事業利益」の意味

●●●

【図表5－3】　日本基準とIFRSの連結損益計算書

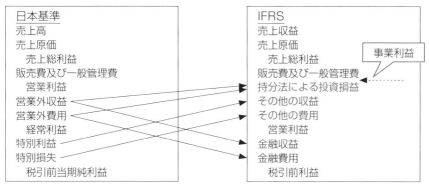

<出所>　中條（2019）72頁より一部修正。

●日本基準とIFRSの「営業利益」の違い
　➤IFRSの営業利益は，日本基準では営業外収益・費用や特別損益だった項目を含む
　➤日本基準に慣れた日本企業には違和感
●IFRS採用企業で多く見られるNon-GAAP指標「事業利益」
　➤日本基準の「営業利益」に類似
　➤事業利益＝売上収益－売上原価－販売費及び一般管理費

売費及び一般管理費の算式で計算されることが多いです。

参考文献

○中條祐介（2019）「日本企業におけるNon-GAAP指標採用の論理」『企業会計』第
　71巻第9号，64-73頁。
○企業会計（2019）「特集　Non-GAAP指標の取扱い」『企業会計』第71巻第9号，
　21-80頁。

5 − 4

事業業績指標の利用状況【実態調査】

日本企業では業績目標をどのように設定しているのか？

【図表 5 − 4 】 事業業績評価指標の重視度

	質問項目	重視度順位	有効回答	平均値	標準偏差
財務指標	(1) 売上高	第3位	304	5.53	1.27
	(2) 事業部利益	第1位	306	6.13	0.97
	(3) 営業キャッシュフロー	第7位	302	4.35	1.49
	(4) 利益率（対売上高，投資，資産など）	第2位	305	5.55	1.17
非財務指標	(5) 顧客関連 （市場占有率，顧客満足度，苦情件数など）	第5位	304	4.65	1.30
	(6) 内部プロセス関連 （生産性，品質，在庫，開発，納期など）	第4位	304	4.74	1.23
	(7) 人材育成関連 （教育，訓練，モチベーションなど）	第6位	305	4.55	1.18
	(8) 企業・事業ブランドの構築・保守関連	第8位	305	4.26	1.25

●2014年11月，東証一部上場企業対象の郵送質問票調査（有効回答会社数は308社（有効回答率16.9％，製造業146社（同17.0％），非製造業162社（同16.8％））。図表 5 − 5 ，図表 5 − 6 も同様。
●事業業績評価において重視する指標について，7 点尺度（「1 全く重視していない」から「7 極めて重視している」）で設問。

<出所> 吉田他（2015）。

【日本企業の事業業績評価指標の重視度の特徴】
●事業部利益，次いで利益率や売上高を重視。
●営業キャッシュフローの重視度は相対的に低い。
●非財務目標にも一定の配慮。

　日本企業では，実際にどのような指標を業績目標として利用しているのでしょうか。

　筆者の研究グループが，2014年11月に東証一部上場全社を対象（有効回答数・

率：308社・16.9％）に実施した調査結果を報告します（吉田他, 2015）（**図表 5 － 4**）。

　事業業績評価において重視する指標について，7 点尺度（「1 全く重視していない」から「7 極めて重視している」）で調査した結果，「(1)売上高」の得点は5.53，「(2)事業部利益」は6.13，「(3)営業キャッシュフロー」は4.35，「(4)利益率（対売上高，投資，資産など）」は5.55，「(5)顧客関連（市場占有率，顧客満足度，苦情件数など）」は4.65，「(6)内部プロセス関連（生産性，品質，在庫，開発，納期など）」は4.74，「(7)人材育成関連（教育，訓練，モチベーションなど）」は4.55，「(8)企業・事業ブランドの構築・保守関連」は4.26でした。

　業績評価指標間の比較では，重視度第 1 位の「事業部利益」指標が他のすべての指標（有意水準0.1％），第 2 位「利益率」指標と第 3 位「売上高」指標は第 4 位以下の 5 指標（同0.1％），第 4 位「内部プロセス関連」指標は第 6 位以下の 3 指標（同0.1％，第 6 位とは同10％），第 5 位「顧客関連」指標は第 7 位以下の 2 指標（同 5 ％，0.1％），第 6 位「人材育成関連」指標は最下位の「企業・事業ブランドの構築・保守関連」指標（同0.1％）よりも重視される傾向が，統計的にも確認・示唆されました。

　調査結果の特徴を見ると，まず，財務指標(1)から(4)について，事業部利益が最重視され，次いで利益率や売上高が重視され，営業キャッシュフローの重視度は相対的に低い傾向が示されています。

　一方，非財務指標(5)から(8)について，統計的な有意差は確認されませんでしたが，「内部プロセス関連」指標の得点が「顧客関連」指標の得点を上回っています。また他の指標と比べると重視度は低いながらも，「人材育成関連」や「企業・事業ブランドの構築・保守関連」といった長期的・非財務指標についても一定程度の得点傾向が確認できました。この結果は，日本企業に特徴的なマネジメントの長期志向性を示唆しているのかもしれません。

参考文献

○吉田栄介・徐智銘・桝谷奎太（2015）「わが国大企業における業績管理の実態調査」『産業経理』第75巻第 2 号，68-78頁。

5-5

事業業績評価のための財務指標

事業部業績を評価する財務指標

●●●●●●●●●●●●●●●●●●●●●●●●●●●●

（1）　売上高利益率（Return on Sales）
　●日本企業に多い。　　cf.）日本企業は経常利益の利用も多い。
（2）　投資利益率（ROI：Return on Investment）
　●売上高利益率（利益÷売上高）×資本回転率（売上高÷資本）に分解。
　●長所：収益性と投下資本の効率の両面を判断可能。
　●米国企業に多い。
　●資産効率重視ならばROA（Return on Assets），
　　株主重視ならばROE（Return on Equity）。
（3）　残余利益（RI：Residual Income）
　●管理可能利益－加重平均資本コスト
　●税引前（後）営業利益－投下資本×希望利益率
　●投資利益率の短所（資本コストを無視）を克服。
（4）　EVA®（Economic Value Added：経済的付加価値）
　●残余利益の発展形。
　●税引後営業利益－加重平均資本コスト
　●米国でも採用率は10%以下。

　前節で紹介した実態調査では，財務指標を「売上高」，「事業部利益」，「営業キャッシュフロー」，「利益率（対売上高，投資，資産など）」の4つに区分していましたが，本節では，事業業績評価に利用される代表的な指標である売上利益率，投資利益率，残余利益，EVA®について説明します。

（1）売上高利益率（Return on Sales）

　売上高利益率（%）＝利益/売上高×100で計算する収益性指標で，日本企業での利用が多い指標です。日本企業における事業業績評価では，利益率指標だけでなく，経常利益の利用も多い傾向にあります。

（2）投資利益率（ROI：Return on Investment）

　投資利益率（％）＝利益/投下資本＝売上高利益率（利益/売上高）×資本回転率（売上高/資本）に分解されます。長所として，収益性と投下資本の効率の両面を判断可能です。米国企業での利用が多い指標です。

　ROI関連指標として，資産効率重視ならばROA（Return on Assets：総資産利益率），株主重視ならばROE（Return on Equity：自己資本利益率）があります。2014年 8 月，経済産業省「伊藤レポート」のROE 8 ％という目標が注目されましたが，日米企業間のROE格差の主要因は，売上高利益率の差であることも知られています。つまり，日本企業には資本効率の改善よりも，十分な利益を確保できるビジネスモデルへの転換が必要であることが示唆されます。

（3）残余利益（RI：Residual Income）

　残余利益＝管理可能利益−加重平均資本コスト＝税引前（後）営業利益−投下資本×希望利益率で計算されます。資本コストを考慮しないROIの短所を克服できます。

（4）EVA[R]（Economic Value Added：経済的付加価値）

　EVA[®]＝税引後営業利益−加重平均資本コストで計算されます。残余利益の発展形と言えます。残余利益に比べ，計算の細部が精緻化され，企業価値と連動した指標となっています。日本では，花王㈱やパナソニック㈱の取り組みが有名ですが，EVA[®]が誕生した米国でも採用率は10％以下となっています。

参考文献

○吉田栄介・徐智銘・桝谷奎太（2015）「わが国大企業における業績管理の実態調査」『産業経理』第75巻第 2 号，68-78頁。
○吉田栄介・花王株式会社会計財務部門（2020）『花王の経理パーソンになる』中央経済社。

5－6

事業業績の評価方法【実態調査】

日本企業では事業業績をどう評価しているのか？
その１：財務目標との比較の観点から

【図表5－5】　予算に基づく業績評価方法

質問項目		有効回答	平均値	標準偏差
(1)	事前に設定された予算目標と実績を比較し評価する	269	4.23	1.48
(2)	事業部門長がコントロール可能な予算と実績の差異に基づき評価する	267	4.18	1.35
(3)	事前に決められたルールに従い，状況変化に応じて予算目標の調整が行われる場合もある	271	4.21	1.39
(4)	状況変化や事業部門長の説明に基づき，評価者が予算目標の達成度を主観的に評価する	269	3.89	1.41

(1)　厳格な事前目標
(2)　統制可能範囲での責任設定　｝　客観的業績評価（事前に設定した目標を基準）
(3)　事後的目標修正
(4)　主観的業績評価（管理不能要因や状況変化をより考慮し，短期業績に反映されにくい組織貢献を評価）（Merchant and Van der Stede, 2012）

●事業部門長の業績評価にどのように予算を利用しているのかを，7点尺度（「1 全くそうではない」から「7 全くそのとおり」）で設問。

<出所>　吉田他（2015）。

【日本企業の予算に基づく事業業績評価の特徴】
　●（予算に基づく業績評価において）客観的評価のほうが多用。
　●主観的評価もある程度普及。
　●得点分布には拡がり→企業ごとに多様な取り組み。

　日本企業では，実際に事業業績をどのように評価しているのでしょうか。

　筆者の研究グループが，2014年11月に東証一部上場全社を対象（有効回答数・率：308社・16.9％）に実施した調査結果を報告します（吉田他，2015）（**図表5－5**）。

　まず，事業部門長の業績評価にどのように予算を利用しているのかを7点尺度（「1　全くそうではない」から「7　全くそのとおり」）で調査した結果，「(1)事前に設定された予算目標と実績を比較し評価する」の得点は4.23，「(2)事業部門長がコントロール可能な予算と実績の差異に基づき評価する」は4.18，「(3)事前に決められたルールに従い，状況変化に応じて予算目標の調整が行われる場合もある」は4.21，「(4)状況変化や事業部門長の説明に基づき，評価者が予算目標の達成度を主観的に評価する」は3.89でした。

　質問項目間の比較では，質問(4)が他の3項目よりも低得点の傾向が示唆されました（有意水準10％，(3)との間のみ同5％）。

　この調査では，業績評価の主観性と客観性に注目しています。質問(1)から(3)が客観的業績評価（(1)厳格な事前目標，(2)統制可能範囲での責任設定，(3)事後的目標修正），質問(4)が主観的業績評価です。

　事前に設定した目標を基準にする客観的業績評価に対して，主観的業績評価は，管理不能要因や状況変化をより考慮し，短期業績に反映されにくい組織貢献を評価するなど，柔軟性のある業績評価方法であると言われています（Merchant and Van der Stede, 2012）。

　日本企業においては，伝統的に方針管理や人事評価で主観的業績評価が行われ，TQM（Total Quality Management）などの品質管理活動や，従業員の内発的動機づけを支援してきたとされます（梶原，2004）。

　調査結果を見ると，主観的業績評価がある程度普及していることと，客観的業績評価のほうが多用されていることが分かります。

　加えて，得点分布には拡がりがあり，企業ごとに多様な取り組みがあることが推察されます。

日本企業では事業業績をどう評価しているのか？
その２：非財務（定量・定性）の観点から

●●●●●●●●●●●●●●●●●●●●●●●●●●●●●●●

【図表5－6】　予算以外の業績評価方法

質問項目		有効回答	平均値	標準偏差
(1)	予算以外の定量的な非財務目標の達成度も，事前に決められたルールに従い，客観的に評価する	300	4.46	1.43
(2)	予算以外の定量的な非財務目標の達成度も，状況変化や事業部門長の説明に基づき，評価者が主観的に評価する	300	4.11	1.33
(3)	予算以外の定性的な非財務目標の達成度も評価の対象とする	301	4.86	1.28
(4)	業績以外の人事評価（能力，職務評価）も評価の対象とする	301	4.90	1.33

(1) 定量・非財務目標　　　客観的業績評価
(2) 定量・非財務目標　　 ┐
(3) 定性・非財務目標　　 ├ 主観的（業績）評価
(4) （業績ではなく）人事評価 ┘

●事業部門長の業績評価にどのように予算以外の方法を利用しているのかを，7点尺度（「1 全くそうではない」から「7 全くそのとおり」）で設問。

<出所>　吉田他（2015）。

【日本企業の予算以外の業績評価方法の特徴】
　●質問(2)のタイプの主観的業績評価は比較的利用されていない。
　●質問(3)(4)のタイプ(つまり，定性・非財務目標や人事評価による主観的評価)を多用。

●●●●●●●●●●●●
●●●●●●●●●

　次に，事業部門長の業績評価に予算以外のどのような方法を利用しているのかを，7点尺度（「1 全くそうではない」から「7 全くそのとおり」）で調査した結果，「(1)予算以外の定量的な非財務目標の達成度も，事前に決められたルールに従い，客観的に評価する」の得点は4.46，「(2)予算以外の定量的な非財務目標の達成度も，状況変化や事業部門長の説明に基づき，評価者が主観的に評価する」は4.11，「(3)予算以外の定性的な非財務目標の達成度も評価の対象とする」は4.86，「(4)業績以外の人事評価（能力，職務評価）も評価の対象とする」は4.90でした（図表5－6）。

　質問項目間の比較では，質問(1)(2)は質問(3)(4)よりも低得点の傾向があり（有意水準0.1％），質問(2)が(1)よりも低得点の傾向（同1％）も，統計的に確認されました。

　この調査の目的は，業績評価が必ずしも予算に基づいてのみ実施されるとは限らないため，予算以外の業績評価方法についても実態を明らかにすることでした。

　具体的な質問項目は，本節（その1）の事業部門長の業績評価への予算利用の質問項目を参考にし，(1)定量・非財務目標の客観的（公式）アプローチ，(2)定量・非財務目標の主観的アプローチ，(3)定性・非財務目標の主観的アプローチ，(4)業績ではなく人事評価の主観的アプローチの4問を，独自に設問しました。

　調査結果を見ると，質問(2)のタイプの主観的業績評価は比較的利用されない傾向が示されましたが，質問(3)・(4)のタイプ，つまり，定性・非財務目標や人事評価による主観的評価は多用されている傾向が確認されました。

参考文献

○梶原武久（2004）「日本企業における主観的業績評価の役割と特質」『管理会計学』第13巻第1・2号，83-94頁。
○吉田栄介・徐智銘・桝谷奎太（2015）「わが国大企業における業績管理の実態調査」『産業経理』第75巻第2号，68-78頁。
○Merchant, K. A. and Van der Stede, W. A. (2012) *Management Control Systems : Performance measurement, evaluation and incentives 3rd ed.*, Prentice-Hall, London.

5 － 7

ROIC経営

：オムロン㈱【事例研究】

オムロン㈱のROIC経営

● ●

■会社情報（2020年3月期）＜Yahoo！ファイナンスより＞
●感知・制御技術を基盤とした大手電気機器メーカー。
　制御機器，リレー等電子部品や車載部品，ヘルスケア事業を展開。
●連結売上高677,980百万円，連結営業利益54,760百万円
●従業員数（連結28,006人，単独4,980人）
■2012年以降　ROIC経営を標榜

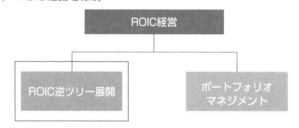

<出所>　オムロン株式会社代表取締役社長CEO山田義仁（2015）講演資料「持続的な企業価値向上
　　　　を目指して」。東京証券取引所主催シンポジウム「ニッポンの企業力―企業価値を考える2015
　　　　―」2015年3月3日（於　東証ホール）。

● ● ● ● ● ● ● ● ● ● ●
● ● ● ● ● ● ● ● ● ●

　ROIC（Return on Invested Capital：投下資本利益率）とは，事業活動への投下
資金に対して，どれだけの利益を生み出したかを示す指標です。ROE（Return
on Equity：自己資本利益率）が自己資本（株主資本）に対する利益割合を示した
のに対して，ROICは他人資本（有利子負債）を含めた投下資本の効率性を示す
指標です。

　ROICは，NOPAT（Net Operating Profit After Taxes：税引後営業利益）を投
下資金（投下資本）で割ることで計算します。投下資金（有利子負債＋株式資本）
の計算には，WACC（Weighted Average Cost of Capital：加重平均資本コスト）

を用います。

$$\text{ROIC} = \frac{\text{税引後営業利益（NOPAT）}}{\text{投下資金（WACC）}}$$

　近年，急速にROICを導入する日本企業が増えています。例えば，2017年に㈱三菱ケミカルホールディングス，アサヒグループホールディングス㈱，2018年に㈱資生堂，ニコン㈱，日本ペイントホールディングス㈱，2019年にキリンホールディングス㈱などです。

　オムロンは，2012年と早い時期からROIC経営を標榜しています。ROICは異なる事業領域を評価する際にフェアな指標であるとの判断から，導入に至っています。

　オムロン㈱のROIC経営を紹介しましょう。

　オムロンのROIC経営は，（1）ポートフォリオマネジメントと（2）ROIC逆ツリー展開，（3）ROIC翻訳式に特徴づけられます。

（1）ポートフォリオマネジメント

　オムロンでは，事業ユニットごとに経済価値評価と市場価値評価を実施し，最適な資源配分を実行しています。

　経済価値評価では，縦軸に成長性指標として売上高成長率，横軸に収益性指標としてROICをとり，各事業ユニットをS（投資領域），A（再成長検討領域），B（成長期待領域），C（収益構造改革領域）の4つに分類します。

　市場価値評価では，一般的なBCG（Boston Consulting Group）のPPM（Product Portfolio Management）を使用しています。つまり，縦軸を市場成長率，横軸を市場シェアとし，各事業ユニットをS（高市場成長率・高市場シェア：花形），A（低市場成長率・高市場シェア：金のなる木），B（高市場成長率・低市場シェア：問題児），C（低市場成長率・低市場シェア：負け犬）の4つに分類します（本章第1節）。

ポートフォリオマネジメント

●●●●●●●●●●●●●●●●●●●●●●●●●●●●●●●

経済価値評価および市場価値評価を行い，最適な資源配分を実行

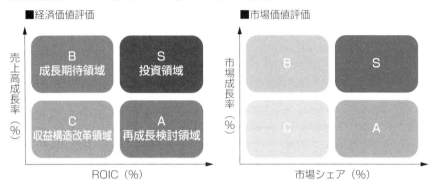

<＜出所＞　オムロン株式会社取締役安藤聡（2017）説明資料より。金融庁・東京証券所主催「2つの
コードのフォローアップ会議（第12回）」2017年11月15日。>

●●●●●●●●●●●●●
●●●●●●●●●●●●

（2）ROIC逆ツリー展開

　事業評価や資源配分のためのポートフォリオマネジメントだけでなく，
ROICを企業の隅々まで浸透させる「ROIC逆ツリー展開」が，オムロンの
ROIC経営の最大の特徴と言えるかもしれません。

　ROICをROS（Return on Sales：売上高利益率）と投下資本回転率に分解し，
各事業の構造・課題に応じたROIC改善の強化項目（改善ドライバー）とそれら
を強化・改善するためのアクションに繋がるKPI（Key Performance Indicator）
を設定します。改善ドライバーやKPIは，事業特性に合わせて各事業ユニット
が設定します。

　改善ドライバーの中でも，「売上総利益率」は，全社共通の指標となってい
ます。オムロンでは，売上総利益率は，生産・販売・開発・企画部門を共通の
戦略・目標で連結できる「事業タテ通し」のための重要な指標と位置づけてい
ます。事業部門（タテ）と機能部門（ヨコ）の連結を図ることで，強い収益構

ROIC逆ツリー展開

●●●●●●●●●●●●●●●●●●●●●●●●●●●●●●

逆ツリー展開を通じ，現場まで繋がったKPI/PDCAを実行

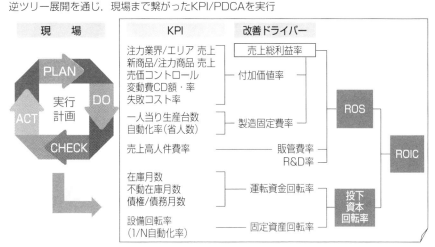

<出所> オムロン株式会社取締役安藤聡（2017）説明資料より。金融庁・東京証券所主催「2つの
コードのフォローアップ会議（第12回）」2017年11月15日。

造が構築できるとの考えに基づいています。

　ROICの一般的なツリー展開では左から右へと展開されますが，オムロンで
は，左右を逆転させています。現場KPIを積み上げることでROICに繋がるこ
とを意識づけるためです。

　現場での活動は，多くのKPIの達成を目指すのではなく，重点的に取り組む
KPIを選定し，PDCA（Plan-Do-Check-Action）サイクルを回します。

ROIC経営の進化

●●●●●●●●●●●●●●●●●●●●●●●●●●●●●●

ROIC経営の進化＝「ROIC経営2.0」をスタートさせる
　　ROICのより深い理解により，各人が自分ごととして捉え，自律的に活動が展開できるように進化させていく。

＜ROIC翻訳式＞

①　成長戦略に基づき，成長に必要な経営資源への投資（N）を増やす
②　それ以上に，お客様への価値（V）を上げる
③　滞留している経営資源（L）を減らして（N）にシフト/投入する

＜出所＞　オムロン株式会社取締役安藤聡（2017）説明資料「オムロンにおける統合的経営の実践について」より。金融庁・東京証券所主催「2つのコードのフォローアップ会議（第12回）」2017年11月15日。

●●●●●●●●●●●●●
●●●●●●●●●●●●●

（3）ROIC翻訳式

　2015年，オムロンでは「ROIC経営2.0」を表明し，ROIC翻訳式の活用を始めます。ROIC逆ツリー展開により，経営目標と現場の目標との連携は図れますが，必ずしも財務数値に精通していない現場の方にROICを浸透させるさらなる取り組みとして，ROIC翻訳式が示されました。

「ROIC逆ツリー」における算式（ROIC 1.0）

$$ROIC = \frac{当期純利益}{売上高} \times \frac{売上高}{投下資金（運転資金＋固定資産）}$$

　つまり，「ROIC逆ツリー」における算式（ROIC 1.0）は，当期純利益や運転資金，固定資産などの会計用語で表現されていたものを，「ROIC経営2.0」では，現場の方に向けた表現に翻訳されました。

　ROIC経営2.0では，まず，成長に必要な経営資源への投資（モノ，カネ，時間）

が推奨されます。次に，投資した以上にお客様への価値を向上させることが求められます。続いて，投資できる経営資源には限りがあるため，滞留している経営資源（ムリ，ムダ，ムラ）を減らして，投入できる経営資源を増やそうというメッセージが込められています。

参考文献

○オムロン株式会社（2015）『統合レポート2015』。
○オムロン株式会社代表取締役社長CEO山田義仁（2015）講演資料「持続的な企業価値向上を目指して」東京証券取引所主催シンポジウム「ニッポンの企業力—企業価値を考える2015—」2015年3月3日（於 東証ホール）。
　URL：https://www.omron.co.jp/ir/press/pdfs/tse_ceo_2015j.pdf
○オムロン株式会社執行役員常務安藤聡（2015）講演資料「オムロンの企業価値向上の取り組みについて—経営力とエンゲージメントの融合—」東京証券取引所主催「企業価値向上経営セミナー」2015年10月5日（於 一橋大学一橋講堂）。
　URL：https://www.jpx.co.jp/news/1024/nlsgeu000001988q-att/03_OMRON_shiryou.pdf
○オムロン株式会社取締役安藤聡（2017）説明資料「オムロンにおける統合的経営の実践について」金融庁・東京証券取引所主催「2つのコードのフォローアップ会議（第12回）」2017年11月15日。
　URL：https://www.fsa.go.jp/singi/follow-up/siryou/20171115/03.pdf
○KPMG FASあずさ監査法人編（2017）『ROIC経営：稼ぐ力の創造と戦略的対話』日本経済新聞出版社。

5－8

KPI活用の失敗事例
：カルビー㈱【事例研究】

KPI活用の失敗事例　カルビー㈱　⑴概要

■会社情報（2020年3月期）＜Yahoo！ファイナンスより＞
　●スナック菓子最大手
　●連結売上高255,938百万円，連結営業利益27,664百万円
　●従業員数（連結4,053人，単独1,765人）
■2005年頃　ABC（Activity-Based Costing）を活用した
　BSC（Balanced Scorecard）経営の導入
■2009年までに3,000におよぶKPI（重要業績評価指標）を設定
　●4つの視点（財務，顧客，業務プロセス，学習と成長）におけるKPIの設定
　　➤「売上と利益」，「損益分岐点率」，「時間当り生産性」，「クレーム発生率」，
　　　「店頭鮮度率（製造から45日を経過した商品が小売店の店頭に並ぶ比率）」……
　●上記KPIのための行動指標，例えば店頭での販促状況を表す「販促実施店率」などを，
　　エリア別，製品群別などに細分化したKPIも設定
　●各データを週次集計し，経営幹部がデータ把握するため「経営コックピット」と呼ばれ
　　るダッシュボードに集約
　●各部門・地域責任者は，同データを見ながら四半期ごとの営業・マネジメント会議を実施

　カルビー㈱のKPI（Key Performance Indicator：重要業績評価指標）活用の失敗について，見ていきましょう。

　カルビーでは，2005年頃，ABC（Activity-Based Costing）を活用したBSC（Balanced Scorecard）経営を導入します（第6章，第7章第6節）。

　その後2009年までに，3,000におよぶKPIを設定しました。BSCの4つの視点（財務，顧客，業務プロセス，学習と成長）から戦略目標としてのKPIを設定するだけでなく，現場スタッフの具体的行動に至るまで，細かくKPIを設定しました。

　例えば，「売上と利益」，「損益分岐点率」，「時間当り生産性」，「クレーム発

生率」,「店頭鮮度率（製造から45日を経過した商品が小売店の店頭に並ぶ比率)」などについてKPIを設定しました。加えて，これらのKPIのための行動指標,例えば，店頭での販促状況を表す「販促実施店率」などについて，エリア別,製品群別などに細分化したKPIも設定していました。

　こうして設定された各KPIについての実績データを週次集計し，経営幹部がデータ把握するために，「経営コックピット」※と呼ばれるダッシュボードに集約しました。各部門・地域責任者は，これらのデータを見ながら四半期ごとの営業・マネジメント会議を実施していました。

　　※カルビーの「経営コックピット」のようなKPIダッシュボードは，経営者
　　　が重要なKPIの達成状況を一覧できるようにし，迅速な意思決定を支援す
　　　る経営管理ツールです。

　こうしたカルビーのKPI活用には，2つの問題点があります。

　第1に，KPIを「プロセス」にまで細分化しすぎたことです。本来，KPIは戦略目標と言える挑戦的で規模感のある目標にすべきです。つまり，KPIは,企業価値の向上や少なくとも全社的利益に繋がるような行動変容を促す方向性と高い到達点を示すものであって，日常業務についての具体的な行動までを規定するものではありません。それにもかかわらず，カルビーでは，業務プロセスのKPIに至るまで細かく設定しすぎました。そのため，収益増加という「結果」よりも「プロセス」ばかりに注目し，目指すべきゴールを見失ってしまいました。

　第2に，細分化されたKPIを業績評価の対象にしたことです。細分化されたKPIが業績評価対象項目であったために，数字合わせに走る担当者も出てきました。例えば，営業担当者のKPIのひとつである「店頭鮮度率」を改善するために，古い商品を買い取るといった行動です。店頭に鮮度落ちの商品はなくなり，担当者の業績評価は高評価になりますが，これでは本来の目的である売上は増加しません。

KPI活用の失敗事例　カルビー㈱　⑵失敗原因とその後

●●●●●●●●●●●●●●●●●●●●●●●●●●

■失敗原因 1 ：細分化しすぎたKPI
　●行きすぎた「プロセス」への注目で，「結果・目標」を見失う
　●あくまでもKPIは戦略目標と言える挑戦的で規模感のある目標にすべき
■失敗原因 2 ：業績評価対象に設定されたKPI
　●細分化されたKPIが業績評価対象項目であったため，数字合わせに走る
　　➤例えば，営業担当者のKPIの 1 つである「店頭鮮度率」改善のため古い商品を買い取る
　　　➡店頭に鮮度落ちの商品はなくなり，担当者の業績評価は高評価
　　　➡しかし，本来の目的である売上は向上せず
■2009年　松本晃会長兼CEO就任後，BSCとKPIによる業績評価制度を廃止
　●「よい原材料を仕入れ」，「工場の稼働率を上げて生産し」，「営業担当者が現場を回って
　　販売する」というシンプルな経営思考に切り替えた
　●2011年から経営指標の健全化プロジェクトをスタート
　●その結果，営業利益率 3 ％台（2009年 3 月期）→11％台（2017年 3 月期）
　　さらに，シェアの回復（ポテトチップス市場において10％ダウンから以前の水準75％まで）
　●プロセス指標重視の評価をやめ，結果を評価
　●松本CEO就任後， 7 期連続増収増益

●●●●●●●●●●●●●
●●●●●●●●●●●●●

　2009年，松本晃会長兼CEO就任後，BSCとKPIによる業績評価制度を廃止し，「よい原材料を仕入れ」，「工場の稼働率を上げて生産し」，「営業担当者が現場を回って販売する」というシンプルな経営思考に切り替えます。

　その後2011年から，経営指標の健全化プロジェクトをスタートさせます。プロセス指標重視の評価をやめ，結果を評価するように転換しました。評価のために用いる指標は，「売上高」，「営業利益」，「新製品売上高比率」，「Non生ポテト製品売上高比率」，「売上原価率」，「販管費率」といった結果指標に変わりました。

　その結果，営業利益率は 3 ％台（2009年 3 月期）から11％台（2017年 3 月期）に改善し，市場シェアも回復し（ポテトチップス市場において10％減の状態から以前の水準である75％まで），松本CEO就任後， 7 期連続増収増益となりました。

参考文献

○「カルビーが失敗したデータ活用―「やりすぎKPI」は会社経営の本質を見失う―」
　URL：https://news.mynavi.jp/kikaku/20150623-a002/
　　※本節のニュースソースは，マイナビニュースのウェブサイト掲載のカルビー㈱営業本部
　　　営業企画部部長本田健氏への取材記事に依拠しています。
○「カルビー 松本流，「単純指標」使い社内改革」『日経ビジネス』2016年 6 月13日号，
　22-23頁。
○「賢人の警鐘 カルビー会長兼CEO松本晃」『日経ビジネス』2018年 6 月11日号，156
　頁。
○「特集　カルビー・松本経営の研究」『日経トップリーダー』2017年 8 月号，32-45頁。

5 － 9

まとめ：稼ぐ経営から企業価値向上へ

まとめ：稼ぐ経営から企業価値向上へ

●●●●●●●●●●●●●●●●●●●●●●●●●●●●●●●●●●

　キャッシュフロー経営からROIC経営まで，企業の持続的成長および企業価値向上のために重視すべき経営指標とその活用について，以下の4つのサブテーマを設定しました。
■発生主義アプローチからキャッシュフロー・アプローチへの展開
■事業単位の業績目標をどのように設定するのか？
　●財務目標
　●非財務目標
■事業単位の業績評価をどのように実施するのか？
　●財務目標の達成度や非財務（定量/定性）の観点
　●客観評価と主観評価
■事例から企業価値向上に向けたROIC経営やKPIマネジメントについて学ぼう
　●オムロン㈱のROIC経営（成功例）
　●カルビー㈱のKPIマネジメント（失敗例）

　本章では，「稼ぐ経営から企業価値向上へ」と題し，様々な経営指標の利用状況とKPIマネジメントの取り組みを紹介してきました。

　まずは，発生主義会計の限界からキャッシュフロー経営への展開でした。経営管理目的別にキャッシュフロー指標が有望な局面を紹介し（第1節），キャッシュフロー指標の代表例として，CFROIやEBITDAについて説明しました（第2節）。経営指標の観点からは，IFRS適用企業の拡がりとともに，日本基準の利益概念とのギャップを埋めるために開示の動きが盛んになってきたNon-GAAP指標についての実態も報告しました（第3節）。それは，EBITやEBITDAなどのキャッシュフロー指標に加え，日本基準の「営業利益」の類似指標として，「事業利益」などが開示されてきている状況です。

　次に，日本企業で多用されている事業業績指標の実態を紹介しました（第4

節)。「売上高」や「利益（率）」指標を重視する企業が多く，「営業キャッシュフロー」の重視度は相対的に低いようでした。稼ぐ経営のために必要なキャッシュフロー指標からさらに企業価値向上へと発展するための経営指標として，残余利益やEVA®についても説明しました（第5節）。

　続いて，事業業績指標の設定に加えて，日本企業の評価の特徴についても実態を紹介しました（第6節）。客観的評価と主観的評価という区分で調査した結果，予算活用には多様な取り組みがありながらも，予算に基づく客観的評価が主流であること，日本的特徴としては定性・非財務目標や人事評価による主観的評価も多用されていることを紹介しました。

　最後に，企業価値向上へ向けた代表的な事例として，オムロンのROIC経営を紹介しました（第7節）。かつてのカルビーの行きすぎたKPIマネジメントも紹介しました（第8節）。これらの事例から，KPIマネジメントの成功要因が垣間見えるはずです。

　つまり，ROICなどの全社的目標を現場レベルの活動にまで落とし込む工夫です。一部の専門家にしか分からない難解な指標ではなく，現場レベルの目標は，正しい行動を導くシンプルで理解容易なものでなくてはなりません。加えて，現場の人が数字合わせに走りかねない，行きすぎた行動管理も逆効果です。また，部門や個人の行動が部分最適に陥ることなく，全体最適となるように目標一致（goal congruence）を図るためには，経営層の発信するメッセージ，業績評価・人事考課，報酬との連携のあり方など，統合的な取り組みが不可欠です。

第 6 章

バランスト・スコアカードと
戦略マップの活用可能性

6 − 1

バランスト・スコアカードを知る

バランスト・スコアカード（Balanced Scorecard：BSC）の変遷

【BSCの登場】（Kaplan and Norton, 1992,1996）
- ●当時の米国企業の短期・財務業績偏重の業績評価への対案として，Harvard Business Review誌に論文発表
- ●業績評価システムを志向

【戦略マップの重視】（Kaplan and Norton, 2001, 2004）
- ●BSCの4つの視点における戦略目標間の因果関係を明らかにすること（戦略の記述）の重要性を強調
- ●戦略のコミュニケーション・ツールを志向

【事業戦略マップの垂直・水平展開】（Kaplan and Norton, 2006）
- ●事業戦略ごとに論じられてきた戦略マップを，全社から事業本部・事業部へと下方展開，事業支援部門などへの水平展開の方法を議論

【戦略マネジメント・システムとしての全貌】（Kaplan and Norton, 2008）
- ●BSCや戦略マップを中心に，戦略と業務を統合するための6つのステップを明示
- ●戦略の遂行を担当する戦略マネジメントオフィスの役割・機能を議論

　戦略マネジメント・システムとして知られるバランスト・スコアカード（Balanced Scorecard：BSC）について，（1）BSCの変遷，（2）BSCのキーワード，（3）BSCのキーワードと戦略マップの関係性，（4）BSCの基本ステップについて説明します。

（1）BSCの変遷

　まず，BSC（Balanced Scorecard）の変遷について見ていきましょう。

①　BSCの登場

　1990年頃の米国では，長期的な企業価値向上を犠牲にしてでも短期的な財務業績を上げるような企業行動を誘発する業績評価のあり方が問題視される

ようになってきました。そこで，そうした短期的利益偏重の業績評価への対案として，Kaplan and Norton（1992）の論文において，BSCが，Harvard Business Review誌に発表されました。

　発表当時のBSCは，財務の視点だけでなく，顧客の視点，内部ビジネス・プロセスの視点，学習の視点の4つの視点を総合することで，より健全な業績評価システムを志向するものでした。

② **戦略マップの重視**

　その後，BSCの4つの視点における戦略目標間の因果関係を明らかにすること（戦略の記述）の重要性が強調され，戦略マップ（strategy map）が，Kaplan and Norton（2001）において提唱されます。

　こうして，BSC（スコアカード）による当初の業績評価システムから発展し，戦略マップを使った戦略のコミュニケーション・ツールを志向するようになります（Kaplan and Norton, 2004）。

③ **事業戦略マップの垂直・水平展開**

　Kaplan and Norton（2006）では，これまで事業戦略ごとに論じられてきた戦略マップを，全社から事業本部・事業部へと下方展開するとともに，事業支援部門などへの水平展開の方法を議論するようになります。

④ **戦略マネジメント・システムとしての全貌**

　Kaplan and Norton（2008）では，BSCや戦略マップを中心に，戦略と業務を統合するための6つのステップを明示し，戦略の遂行を担当する戦略マネジメント・オフィスの役割・機能を議論するなど，彼らの提唱する戦略マネジメント・システムとしての全貌が明らかになりました。

BSCのキーワード：(1) 4 つの視点

●●●●●●●●●●●●●●●●●●●●●●●●●●●●●●●●●●●●●●

【財務の視点】
　　●株主や債権者のためにどのように行動すべきかの視点
　　●財務的業績目標の測定
　　　＜KPI例＞経常利益，ROI，ROE，EVA®，売上高利益率，……
【顧客の視点】
　　●顧客のためにどのように行動すべきかの視点
　　●顧客（内部・外部）や市場セグメントごとの業績目標の測定
　　　＜KPI例＞市場シェア，新規顧客の獲得数，クレーム発生率，……
【内部ビジネス・プロセスの視点】
　　●財務目標や顧客満足に貢献するために，ビジネス・プロセスをいかに改善するかの視点
　　●業務効率やビジネスプロセス改善成果の測定
　　　＜KPI例＞開発効率，生産リードタイム，改善施策提案数，……
【学習と成長の視点】
　　●企業の長期的成長のために，個人の能力・スキルをいかに向上させるかの視点
　　●人材への投資や知的財産の蓄積の測定
　　　＜KPI例＞特許取得件数，社員教育投資金額，従業員満足度，……

●●●●●●●●●●●●
●●●●●●●●●●●●

（2）BSCのキーワード

　次に，BSCのキーワードを見ていきましょう。

　BSCの最大の特徴は，財務の視点，顧客の視点，内部ビジネス・プロセスの視点，学習の視点の4つの視点です。

　「財務の視点」は，株主や債権者のためにどのように行動すべきかの視点で，財務的業績目標を測定します。KPI（Key Performance Indicator：重要業績評価指標）の一例を挙げると，経常利益，ROI，ROE，EVA®，売上高利益率などです。

　「顧客の視点」は，顧客のためにどのように行動すべきかの視点で，顧客（内部・外部）や市場セグメントごとの業績目標を測定します。KPIの一例を挙げると，市場シェア，新規顧客の獲得数，クレーム発生率などです。

　「内部ビジネス・プロセスの視点」は，財務目標や顧客満足に貢献するためにビジネス・プロセスをいかに改善するかの視点で，業務効率やビジネス・プロセスの改善成果を測定します。KPIの一例を挙げると，開発効率，生産リー

BSCのキーワード：⑵戦略目標, 尺度, 目標値, 戦略的実施項目

【戦略目標】
　　●それぞれの「視点」における達成目標
　　　＜例＞収益性の改善, 顧客ロイヤリティの向上, ……
【尺度】
　　●「戦略目標」に対する組織メンバーの努力の方向性を一致させるために決める測定対象
　　　＜例＞売上高営業利益率, 顧客との取引回数, ……
【目標値】
　　●「尺度」について定量的に示されるターゲット
　　●ストレッチ・ターゲット（現状では達成困難な挑戦的目標）が望ましいとされる
　　　＜例＞売上高営業利益率20ポイント改善, 取引回数12回（従来は10回）, ……
【戦略的実施項目】
　　●「目標値」を達成するために実施するプロジェクト
　　　＜例＞業務プロセスのムリ・ムダ・ムラの排除, 自社製品の陳列に関する提案, ……

ドタイム, 改善施策提案数などです。

　「学習と成長の視点」は, 企業の長期的成長のために個人の能力・スキルをいかに向上させるかの視点で, 人材への投資や知的財産の蓄積を測定します。KPIの一例を挙げると, 特許取得件数, 社員教育投資金額, 従業員満足度などです。

　BSCでは, 戦略目標, 尺度, 目標値, 戦略的実施項目という用語も使われます。「戦略目標」とは, 4つの「視点」それぞれにおける達成目標で, 例えば, 収益性の改善, 顧客ロイヤリティの向上などです。「尺度」は, 「戦略目標」に対する組織メンバーの努力の方向性を一致させるために決める測定対象で, 例えば, 売上高営業利益率, 顧客との取引回数などです。「目標値」は, 「尺度」について定量的に示されるターゲットで, ストレッチ・ターゲット（現状では達成困難な挑戦的な目標）が望ましいとされます。例えば, 売上高営業利益率の20ポイント改善や, 従来は10回であった取引回数を12回に増やすなどです。「戦略的実施項目」は, 「目標値」を達成するために実施するプロジェクトのことで, 例えば, 業務プロセスのムリ・ムダ・ムラの排除, 自社製品の陳列に関する提案などです。

BSC（キーワード）と戦略マップの関係性

【図表6-1】　BSCと戦略マップの関係性

横の因果連鎖 →

縦の因果連鎖

戦略マップ		スコアカード		アクションプラン	
プロセス業務管理 テーマ：地上の折り返し	戦略目標	尺度	目標値	戦略的実施項目	予算
財務の視点 利益とRONA 収益増大　機体の減少	■収益性 ■収益増大 ■機体の減少	■市場価値 ■座席の収益 ■機体のリース費用	■年成長率30% ■年成長率20% ■年成長率5％		
顧客の視点 より多くの顧客を誘引し維持 定刻の発着　最低の価格	■より多くの顧客を誘引し維持する ■定刻の発着 ■最低の価格	■リピート客の数 ■顧客数 ■連邦航空局定刻到着評価 ■顧客のランキング	■70% ■毎年12%の増加 ■第1位 ■第1位	■CRMシステムの実施 ■クォリティ・マネジメント ■顧客ロイヤリティ・プログラム	$xxx $xxx $xxx
内部プロセスの視点 地上での迅速な折り返し	■地上での迅速な折り返し	■地上滞在時間 ■定刻出発	■30分 ■90%	■サイクルタイムの改善プログラム	$xxx
学習と成長の視点 戦略的な業務 駐機場係員 戦略的システム 係員の配置 地上係員の方向づけ	■必要なスキルの開発 ■支援システムの開発 ■地上係員の戦略への方向づけ	■戦略的業務のレディネス ■情報システムの利用可能性 ■戦略意識 ■地上係員の持株者数の割合	■1年目70% 　2年目90% 　3年目100% ■100% ■100% ■100%	■地上係員の訓練 ■係員配置システムの始動 ■コミュニケーション・プログラム ■従業員持ち株制度	$xxx $xxx $xxx $xxx
				予算総額	$xxx

<出所>　Kaplan and Norton（2004）p.53，伊藤（2014）16頁。

（3）BSCのキーワードと戦略マップの関係性

　続いて，BSCのキーワードと戦略マップの関係性について，見てみましょう。
　まず，戦略マップ（**図表6-1**）における縦の因果連鎖です。4つの視点それぞれにおける戦略目標は，学習と成長の視点から内部プロセスの視点，顧客

の視点，最後に，財務の視点へと繋がります。すべての戦略目標が4つの視点
のすべてに繋がる必要はありませんが，必ず，どの戦略目標も財務の視点に繋
がる矢印が描かれます。

　図表6－1とは違う例を挙げれば，財務の視点における収益性の改善という
戦略目標には，顧客の視点における顧客ロイヤリティの向上，内部ビジネス・
プロセスの視点における新製品の市場投入，変動費の削減，学習と成長の視点
における原価管理や改善活動に関する教育機会の増大，顧客データ分析のため
のIT投資の拡大などから矢印が繋がります。

　次に，戦略マップにおける戦略目標から，BSC（スコアカード）における尺
度と目標値，さらにはアクションプランにおける戦略的実施項目へと繋がる横
の因果連鎖です（**図表6－1**）。

　こちらも，**図表6－1**とは違う例を挙げれば，収益性の改善という戦略目標
については，時には定性的に表現される戦略目標を定量的に測ることのできる
売上高営業利益率などの尺度を決め，売上高営業利益率の20ポイント改善など
の具体的な目標値を設定します。通常，この目標値は年度目標ですので，目標
達成に向けたアクションプラン（実施計画）を立て，戦略的実施項目を月次管
理します。

（4）BSCの基本ステップ

　最後に，BSCと戦略マップ作成の基本ステップを見ていきましょう。

①　ビジョン（中期的な到達状況）の設定

　まずは，企業・事業の中期的な将来の到達目標を示すビジョンを設定しま
す。日本企業ではビジョン主導型の戦略策定は稀ですが，中期経営計画を策
定する企業は多いので，従来の中期経営計画策定プロセスとの関係を比較し
てみるとよいでしょう。

　中期経営計画を前年度実績ベースで策定する企業にとっては，BSCを導入
すると，計画策定プロセスがずいぶんと変わります。つまり，ビジョンの設
定から始まり，戦略を策定し，BSCに展開した後，3年から5年程度の中期

BSCの基本ステップ

●●●●●●●●●●●●●●●●●●●●●●●●●●●●●●●●●

① ビジョン（中期的な到達状況）の設定
- ●日本企業ではビジョン主導型の戦略策定は稀
- ●従来の中期経営計画策定プロセスとの関係性
  - ➤前年度実績ベースの計画策定
  - ➤ビジョン→戦略→BSC→中期経営計画→年度事業計画→部門予算
② 財務の戦略目標の設定
- ●まずは「財務の視点」の戦略目標を設定
- ＜例＞収益性の向上，新規顧客セグメントにおける売上拡大，……
③ 戦略マップの作成
- ●戦略のロジック（縦の因果連鎖）を，4つの視点の戦略目標へと展開
- ●縦の因果連鎖
④ 戦略目標ごとの尺度（KPI）・目標値の設定，戦略的実施項目（アクションプラン）の策定
- ●尺度は，月次で戦略的実施項目の実施状況を確認できる「事前指標」と，1年後の成果を測定するための「事後指標」を設定
- ●横の因果連鎖

経営計画を策定します。そこから年度事業計画を立て，部門予算へと下方展開していきます。

② 財務の戦略目標の設定

ビジョンの設定以降のステップに話を戻すと，次に，「財務の視点」の戦略目標を設定します。例えば，収益性の向上，新規顧客セグメントにおける売上拡大などです。

③ 戦略マップの作成

続いて，戦略のロジック（縦の因果連鎖）を，4つの視点の戦略目標へと展開します。つまり，財務の視点の戦略目標を達成するために必要な戦略目標を決め，因果関係の仮説を立てていきます。

④ 戦略目標ごとの尺度（KPI）・目標値の設定，戦略的実施項目（アクションプラン）の策定

最後に，戦略マップにおける戦略目標から，BSC（スコアカード）における尺度と目標値を設定し，さらにはアクションプランにおける戦略的実施項

目を策定していきます（横の因果連鎖）。尺度は，月次で戦略的実施項目の実施状況を確認できる「事前指標」と，1年後の成果を測定するための「事後指標」とを設定します。

参考文献

○Kaplan, R. S. and Norton, D. P.（1992）The Balanced Scorecard-Measures that Drive Performance, *Harvard Business Review*, January-February, pp.71-79（本田桂子訳「新しい経営モデルバランス・スコアカード」『ダイヤモンド・ハーバード・ビジネス』2003年8月号，46-57頁）

○――（1996）*The Balanced Scorecard-Translating Strategy into Action*, Harvard Business School Press, Boston, MA.（吉川武男訳（1997）『バランスト・スコアカード―新しい経営指標による企業変革―』生産性出版）

○――（2001）*The Strategy-Focused Organization*, Harvard Business School Press, Boston, MA.（櫻井通晴監訳（2001）『戦略バランスト・スコアカード』東洋経済新報社）

○――（2004）*Strategy Maps, Converting Intangible Assets into Tangible Outcome*, Harvard Business School Press, Boston, MA.（櫻井通晴・伊藤和憲・長谷川惠一訳（2005）『戦略マップ：バランスト・スコアカードの新・戦略実行フレームワーク』ランダムハウス講談社）

○――（2006）*Alignment：Using the Balanced Scorecard to Create Corporate Synergies*, Harvard Business School Press, Boston, MA.（櫻井通晴・伊藤和憲訳（2007）『BSCによるシナジー戦略―組織のアラインメントに向けて―』ランダムハウス講談社）

○――（2008）*The Execution Premium：Linking Strategy To Operations for Competitive Advantage*, Harvard Business School Press, Boston, MA.（櫻井通晴・伊藤和憲訳（2009）『バランスト・スコアカードによる戦略実行のプレミアム』東洋経済新報社）

○伊藤和憲（2014）『BSCによる戦略の策定と実行―事例で見るインタンジブルズのマネジメントと統合報告への管理会計の貢献―』同文舘出版。

○伊藤嘉博・清水孝・長谷川惠一（2001）『バランスト・スコアカード：理論と導入』ダイヤモンド社。

BSCの普及状況【実態調査】

BSCの普及状況

●●

> ■BSCの日本企業での普及率は海外に比べて低い

●海外グローバル企業：38%
　➤Bain & Company社調査（次頁，Rigby and Bilodeau, 2013）
　➤2012年時点で，ビジネス界で最も支持される25の経営技法のうち，BSCは世界第5位
●日本企業：10%前後
　➤2011・2012年　東証一部・二部上場（川野，2014）
　　✓BSCの利用率9.5%
　➤2010年　東証一部上場（横田・妹尾，2011）
　　✓BSCの利用率10.5%（23社）
　　✓そのうち戦略マップを作成していない企業39.1%（9社）

　BSCは，実際にどれほど利用されているのでしょうか。BSCの普及状況を見てみましょう。

　海外のグローバル企業での採用率は，Bain & Company社の調査によると38%に上ります（Rigby and Bilodeau, 2013）（**図表6-2**）。2012年に実施されたこの調査では，ビジネス界で最も支持されているとされる25の経営技法を取り上げ，1,208名のグローバル企業の経営者へのインタビューを通じて，2012年現在の利用状況と2013年の導入計画について調査しています。その結果，2012年時点でのBSCの利用率は，25の経営技法のうち第5位にランキングされています。

　一方，日本企業での採用率は10%前後に留まります。2011年から2012年の東証一部・二部上場企業対象の調査結果からは，BSCの利用率は9.5%（川野，2014），2010年の東証一部上場企業対象の調査結果からは，BSCの利用率は10.5%（23社），そのうち戦略マップを作成していない企業は，39.1%（9社）（横田・妹尾，2011）でした。

【図表6－2】　海外グローバル企業における経営管理手法の利用実態と予定

	Projected increase	Projected 2013 usage	Actual 2012 usage
Zero-based Budgeting	51%	61%	10%
Open Innovation	50%	70%	20%
Decision Rights Tools	49%	62%	13%
Satisfaction and Loyalty Management	48%	75%	27%
Scenario and Contingency Planning	47%	70%	23%
Complexity Reduction	46%	65%	19%
Mission and Vision Statements	46%	79%	33%
Customer Segmentation	45%	75%	30%
Total Quality Management	45%	74%	29%
Price Optimization Models	44%	69%	25%
Strategic Alliances	44%	72%	28%
Business Process Reengineering	42%	72%	30%
Big Data Analytics	42%	68%	26%
Core Competencies	42%	78%	36%
Change Management Programs	42%	77%	35%
Social Media Programs	41%	69%	28%
Benchmarking	40%	80%	40%
Customer Relationship Management	40%	83%	43%
Supply Chain Management	40%	74%	34%
Mergers and Acquisitions	39%	64%	25%
Strategic Planning	38%	81%	43%
Downsizing	37%	61%	24%
Outsourcing	35%	71%	36%
✓ Balanced Scorecard	35%	73%	38%
Employee Engagement Surveys	30%	73%	43%

<出所>　Rigby and Bilodeau（2013）。

参考文献

○川野克典（2014）「日本企業の管理会計・原価計算の現状と課題」『商学研究』第30号，55-86頁。

○横田絵理・妹尾剛好（2011）「日本企業におけるマネジメント・コントロール・システムの実態：質問票調査の結果報告」『三田商学研究』第53巻第6号，55-79頁。

○Rigby, D. and B. Bilodeau（2013）*Management Tools & Trends 2013.*
　URL：http://www.bain.com/publications/articles/management-tools-and-trends-2013.aspx.

6－3

BSC活用事例：キリン㈱【事例研究】

BSC活用事例　キリン㈱

●●●●●●●●●●●●●●●●●●●●●●●●●●●●●●●●●●●●

■会社情報（2019年12月期）＜Yahoo！ファイナンスより＞
  ●ビール類シェア国内第2位
  ●持株会社移行後，キリン㈱がキリンビール，メルシャン，キリンビバレッジの事業管理
  ●連結売上高1,941,305百万円，連結営業利益87,727百万円
  ●従業員数（連結31,760人，単独1,121人）
■BSC導入経緯（麒麟麦酒㈱当時）（横田・妹尾，2010）
  ●伝統的に，生産・物流・営業の3本部制，事業計画と目標管理制度による経営管理
  ●2001年　EVA導入➡EVAと目標管理制度を繋げる仕組みの必要性を認識
  ●2003年　酒類営業本部にて　お客様の視点喪失の危機感からBSC導入
  ●2004年　中期経営計画策定のタイミングで全社的にBSC導入
    ➤生産・物流・営業のライン部門のみならず，人事や広報などのスタッフ部門でも導入
    ➤BSC業績評価と人事考課の統合
  ●2007年　純粋持株会社制採用
    ➤キリングループ全体にBSC展開
    ➤EVAはBSCの財務の視点の最終目標に位置づけ
    ➤財務の視点のEVA，顧客の視点の「自社ブランドイメージ評価」は，
      キリン㈱のみならず，グループ共通の評価指標
                                    ●●●●●●●●●●●●●●●●
                                  ●●●●●●●●●●●●●●

　麒麟麦酒㈱（以下，キリンビール）のBSCの取り組みを紹介しましょう（**図表 6－3**）。キリンビールは，キリンホールディングス㈱を持株会社とするキリングループの中核会社です。

　まずは，BSCの導入経緯です。キリンビールでは，伝統的に，生産・物流（SCM：Supply Chain Management）・営業の3本部制をとり，事業計画と目標管理制度による経営管理を行っていました。

　1990年代までに事業が多角化する中，事業の業績評価を個人の業績評価に反映させるために，全社統一的な事業業績評価が必要になり，2001年に，キリンビール版のEVA（Economic Value Added）（第5章第5節）を導入しました。

【図表6－3】　キリングループ概要

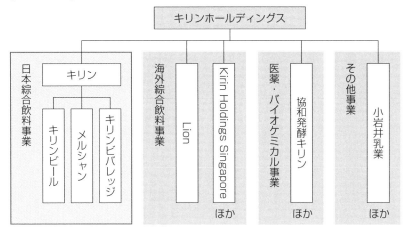

2017年6月1日時点
<出所>　キリン㈱ホームページより。

■戦略マップの構造（横田・妹尾，2010）
　●社長の戦略マップを，3本部長（生産，物流，営業）が共有
　●戦略マップは，社長以下，各本部・部門，個人の目標管理制度へと下方展開
■BSC業績評価と人事考課の統合（横田・妹尾，2010）
　➤管理職：四半期ごとにKPI業績評価━➤年度末の人事考課
　➤非管理職：目標管理制度
　➤経営理念であるKIRIN WAY（価値観，行動の基本姿勢を規定）の発揮度も考慮

　キリンビールの目標管理制度は，全社戦略との関連は必ずしも明確ではなかったために，投資家の観点が重視されるEVAを分解して社内展開される目標との整合性を図る仕組みが必要であるとの認識に至りました。

　そこで2003年，酒類営業本部にて，お客様の視点を喪失する危機感から，BSCを導入します。その成功を受けて，2004年，中期経営計画策定のタイミングで全社的にBSCを導入します。その際に，生産・物流・営業のライン部門だけでなく，人事や広報などのスタッフ部門でも導入し，BSCの業績評価と人事考課を統合しました。

　2007年には，純粋持株会社制の採用に合わせて，キリングループ全体にBSC

を展開します。EVAは，BSCの財務の視点の最終目標に位置づけられ，顧客の視点の「自社ブランドイメージ評価」と合わせて，持株会社のみならず，グループ共通の評価指標になっています。

　次に，戦略マップの構造を説明しましょう。3本部長（生産，物流，営業）は独自の戦略マップを作成せず，キリンビール社長の戦略マップを共有します。キリンビール社長の戦略マップは，社長以下，各本部・部門，個人の目標管理制度へと下方展開されます。

　続いて，BSCの業績評価と人事考課の統合について説明しましょう。

　管理職の場合は，基本的に，四半期ごとにKPI（Key Performance Indicator）とその得点化ルールを記載した業績評価表によって，組織業績が評価されます。EVAや自社ブランドイメージ評価といった全社共通指標を含めることや，BSCの4つの視点で構成されることなど，経営企画部作成のガイドラインに沿って作成・運用されます。この組織業績評価が，年度末の人事考課に繋がります。

　一方，非管理職の業績評価は，目標管理制度に基づいています。BSCの4つの視点には縛られず，所属組織の目標に整合的な複数目標を設定します。毎年1月に目標を設定し，半年に一度，上司と面談を行い，進捗度を確認し，必要に応じて目標の見直しが行われます。

　また，キリンビールの人事考課は，業績評価表や目標管理制度以外に，経営理念であるKIRIN WAY（価値観，行動の基本姿勢を規定）の発揮度も考慮されます。目標管理制度における上司との面談の際に，KIRIN WAYの発揮度も確認されます。

参考文献

○横田絵理・妹尾剛好（2010）「戦略マネジメント・システムの事例研究(1)(2)」『三田商学研究』第53巻第2号・第3号，123-136頁，45-58頁。
　※本節の解説は本論文に依拠しています。
○大槻晴海・﨑章浩（2015）「実務におけるBSCの有用性：協和発酵キリン株式会社の事例研究」『産業経理』第75巻第2号，151-175頁。

6－4

方針管理とBSCの関係

方針管理とBSCの関係

●●●

■両者の類似性・親和性ゆえ，BSC導入に伴い，方針管理を廃止したり，BSC的要素を取り入れて修正したりする企業が多い。

■類似点（乙政，2004）
- ●ビジョン・戦略からの展開
- ●挑戦的目標設定
- ●垂直・水平方向の調整の重要性
- ●目標と方策の展開
- ●「日常管理」との区別
  - ➢現状を打破する仕事を管理（方針管理）
  - ➢戦略的業績指標（BSC）と診断的業績指標

■方針管理とは
- ●戦略をTQCの管理原則であるPDCA（Plan-Do-Check-Action）に従って管理する手法
- ●日本固有の経営手法で，目標管理制度がルーツであると言われる
  - ➢目標管理制度の結果志向性を改善し，方針管理はプロセス重視を志向
  - ＜参考＞　目標管理制度（MBO：Management by Objects）とは，従業員の意欲向上を意図し，事前に自主的に設定した目標の達成度合いを評価する人事管理手法。

■相違点（乙政，2004）

	方針管理	BSC
目的	業務改善のための品質管理	財務指標向上による企業価値創造
目標の性質	定性的・定量的	定量的，重みづけによる目標体系化
報酬との関連	非連動	連動も志向可

●●●●●●●●●●●●●●●●●
●●●●●●●●●●●●●●●●●

　日本企業では，方針管理とBSCとの類似性・親和性のために，BSC導入に伴い方針管理を廃止したり，BSC的要素を取り入れて修正したりする企業が多いと言われます。

　方針管理は，戦略をTQC（Total Quality Control）の管理原則であるPDCA（Plan-Do-Check-Action）に従って管理する手法です。日本企業固有の経営手法で，目標管理制度がルーツであると言われます。方針管理は，目標管理制度に

における目標の達成度を評価対象とする結果志向性を改善し，プロセス重視を志向する特徴があります。

　目標管理制度（MBO：Management by Objects）とは，従業員の意欲向上を意図し，事前に自主的に設定した目標の達成度合いを評価する人事管理手法です。

　BSCと方針管理の異同を見ていきましょう（伊藤・小林，2001；伊藤・清水・長谷川，2001；乙政，2004）。

　まずは，両者の類似点です。

　第1に，ビジョン・戦略からの展開です。ビジョンや戦略に基づき，下位目標や具体的活動に下方展開するプロセスが共通しています。

　第2に，挑戦的目標の設定です。方針管理では経営方針や中期経営計画に基づき目標が設定され，BSCでも中期的なビジョンに基づき戦略目標が設定されるなど，どちらも日常業務の目標とは明確に区別される点が共通しています。

　第3に，垂直・水平方向の調整の重要性です。方針管理では組織階層の上下ならびに部門横断的な水平方向の擦り合わせが強調され，BSCでも縦横の因果連鎖を検討する点が共通しています。

　第4に，目標と方策の展開です。方針管理における目標と目標達成手段である方策の展開は，BSCにおける戦略目標とその達成手段である戦略的実施項目の設定と共通しています。

　第5に，「日常管理」との区別です。方針管理では，日常業務ではなく，現状を打破する仕事を管理します。BSCでも，戦略的業績指標と診断的業績指標を区別し，診断的業績指標は，目標未達時の修正行動に向けた例外管理のために用い，BSCの管理対象ではありません（Kaplan and Norton, 1996）。

　次に，両者の相違点です。

　第1に，その目的です。方針管理の主な目的は業務改善のための品質管理にある一方，BSCの最終目標は財務的指標の向上による企業価値の創造に向けられると言われます（櫻井，2003）。また，方針管理には，BSCの4つの視点のバランスという発想はありません。

　第2に，目標の性質です。方針管理の目標は，ライン部門では数値化されることがあるとしても，定性的な記述に留まることが多いとされます（伊藤・清水・長谷川，2001）。また，方針管理において，目標を定性的・定量的に設定するとしても体系化はされないのに対して，BSCではすべての目標を数値化し，さらには各目標値に重み付けをして共通の尺度で体系的に測定します（櫻井，2003）。

　第3に，報酬との関連です。方針管理の教科書（赤尾，1988）を見ても，報酬システムとの関係についての記載はありません。一方，BSCでは，定量的に目標達成度が測定できることもあり，報酬と連動させることも可能ですし，そうした実践例も知られています。

参考文献

○Kaplan, R. S. and Norton, D. P. (1996) *The Balanced Scorecard—Translating Strategy into Action*, Harvard Business School Press, Boston, MA.（吉川武男訳（1997）『バランスト・スコアカード―新しい経営指標による企業変革―』生産性出版）
○赤尾洋二（1988）『方針管理活用の実際』日本規格協会。
○伊藤嘉博・小林啓孝（2001）『ネオ・バランスト・スコアカード経営』中央経済社。
○伊藤嘉博・清水孝・長谷川惠一（2001）『バランスト・スコアカード：理論と導入』ダイヤモンド社。
○乙政佐吉（2004）「方針管理とバランス・スコアカードの関係に関する研究」『環太平洋圏経営研究』第6号，103-135頁。
○櫻井通晴（2003）『バランスト・スコアカード―理論とケース・スタディ―』同文舘出版。

6－5

まとめ：BSCの活用可能性と課題

まとめ：BSCの活用可能性と課題

●●●●●●●●●●●●●●●●●●●●●●●●●●●●●●●●●●●●

【活用可能性】
■中期経営計画，目標管理制度との統合
　●ビジョンや事業戦略と，日常的なPDCAマネジメントとの間にあった空白を埋める役割
　●経営企画部所管の中期経営計画と人事部所管の目標管理制度の統合
■目標管理制度への貢献
　●上司の主観的評価への不満→計数管理による客観性
　●結果偏重によるノルマ管理→プロセス（先行指標たる戦略的実施項目）重視
■業績評価の改善，報酬リンクの可能性
　●財務に限らない4つの視点，定量目標ゆえの客観性，公平性
【課題】
■方針管理（予算，KPIマネジメント，報酬制度）などの既存の業績管理制度との整合性
■事業間バランス，グループ会社・組織階層の下方への展開
■BSCの持つ戦略性と日常管理のバランス

　本章のまとめとして，BSCの活用可能性と課題を挙げておきましょう。

　まずは，BSCの活用可能性です。第1に，中期経営計画や目標管理制度との統合です。3年から5年程度の中期的なビジョンや事業戦略，財務的目標などが中期経営計画で示されます。中期経営計画と，年度予算や目標管理制度などの日常的なPDCAマネジメントとは，通常，連動することはなく，別のマネジメント・システムとして設計・運用されています。BSCは，これらのマネジメントメントシステムの間にあった空白を埋める役割が期待できます。言い換えると，経営企画部所管の中期経営計画と人事部所管の目標管理制度の統合と言えます。

　第2に，目標管理制度への貢献です。目標管理制度における上司の主観的評

価への不満に対して，BSCの計数管理による客観性によって，より公正で納得性の高い評価が得られやすくなります。加えて，目標管理制度の結果偏重によるノルマ管理という弊害に対して，BSCにおけるプロセス（先行指標たる戦略的実施項目）重視の視点は，部分最適や短期的視点からの脱却を促します。

　第3に，業績評価を改善し，報酬との連動を可能にします。BSCでは，財務指標以外の3つの視点があり，会計操作による帳尻合わせではなく，複眼的視点から，企業価値向上への貢献を評価することができます。定量目標ゆえの客観性と公平性も兼ね備えているため，組織業績と個人への報酬を連動させることに向いています。

　次に，BSCの抱える課題です。第1に，方針管理や予算，KPIマネジメント，報酬制度などの既存の業績管理制度との整合性です。BSCの導入によって既存の業績管理制度を統合できる可能性があると同時に，既存の制度との整合性を図らなければ，統一的な業績管理が実施できなくなり，混乱を招いてしまいます。

　第2に，事業間バランス，グループ会社・組織階層の下方への展開です。多角化したグローバル企業において，SBU（Strategic Business Unit）単位ごとに設定されるBSCは事業間の業績比較を容易にしますが，共通指標と独自指標の設定ルール，部門間のバランス，グループ会社や組織階層の下方への展開において，どの組織単位までBSCを展開するのかを決めていく必要があります。

　第3に，BSCの持つ戦略性と日常管理のバランスです。BSCの目標は挑戦的目標であり，日常的な業務目標とは異なります。しかしながら，BSCを予算管理の代替手段として活用したり，目標管理制度との連携を図ったりすると，日常管理の色合いが強くなります。

　言い換えると，業績評価目的であれば，ある程度達成可能な目標水準が妥当ですし，事業の選択や組織の体質転換を図る目的であれば，組織階層下方への個人業績評価への展開は控えるべきかもしれません。導入目的と組織・個人への影響を十分に考慮した上での制度設計が必要です。

第 7 章

予算管理の新潮流

7-1
利益管理と予算管理の基礎

利益管理の基礎知識

■利益管理とは「長期経営計画を指針として利益計画を予算編成方針のベースとして設定し，各部門に責任とその責任遂行に必要な資源を財務数値で割り当てて予算を編成するとともに，PDCAのサイクルを回すことにより，戦略実施を図る管理活動」（谷，2013，134頁）

伝統的・教科書的には……
利益管理＝利益計画＋予算管理

PDCA（Plan-Do-Check-Action）
サイクルマネジメント

　利益管理とは「長期経営計画を指針として利益計画を予算編成方針のベースとして設定し，各部門に責任とその責任遂行に必要な資源を財務数値で割り当てて予算を編成するとともに，PDCAのサイクルを回すことにより，戦略実施を図る管理活動」（谷，2013，134頁）です。

　この利益管理のための最初のステップが利益計画です。経営方針に基づき，経営戦略が立てられ，3年から5年程度の中長期経営計画から単年度の利益計画が立案されます。その後，利益計画に基づき予算編成方針が設定されます。

　このように，利益管理は，利益計画に始まり，予算管理へと移行していきま

予算編成プロセスの一例

【図表7－1】　予算編成プロセスの一例

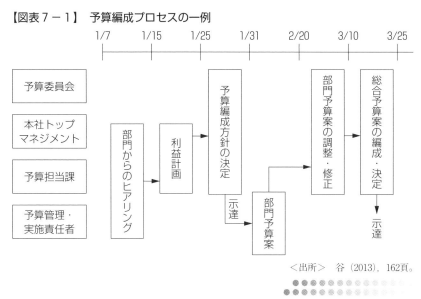

<出所>　谷（2013），162頁。

す。

　予算管理（budgetary control）とは，「予算編成方針を指針として，各部門に
責任とその責任遂行に必要な資源を財務数値で割り付けて予算を編成するとと
もに，PDCAサイクルを回すことにより，戦略実施を図る管理活動」（谷，2013，
157-158頁）と定義されます。

　予算管理を効果的に実施するためには，予算委員会や予算担当課の設置，予
算管理・実施責任者の任命といった組織的な整備が必要です。予算委員会は，
予算管理の全社的な審議機関です。予算委員会は月次や四半期ごとに開催され，
予算管理責任者を加えた拡大常務会（経営会議）がその機能を担うことが多い
とされています。予算担当課は，予算管理全般について本社トップマネジメン
トをサポートします。予算管理責任者は，予算の総括責任者であり，下位の部

予算の体系

●●●●●●●●●●●●●●●●●●●●●●●●●●●●●●●●●●●●●●

【図表7－2】 予算の体系

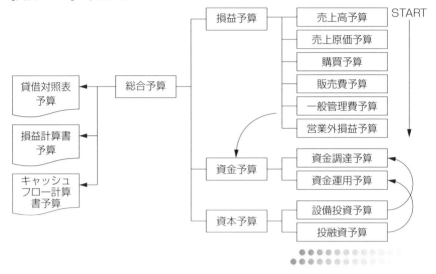

門管理者を予算実施責任者と位置づけます。

　予算編成プロセスの一例を見てみましょう（**図表7－1**）。

　まず，予算課が事務局となり，各部門にヒアリングを行います。その後，予算課は，本社トップマネジメントの方針を受けて利益計画案を作成し，本社トップマネジメントが利益計画を決定します。

　次に，利益計画に基づき，予算課がとりまとめ，本社トップマネジメントが予算編成方針を表明し，予算委員会での審議を経て，各部門に示達します。

　各部門は，示達を受けて予算管理責任者（部門長）が部門予算編成方針を表明し，予算実施責任者（課長）を中心に部門予算案を作成し，予算管理責任者がとりまとめます。予算部門案の作成においては，本社予算課から予算管理責任者のスタッフとして配置される部門予算係の役割も大きくなります。

　続いて，部門予算案の調整・修正では，提出された部門予算案を予算課が
チェックします。部門予算案が予算編成方針から逸脱していれば部門に対して
部門予算案の修正を求めたり，本社トップマネジメントの判断を仰ぎながら部
門間の調整を図ったり，必要に応じて，予算委員会の審議が行われたりします。
　調整が終われば，予算課は総合予算をとりまとめます。総合予算案は，本社
トップマネジメントの承認を経て，予算委員会で決定後，各部門に示達されま
す。

　総合予算の編成プロセスを見てみましょう（**図表7－2**）。売上高予算が，総
合予算編成の出発点になります。予算編成方針の売上目標を指針として，売上
高予算は，営業部門からの積み上げと，製品在庫予算と製造高予算を調整しな
がら決められます。その後，損益予算がPL（損益計算書）項目の上から順に決
められていきます。
　PL項目の予算が決まれば，資金予算を組んでいきます。設備投資計画や投
融資計画が承認されれば，設備投資予算が資金調達予算に，投融資予算が資金
運用予算に組み込まれます。
　こうして，損益予算と資金予算，資本予算から成る総合予算が編成されます。
その後，総合予算に基づき，貸借対照表予算（見積貸借対照表），損益計算書予
算（見積損益計算書），キャッシュフロー計算書予算（見積キャッシュフロー計算
書）が作成されます。

参考文献

○谷武幸（2013）『エッセンシャル管理会計＜第3版＞』中央経済社。
　※本節の解説の多くは本書に依拠しています。

7-2

予算管理の3つの機能

予算管理の3つの機能

●●●●●●●●●●●●●●●●●●●●●●●●●●●●●●●●

■計画
　●部門管理者の責任・構造関係の明確化・公式化。
■調整
　●水平・垂直の部門間調整。
　●企業目的の全部門への伝達。結果としてのコミュニケーション機能も。
■統制
　●事前統制：組織構成員の注意を予算に向けさせ，達成意欲を喚起し，その遂行を動機づけ。
　　➤目標管理（MBO：Management by Objects）による動機づけ
　　➤参加型予算の逆機能：予算スラック，予算ゲーム
　●事中統制：目標としての予算執行状況のモニタリングとコミュニケーション。
　●事後統制：予算差異分析により，予算執行責任者である各部門管理者の業績を評価。

●●●●●●●●●●●●●●●●●
●●●●●●●●●●●●●●●●●

　予算管理には，計画，調整，統制の3つの経営管理機能があります。

　計画機能は，予算管理の最も重要な目的であり，予算編成において，部門管理者の責任・構造関係を明確化・公式化します。

　調整機能は，水平・垂直の部門間調整を指します。予算編成時に，トップマネジメントの方針を各部門に伝達するとともに，各部門からの予算編成案をとりまとめ，必要に応じて，目標値の部門間の調整も行います。このように，企業目的（方針）を全部門へ伝達することを通じて，結果としてのコミュニケーション機能も果たしています。

　統制機能は，主に業績評価目的で活用され，事前統制，事中統制，事後統制の3段階に分けられます。

　事前統制は，組織構成員の注意を予算に向けさせ，達成意欲を喚起し，その遂行を動機づけることを目的としています。つまり，予算編成時にどのように

組織構成員を動機づけるのかが重要になります。

　そのための方策として，予算編成時の意思決定に予算管理責任者や予算実施責任者を参加させる参加型予算があります。予算編成プロセスに参加することで，決定した予算に対してやりがいや責任を感じるともに，水平・垂直のコミュニケーションが高まることも期待されます。また，多くの日本企業では，予算と関連づけて目標管理制度（MBO：Management by Objects）を活用しており，納得感の得られる個人目標を設定することで動機づけが期待されます。

　もちろん，参加型予算も万能ではなく，次のような限界も知られています。例えば，参加の効果に個人差があることや，意見が尊重されない疑似参加であれば逆効果になることもあります。予算が業績評価や報酬と連動している場合に参加型予算を実施すれば，意図的に予算スラック（必要以上の余剰資源）を組み入れようとする予算ゲームが行われる可能性もあります。

　事中統制は，目標としての予算執行状況のモニタリングとコミュニケーションを図ります。事前統制により，適切な予算目標が設定されたとしても，予算策定時からの条件の変化などもあり，確実に予算目標が達成されるとは限りません。そのため，進捗状況を把握し，計画の修正も含め，必要な施策を実施するためのコミュニケーションを図ることが重要となります。

　事後統制は，予算差異分析により，予算執行責任者である各部門管理者の業績を評価します。加えて，予算と実績との差異の原因を究明し，必要な施策を実施することが重要です。

参考文献

○小林啓孝・伊藤嘉博・清水孝・長谷川惠一（2007）『スタンダード管理会計＜第 2 版＞』東洋経済新報社。
○櫻井通晴（2019）『管理会計＜第 7 版＞』同文舘出版。

7－3

予算目標のあるべき水準

予算目標の規範性

●●●●●●●●●●●●●●●●●●●●●●●●●●●●●●●●●●

■同じ「目標」でも標準原価であれば……
　●（理論的には）科学的・統計的調査に基づく技術的合理性
　●（実務的にも）無駄・非効率の排除などの能率向上の観点からの合理性
■予算の場合……
　●利益管理の手段
　●企業全体の利益目標を調和的に達成するための必達目標
■予算差異分析の意味
　●目的
　　➢問題点の発見
　　➢是正措置の実施
　　➢管理者の業績評価
　　➢管理者の動機づけ
　　➢次期の予算編成へのフィードバック
　●予算の有利差異（例：売上予算を上回ったり，費用予算を下回る……）も原因分析が必要。

　予算目標のあるべき水準について考えてみましょう。

　同じ「目標」といっても，標準原価であれば，理論的には科学的・統計的調査に基づく技術的合理性が求められ，実務的にも，ムダ・非効率の排除などの能率向上の観点から実現可能な合理性が求められます。

　一方，予算の場合は，利益管理の手段であり，企業全体の利益目標を部門ごとに調和的に達成するための必達目標となります。予算差異分析の目的は，予算未達の原因を探る問題点の発見と必要な是正措置の実施，管理者の業績評価と動機づけ，次期の予算編成へのフィードバックなどが挙げられます。

　また，売上予算を上回ったり，費用予算を下回ったりするような予算の有利差異の場合にも原因分析が必要です。それは，予算編成の前提条件や予算ス

予算目標はどの程度の水準に設定されるべきか？

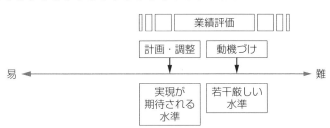

■「業績評価」には，予算目標水準（難易度）との比較が必要。
■予算目的は，今日では基本的には「調整」機能を最重要視。「統制」機能にも期待。
　●かつては「統制」機能が最も重要とされ，予算管理を予算統制と呼んでいたほど。
■ひとつの解決策……
　●計画・調整目的➡年次予算を用いる
　●統制目的（動機づけ，業績評価……）➡月次予算を用いる

ラックなどに問題がなかったのかを検討するためです。

　つまり，予算目標は必達目標であり，結果を判断する予算差異分析の目的は多様なため，目的に応じて予算目標のあるべき水準は異なります。

　業績評価目的には，予算目標水準（難易度）との比較が必要で，一般的には努力すれば達成できる水準に設定されます。評価においては，他者との比較も含め，被評価者が公正に評価されていると考える納得感を高めることが大切です。

　今日では，調整機能が最重要視され，統制機能にも期待する傾向にあります。かつては統制機能が最も重要とされ，予算管理を予算統制と呼んでいました。

　ひとつの解決策としては，計画・調整目的であれば年次予算，統制目的（動機づけ，業績評価など）であれば月次予算を用います。

7 − 4

予算管理の留意点

予算管理の留意点

●●●●●●●●●●●●●●●●●●●●●●●●●●●●●●●

■予算編成ステップ
　●予算管理単位と予算対象項目は適切か？
　　➤事業，顧客，地域，プロジェクト，案件など自社に適合的なマネジメント単位
　　➤売上高や利益だけでなく，ROE（Return on Equity）やROA（Return on Assets）
　　　などの企業目標と部門・個人目標の整合性を図る指標の設定
　●予備費を計上すべきか？
　●各部門への予算伝達は行ったか？
■予算運用ステップ
　●予算は修正されるべきか？
　　➤予算が業務指針として機能する限りは修正しない。
　　➤一方，統制機能のためには必要に応じて修正。
　●予算の流用は認めるべきか？
　　➤費目間流用と期間流用
　　➤予算は業務指針なので，認めるべきではない。

　予算管理の留意点について，よくある質問を取り上げ，予算編成ステップと
予算運用ステップとに分けて説明しましょう。

　まず，予算編成ステップにおける留意点です。
　第1に，予算管理単位と予算対象項目は適切でしょうか。予算管理単位は，
事業，顧客，地域，プロジェクト，案件など，自社の事業構造や経営管理目的
に適合的なマネジメント単位で管理する必要があります。そのために，設定し
た予算管理単位には，必ず，予算管理・実施責任者を置く必要があります。
　また，予算対象項目は，売上高や利益額だけでなく，ROE（Return on Equi-
ty）やROA（Return on Assets）などの指標も含め，企業目標と部門・個人目

標の整合性を図る指標の設定が重要になります。

　第2に，予備費を計上すべきでしょうか。不要な予算スラックの混入や予算ゲーミングを回避したり，予算策定時の前提条件からの状況変化に対応したり，現場裁量権によるモチベーションの向上効果などを考えると，予備費の計上は十分に検討に値する施策です。つまり，予算管理責任者へ一定金額の予算執行権を権限委譲することで，円滑な業務遂行を促す施策と言えます。

　第3に，各部門への予算伝達をきちんと実施しているでしょうか。予算示達は丁寧に行う必要があります。決定した予算に対して，予算管理責任者は合意し，責任を負うことになります。会社の方針，部門への期待，他部門との調整過程などを説明し，予算への納得を得られなければ，目標は絵に描いた餅に終わってしまいます（本章第1節）。

　次に，予算運用ステップにおける留意点です。

　第1に，予算は修正されるべきでしょうか。実際に，期中に何らかの予算修正を実施する企業は少なくありません。予算を計画・調整目的で利用しているのであれば，予算が業務指針として機能する限りは，修正は必要ないかもしれません。一方，業績評価などの統制目的のために利用しているのであれば，評価基準として適切でないと判断されれば，必要に応じて修正も必要になります。

　第2に，予算の流用を認めるべきでしょうか。予算の流用には，費目間流用と期間流用とがあります。予算は業務指針ですので，基本的には流用は認めるべきではありません。ただし実際には，計画を上方修正して，前倒しで事業を進めたい，部門内でやりくりをして，ある経費を削減して別の支出に充てたいといった要望が出てきます。部門に裁量権を与える予備費の設定や，稟議を通じて流用を認めるなどの予算修正手続きをルール化しましょう。ルールなしに流用が常態化すれば，予算目標が形骸化してしまいます。

予算の納得感を高める

●●●●●●●●●●●●●●●●●●●●●●●●●●●

■参加型予算管理（participative budgeting）
　●予算編成プロセスへの参加→納得感のある目標設定
　●予算差異分析の方法（納得感）
　　∵やりがい，受け入れ，コミュニケーション
　【必要条件】真の参加，発言の実現性，やりがいのある職場環境……
■目標整合性（goal congruence）
　●全社的目標（戦略，利益計画）と個人の価値観・目標との一致
　　➤報酬との関連
　　➤目標管理との関連

●●●●●●●●●●●●●●
●●●●●●●●●●●●●●

　また，予算管理が機能するためには，マネジャーや組織メンバーの納得感を高めることも重要です。そのための取り組みとして，参加型予算管理（participative budgeting）や目標整合性（goal congruence）を高める重要性が指摘されてきました。

　まずは，参加型予算管理の取り組みです。予算編成プロセスへの参加を通じて，マネジャーや組織メンバーにとって納得感のある目標設定を可能にすることが期待されます。

　加えて，目標設定だけでなく，評価の際にも納得感の得られる予算差異分析の方法を整備・実施する必要があります。予算設定時と評価時点では前提条件が変化してしまうことはよくあります。予算設定時に，設定の前提条件（為替，販売量など）を定めておき，前提条件以外の影響（天災，競争環境の変動など）についても評価時点で考慮することなど，事前に評価ルールを定めておくことが重要です。そうすることで，やりがいや予算の受け入れ，組織内のコミュニケーションの円滑化が図れます（第5章第6節）。

　他にも，参加型予算管理の必要条件として，形式的に意見収集するだけではない予算編成への真の参加，予算編成時の発言の実現性を高め，やりがいのある職場環境を整備することなどが挙げられます。

　次に，目標整合性を高めることです。目標整合性（目標の一致）とは，全社的目標（戦略，利益計画）と個人の価値観・目標との一致を指します。誤解してはいけないのが，「会社のため」，「仕事だから」ちゃんと働いてくれというのは，目標の一致を図っていることにはなりません。会社の目標と個人の目的とは異なることを前提に，個人の関心・努力の方向性（ベクトル）を会社の目標に合わせるように，様々な工夫を施すことが求められます。

　そのために，予算への納得感を高めることもひとつの方策ですし，職場環境を改善し，人事制度を整備し，報酬制度や目標管理制度などと予算との関連をどのように設計・運用するのかが重要になります。

　つまり，予算以外の経営管理の仕組み全体の整合性を図ることで，高い目標整合性を目指すことができます。また，経営管理の仕組に加えて，経営理念・哲学を組織に浸透させることで，組織の一体感を醸成したり，部分最適ではない全体最適な行動を導いたりすることも知られています。

参考文献

○小林健吾（1996）『体系　予算管理』東京経済情報出版。
○小林啓孝・伊藤嘉博・清水孝・長谷川惠一（2007）『スタンダード管理会計＜第2版＞』東洋経済新報社。
○櫻井通晴（2019）『管理会計＜第7版＞』同文舘出版。

7 − 5

予算管理の課題と対策

予算管理の課題と対策

●●●●●●●●●●●●●●●●●●●●●●●●●●●●●●●●●●●●●●●

【図表 7 − 3 】　予算管理の問題点と解決策

日本企業によく見られる問題点		解決策
予算編成に多大な時間と手間がかかる。	▷	管理項目の絞り込み。 例外管理の原則。
会社単位で予算管理が行われる。	▷	連結ベースの予算管理の実施。
予算と企業・事業戦略とが整合していない。	▷	戦略・方針と予算とのリンク， Balanced Scorecardなどの活用。
予算と経営計画やその他の管理会計制度とが整合していない。	▷	予算制度への過度な統合の断念。
予算が変革を阻害したり，無理にトップダウンで進めたりすると現場の混乱を招く。	▷	ある程度大きな組織単位で管理し，権限委譲。
予算に根拠の乏しい努力目標を織り込み，モチベーションが下がる。	▷	予算達成度ではなく，実績重視へ。
予算が挑戦的風土を損なう。	▷	前年・前月比，単位当り費用などを基準に評価。
予算が決定すると既得権が生じ，予算が硬直化する。	▷	四半期単位での予算の見直し。

　予算管理は，ほぼすべての大企業で利用され，企業の経営管理には不可欠と考えられてきましたが，古くから多くの課題も指摘されています。

　そうした課題に対して，近年の取り組みも含めて，対策も講じられていますので，いくつか紹介しましょう（**図表 7 − 3** ）。

【予算編成に多大な時間と手間がかかる】

　費用対効果の観点から，予算編成に膨大な時間と手間をかけることに疑問が投げかけられてきました。

　対策としては，いま一度，予算の目的に照らし，調整・計画目的重視であれば予算編成の負担を減らし，業績評価目的のための管理項目を絞り込む必要があるかもしれません。マネジャーの目標は，例外管理の原則（日常業務管理は権限委譲して部下に任せ，戦略的・非定型の意思決定に注力すべきとする原則）からも，日常的なものよりも戦略的なものに絞ることを検討してもよいかもしれません。

【会社単位で予算管理が行われる】

　予算管理は会社単位で実施されるため，企業グループ全体としての設計・運用ができていないことが多いです。

　対策としては，親会社単体ではなくグループ全体の連結管理の重要性は増大していますので，グループ全体での利益管理・業績管理を機能させるためには，連結ベースの予算管理を実行する必要があります（本章第8節）。

【予算と企業・事業戦略とが整合していない】

　企業・事業戦略が明確でない場合や積み上げ型の予算編成の場合，必ずしも予算と企業・事業戦略とが整合していないことがあります。

　対策としては，経営方針から予算管理のPDCA（Plan-Do-Check-Action）マネジメントへと繋がる一貫性を高めるため，BSC（Balanced Scorecard）などの活用も検討して，整合性を確保する必要があります（第6章）。

【予算と経営計画やその他の管理会計制度とが整合していない】

　中長期経営計画と単年度の予算目標の不一致や，予算制度と人事制度や報酬制度などとが必ずしも統合的に設計・運用されていないことも多いです。

　経営管理システム全体の統合を目指すのが正道のように思えますが，現実的

な対策としては，予算制度への行きすぎた統合は断念し，予算活用の目的を明確化し，業績評価制度と人事・報酬との関係性は明確にしながら，制度設計・運用を目指す道もあります。

【予算が変革を阻害したり，無理にトップダウンで進めたりすると現場の混乱を招く】

　予算策定と実施とのタイムラグや予算に基づく行動制約から，迅速な組織行動を阻害したり，企業目標をトップダウンで落とし込むと，現場にとっては達成不能と思われる目標が設定されたりすることがあります。

　予算が制約となり，現場での臨機応変な判断・行動を阻害しないように，対策としては，予算を過度に細分化するのではなく，ある程度，大きな組織単位で予算管理をし，現場のマネジャーへの権限委譲を進めるとよいでしょう。達成困難と思われる目標設定については，次の項目で説明します。

【予算に根拠の乏しい努力目標を織り込み，モチベーションが下がる】

　対策としては，努力目標を織り込みたいのであれば，予算策定時にその部分がチャレンジ目標であることを明示するようにしましょう。また，評価時点においては，必ずしも予算目標に縛られず（統制目的は緩め），現実に即した行動を許容し，目標に対する達成度ではなく，前年度との比較や競争環境を踏まえた実績重視で評価するようにしましょう（第5章第6節）。

【予算が挑戦的風土を損なう】

　予算目標が設定されることで，それ以上の成果を上げようとしない制約として働くことも指摘されます。予算目標を容易に達成してしまえば，次期にはより厳しい目標が設定されるおそれもありますし，今期に十分な成果を上げ，それ以上の部分を次期に持ち越せるならば，そのほうが次期の目標達成が容易になると考えるためです。

　対策としては，予算目標だけでなく，前年・前月比や単位当り費用など，よ

り公正に評価できる他の基準も合わせて評価するようにしましょう。

【予算が決定すると既得権が生じ，予算が硬直化する】

　予算が決定すると，数字だけが一人歩きをし始め，融通が利かなくなります。
　対策としては，これまでに指摘した柔軟な運用に加えて，四半期単位での予算の見直しや必要に応じた修正予算の策定など，期間を短くする工夫も必要でしょう。

参考文献

○小林啓孝・伊藤嘉博・清水孝・長谷川惠一（2007）『スタンダード管理会計＜第 2版＞』東洋経済新報社。

○櫻井通晴（2019）『管理会計＜第 7 版＞』同文舘出版。

○Hope, J. and R. Fraser（2003）*Beyond Budgeting : How Managers Can Break Free from the Annual Performance Trap*, Harvard Business School Press, Boston, MA.（清水孝監訳（2005）『脱予算経営』生産性出版）

7-6

予算管理の新潮流(1)ABB

(1)　活動基準予算（Activity-Based Budgeting）

■ABC（Activity-Based Costing）情報を利用した活動基準の予算管理
　●伝統的予算管理では，部門別・費目別に予算編成
　●ABBでは活動ごとに予算編成
■活動ごとの予算差異分析が可能
　●活動ごとの効率性を評価可能
　●活動ごとの分析を行うため，継続的なプロセス改善活動に有益
■ABC→ABM（Activity-Based Management）→ABB　と発展

　予算管理の新潮流のひとつめとして，活動基準予算（ABB：Activity-Based Budgeting）を紹介しましょう。

　伝統的予算管理では，部門別・費目別に予算編成しますが，ABBでは「活動（アクティビティ：activity）」ごとに予算編成します。そのため，活動ごとの予算差異分析が可能になります。ABBは，活動ごとの効率性の評価や分析を行うため，継続的なプロセス改善活動に有益です。

　活動基準のマネジメント手法は，ABC（Activity-Based Costing：活動基準原価計算）からABM（Activity-Based Management：活動基準原価管理），その後，ABBへと発展してきました。そこで，ABCから順に説明していきましょう。

（1）ABC

（1-1）ABCの登場背景

ABCは，1980年代に，製造間接費の製品への配賦計算の精緻化を目的に開

発された原価計算手法の中では新しい手法です。

　伝統的原価計算が前提とする従来の製造環境では，製造間接費は製造原価の
ごく一部に過ぎなかったため，直接作業時間などの配賦基準を用いて製造間接
費を製品別に配賦しても，製品原価を大きく歪めることはありませんでした。

　ところが，1970年代以降に進んだ工場の機械化，コンピュータ化に伴い，製
造原価に占める直接労務費の割合が減り，製造間接費の割合が増えてきており，
直接労務費などの操業度を基準として製造間接費を製品に配賦すると，製品原
価を歪めてしまうことは明らかです。

　そこで，より正確な製品原価を計算するために，間接費を発生させる「活動」
に注目して，サポート活動の原価をコスト・ドライバー（cost drivers）に基づ
き原価対象に負担させることで，間接費の直接費化を意図した原価計算手法と
して，ABCは登場しました。

（1－2）ABCの特徴と基礎的な概念

　ABCは，製品やサービスなどの原価計算対象が活動を消費し，さらには活
動が経営資源を消費するという関係を基礎としています。

　ABCでは，製造間接費を部門別に配賦するのではなく，活動別に集計します。
例えば，経理部門では，伝票の整理，財務諸表の作成，予算の編成，社内会議
などの活動を，一例として挙げることができます。

　コスト・プール（cost pools）は，製造間接費を製品やサービス別に配賦する
前にいったん集計する対象で，ABCでは活動がコスト・プールになります。

　コスト・ドライバーとは，原価を発生・変化させる原因もしくはコストを原
価計算対象に割り当てる測定尺度です。ABCでは，資源ドライバー（resource
drivers）と活動ドライバー（activity drivers, activity cost drivers）の２つのコス
ト・ドライバーを認識しています。資源ドライバーは，製造間接費を活動に割
り当てる測定尺度であり，活動ドライバーは，製品やサービスなどの原価計算
対象に活動を割り当てる測定尺度として利用されます。

　コスト・ドライバーの一例を挙げてみました（**図表７－４**）。例えば，機械の

ABC（Activity-Based Costing：活動基準原価計算）

●●●●●●●●●●●●●●●●●●●●●●●●●●●●●●●●●●●●●●●

【図表7-4】　コスト・ドライバーの例

経営資源	資源ドライバー	アクティビティ	活動ドライバー	原価計算対象
保全係賃金	作業時間	保全活動	機械稼働時間	各種部品
PC費用	端末台数	生産管理活動	使用時間	各種製品
梱包資材費	（直課）	梱包活動	製品個数	各種製品

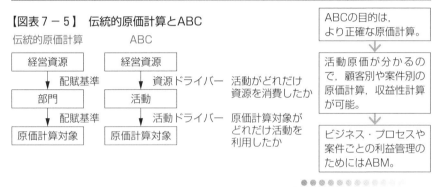

【図表7-5】　伝統的原価計算とABC

保守・保全を担当する保全係の賃金（経営資源）は，作業時間（資源ドライバー）に応じて，各種の保全活動（活動）ごとに集計され，各種製品（原価計算対象）の生産に使用される機械の稼働時間（活動ドライバー）に応じて，各製品の原価として配分されます。

（1-3）ABCの計算構造

　伝統的原価計算では，製造間接費の費目別計算の後，部門個別費を各部門へ直課し，部門共通費を適当な配賦基準により補助部門と製造部門に配賦し，補助部門費を製造部門に配賦します（部門別計算）。その後，製造部門に集計された製造間接費は，直接作業時間などの配賦基準を用いて，各製品に配賦します（製品別計算）。

　一方，ABCでは，製造原価を製造直接費と製造間接費に分類するまでは，

伝統的原価計算と同じですが，その後からが異なります。ABCでは，製造間接費を部門ごとに集計するのではなく，活動ごとに集計します。その後，活動ごとに集計した製造間接費を，活動ドライバーに基づいて製品に配分します（**図表 7 − 5**）。

このように，伝統的原価計算が主として操業度を基準として配賦計算をするのに対して，ABCは活動に注目することで，より適正な製品原価計算ならびに資源配分を意図しています。

また，原価計算手続き上の違いとして，できる限り直課を目指すABCでは，伝統的原価計算で行っていた補助部門費の製造部門への配賦ないし振替という手続きが不要になります。

（2）ABM

（2−1）ABCからABMへの発展

1980年代後半には，ABCでは，活動が経営資源を消費することで原価が発生すると考えることから，米国のいくつかの企業において，単なる原価計算手法としての利用に留まらず，原価管理手法としての利用を試みる事例が登場してきました。

それがABMです。ABMは，ABC情報を活用することで，顧客価値を生み出し，企業の利益を改善するための手法です。

ABMは，ABC情報を活用し，業務プロセスの改善を通じて，経営効率を向上させることに主眼を置いています。そのため，ABCでは，コスト・プールとして活動に焦点を当てていたのに対して，ABMでは，業務プロセス改善の対象として，活動を認識しています。

（2−2）ABMの実践

ABMによる継続的改善プロセスは，対象を選択した後，①　活動分析（activity analysis），②　コスト・ドライバー分析（cost driver analysis），③　業績分析（performance analysis）の 3 段階の分析を通じて，顧客価値を生み出し，

ABM（Activity-Based Management：活動基準(原価)管理）

●●●●●●●●●●●●●●●●●●●●●●●●●●●●●●●●●

> ABC情報を活用することで，顧客価値を生み出し，企業の利益を改善するための手法

① 活動分析
- 付加価値活動と非付加価値活動の区分
  - ➤ABMにおける付加価値は，「純生産高」ではなく，企業内外の顧客にとっての価値の付加。
  - ➤付加価値活動：実践的には「製品・サービスの形状・品質・機能などの変化」をもたらす活動
  - ➤非付加価値活動：苦情処理活動や部内会議など。
- 活動原価の測定
  - ➤活動ドライバー当りの活動原価を計算。
- 改善対象の活動の絞り込み
  - ➤主要な活動（活動原価の大きい活動）に絞り込み。
② コスト・ドライバー分析
- 検討対象の活動に関して，プロセスに関わる部門横断的プロジェクト・チームを組織。
- 無駄な活動の原因調査。
- 無駄な活動の原因の排除や活動の効率化案の検討・実施。
③ 業績分析
- 目標値の設定
- 活動ドライバーと活動原価低減が対象。

利益改善を目指します。

① 活動分析

　改善対象となる業務プロセスに，どのような活動があり，どれだけの人が関わっているのかを分析するのが，活動分析です。ABCをすでに実施していれば，同じ活動を分析対象としてもよいですし，ABCを実施していなくても，業務改善のためにABMだけを実施することも可能です。

　重要な点は，付加価値活動と非付加価値活動とを識別することです。ABMにおける付加価値とは，企業内外の顧客にとっての価値の付加を意味します。すなわち，付加価値活動とは，生産的で，顧客に価値をもたらす活動を指し，一方の非付加価値活動とは，ムダな活動を指します。例えば，手待時間や部署内での報告会議のための準備作業時間は，非付加価値活動に要している時間と言えます。非付加価値活動は排除する方向で検討を進め，付

加価値活動であっても効率化を図っていきます。その際，活動ドライバー当りの活動原価を測定し，改善対象の活動の絞り込みに活用します。

②　コスト・ドライバー分析

非付加価値活動や非効率な活動を識別（活動分析）した後，その原因を識別するのが，コスト・ドライバー分析です。原因を識別したら，しっかりと対策を講じることが重要です。

①の例で，手待時間がなぜ発生しているのかを探ると，受注型の多品種少量生産において，納期にかかわらず受注順に生産していたため，段取回数が多くなり，生産ラインの手待時間が長くなっていることが分かったとします。そうであれば，受注順に生産指示を出すのではなく，納期・加工の類似性を考慮して生産計画を立てることで，手待時間が短くなるはずです。

コスト・ドライバー分析の実践には，部門横断的プロジェクト・チームを組織し，ムダな活動の原因を調査し，その原因の排除や活動の効率化案を検討・実施します。

③　業績分析

業務プロセスの改善のためには，活動の業績（パフォーマンス）を測定する業績分析も必要です。ただし，実際に活動そのものの業績を測定することは難しいことも多く，その場合には，活動原価やコスト・ドライバーに関する測定可能な数値で代替するのがよいでしょう。

継続的改善活動のためには，目標値を掲げて，活動パフォーマンスの実績値との比較・分析を定期的に実施することも重要です。

（3）ABB

（3－1）ABBの意義と目的

ABBは，ABC情報を利用した活動基準の予算管理です。伝統的予算管理では，部門別に予算が編成されるのに対して，ABBでは活動ごとに予算を編成します。

ABBにより，活動ごとの予算と実績との差異分析が可能になることで，活動ごとの効率性を評価できます。伝統的予算管理では，前年度の実績ベースで

ABB（Activity-Based Management：活動基準予算）

購買部門のマネジャーが10%の原価低減を指示された場合

■伝統的予算
　●管理可能費の削減
■ABB
　●ABMの実践
　　✓ムダな活動の排除
　　✓必要な活動の効率化
　　✓例えば……
　　　・発注活動のコスト・ドライバーが発注回数であれば，製造部門との連携を図り，生産計画に支障のない範囲で発注回数を減らす。
　　　・支払活動について，実際の支払業務を担当する経理部門と連携を図り，伝票や社内書類の効率化などの余地を探る。

【図表7－6】　伝統的予算とABB

伝統的予算		ABB	
勘　定　科　目		活　　　　動	
給　　　　料	54,000	発　注　起　案	20,500
福　利　厚　生　費	500	引　き　合　い	8,620
消　耗　品　費	180	発　　　　注	18,600
旅　　　　費	320	受　　　　入	11,350
通　　信　　費	800	支　　　　払	8,230
減　価　償　却　費	14,850	新規購買先調査	3,350
合　　　　計	70,650		70,650

●伝統的な責任会計制度では，部門横断的活動の業績評価は困難。
●ABBの有用性向上には，部門横断的なプロセス単位の責任会計（業績評価）の仕組みが必要。

予算が組まれることも多い一方，ABBでは，活動ごとに予算編成と業績評価ができるため，関係者の合意が得られやすい予算管理が可能となります。

また，従来の部門ごとの予算管理では，個々の活動の必要性や効率性を吟味する仕組みにはなっていませんでした。一方，ABBでは活動ごとの分析を行うため，継続的なプロセス改善活動に有益な情報提供ができ，利益・原価（費用）管理に役立つことが期待されます。

さらに，ABBの有用性を高めるためには，部門横断的なプロセスごとの業績評価の仕組みを構築する必要があります。伝統的な責任会計制度（第4章第1節）では，一般に，部門ごとにコスト・センターやプロフィット・センターを設定し，業績評価を行ってきました。しかしながら，このやり方では部門横断的な活動の業績評価は困難です。そのため，ABBの貢献可能性が高いと考

えられる価値連鎖プロセスにおける部門間の相互依存性の高い組織では，部門単位ではなく，プロセス単位の責任会計の仕組みづくりが必要となります。

（3-2）ABBと伝統的予算管理

ABBと伝統的予算管理との比較を例示しました（**図表 7 - 6**）。伝統的予算管理では，総勘定元帳の費目ごとに予算編成するのに対して，ABBでは，活動ごとに予算編成します。この例では，部門横断的な活動が存在しない単純な状況を設定しています。

伝統的予算では，購買部門のマネジャーが10％の原価低減を指示された場合，管理可能な消耗品費，旅費，通信費を削減するという方向にいきがちです。ただし，これらの費用を合算しても，とても10％のコスト削減目標には到達せず，給料の一律削減などの施策を受け入れざるを得ない状況に陥ることもあります。

一方，ABBでは，発注の起案，引き合い，発注，発注品の受入，購入品の代金支払，新規購買先の調査などの活動ごとに予算が編成されています。そのため，ABMを実践することで，ムダな活動を排除し，必要な活動であっても効率化を図るといったコスト削減のためのターゲットを特定しやすくなります。例えば，発注活動のコスト・ドライバーが発注回数である場合，製造部門との連携を図ることで，生産計画に支障のない範囲で発注回数を減らしコストを削減できます。加えて，支払活動についても，経理部門と連携を図ることで，コスト削減の余地が生まれてきます。

参考文献

○櫻井通晴（1998）『新版　間接費の管理：ABC/ABMによる効果性重視の経営』中央経済社。※ABMの説明の多くは，本書に依拠しています。
○櫻井通晴（2019）『管理会計＜第 7 版＞』同文舘出版。

7－7

予算管理の新潮流⑵脱予算経営【事例研究】

Beyond Budgeting（脱予算経営）
●●●●●●●●●●●●●●●●●●●●●●●●●●

■1997年：CAM-I（大企業のマネジメント手法を研究する国際研究機関）がBBRT（Beyond Budgeting Round Table）を設立。1998年以降，33社のグローバル企業が参加し，Hope and Fraser（2003）を集大成として発表。
■最前線にいるマネジャーの意思決定に必要なマネジメント・モデルの構築。
■変化適応型の分権化組織を前提に，次のような管理手法を総合的に駆使。
- 　●四半期単位のローリング予測
- 　●相対的業績目標の設定
- 　●BSC（Balanced Scorecard）
- 　●活動基準原価計算
- 　●その他
-   　✓投資権限の委譲（エンパワメント）
-   　✓CRM（Customer Relationship Management）
-   　✓ベンチマーキング
-   　✓株主価値モデル
-   　✓EIP（Enterprise-wide Information Portal）
■京セラの事例（日経ビジネス，2009）
■NECの事例（清水，2009）
- 　●ビジネスユニット独自の予算目標による月次管理
- 　●財務指標と利益ドライバーに焦点

【図表7－7】　BSCと予算の併用

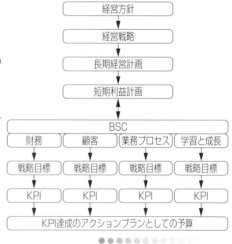

予算管理の新潮流のふたつめとして，脱予算経営（Beyond Budgeting）を紹介しましょう。

1997年，CAM-I（大企業のマネジメント手法を研究する国際研究機関）がBBRT（Beyond Budgeting Round Table）を設立しました。1998年以降，BBRTには，33社のグローバル企業が参加し，研究成果の集大成として，Hope and

Fraser（2003）を発表しました。Hope and Fraser（2003）では，最前線にいるマネジャーの意思決定に必要なマネジメント・モデルの構築を目指し，変化適応型の分権化組織を前提に，次のような管理手法を総合的に駆使することで，予算がなくても財務業績を向上させることができると主張しています。

　その後の研究の進展からは，予算の廃止ではなく，予算の抱える問題を克服し，予算とその他の管理手法を併用する方向に議論が進んでいますが，ここでは，Hope and Fraser（2003）で紹介された予算を代替すると考えられた管理手法を紹介しましょう。

　まずは，四半期単位のローリング予測です。業績目標を四半期ごとに見直すことで，1年間固定の予算目標に対してより柔軟な目標設定を意図しています。

　次に，相対的業績目標の設定です。固定的な予算目標（例：売上高○○億円）に対して，国内業界シェア1位などの相対的な非財務目標を設定します。予算目標とは違い，目標を不当に低く設定したり競争環境の変化を言い訳にしたりすることはできませんので，業績目標として有用です（第5章第6節）。

　続いて，BSC（Balanced Scorecard）（第6章）です。BSCは長期的な戦略をマネジメントするのに対して，予算は短期的な戦術をマネジメントする（Kaplan and Norton, 2001）ため，BSCによって予算を代替するのではなく，戦略マネジメント・システムとしてのBSCを，戦略と予算の間に用いることで，両者の連携が図れると言われています（小林他，2007）。

　BSCと予算を併用するイメージを**図表7－7**に示しました。経営方針に基づき経営戦略が練られて，中長期経営計画が立案されます。その流れで，単年度の短期利益計画まで立案され，それと整合性を取る形でBSC以下の流れが策定されていく方法と，長期的な視点を持つBSCの特徴から短期利益計画を立案せずに中長期経営計画から連動する方法がありそうです。

　BSCでは，財務，顧客，業務プロセス，学習と成長の4つの視点から，戦略目標を立て，戦略目標を達成するために重視すべき指標としてKPI（Key Performance Indicator：重要業績評価指標）を設定します。このKPI達成のためのアクションプラン（実施計画）として予算を位置づけるというものです。

　活動基準原価計算（本章第6節）については，すでに説明しました。

　その他にも，投資権限の委譲（エンパワメント），CRM（Customer Relation-ship Management：顧客との良好な関係を構築し，顧客満足度や顧客ロイヤリティを向上させるために，顧客に影響を与える部門の業務を，ITも活用して連携を高める経営手法），ベンチマーキング（他社・自社を問わず，会社・部門単位での類似業務の中からベストのやり方を自社・自部門に合った形で導入しようとする活動），株主価値モデル（EVA®など），EIP（Enterprise-wide Information Portal：企業情報ポータル：企業内のデータベースを横断的に検索するシステム）の活用などが紹介されています。

　日本企業では，BBRTが提唱するような脱予算経営を実践している企業はありませんが，2つのユニークな取り組みを紹介しておきましょう。

　ひとつめは，京セラ㈱の予算を策定しない取り組みです。京セラでは，予算を策定せずに，代わりに「マスタープラン」を作成しています。毎年，3年分の業績目標を立て，そのうちの初年度の業績目標を達成するための収益計画としてマスタープランを作成します。マスタープランでは，年間の業績目標から月次の売上，経費，利益の目標値を設定します。月次目標値は，半期ごとに見直すローリング予測を実施しています。

　マスタープランと通常の予算との違いとして，経費が膨張するのを防ぐために，マスタープランに記載された経費の大半は，稟議で認められなければ使えないルールになっています。

　京セラの取り組みを理解するためには，アメーバ経営についても知る必要がありますので，詳しくは第4章をご参照ください。

　ふたつめは，日本電気㈱（NEC）です。NECは，3年間の中期計画を策定し，年間予算は中期計画を達成するための初年度実行計画という位置づけになっています。NECの予算管理の第1の特徴として，2006年度より，全社指標のみ示達され，ビジネスユニットごとの予算指標の示達は廃止され，各ビジネスユニットが中期計画に基づく予算目標を自ら設定しています。

　第 2 の特徴として，事後管理から事前管理への転換を目指しており，月次開催の事業執行会議で主要指標一覧（売上高，利益，キャッシュフローおよび棚卸資産），ビジネスユニットの主要セグメント別損益，利益ドライバーの月次実績だけでなく，翌月以降の業績予測値が示されます。また，上半期終了時に，下半期の業績予想である「中間見通し」を立てます。年間予算の修正という位置づけではなく，下期の事業執行会議では，年間予算に加えて中間見通しとの対比も報告されます。こうした取り組みを通じて，予算目標値と予測値の間にギャップが生じれば，早急に対応できるようになります。

　さらには，NECの業績評価システムは，賞与とは結びつけられていないことも特徴と言えます。予算目標の達成度を評価して賞与と関連づけることは問題が多いと判断し，チャレンジする姿勢を評価することで，収益性や成長性に対する意識を高めることを目的として，2006年度に「チャレンジ度評価」制度を新設しています。予算目標の評価と実績の評価とを分け，売上高や利益などについて，予算目標の評価は，予算の前年同期実績比でどれだけ高い値を設定したかを評価し，実績の評価は，予算達成度を評価します。ただし，実際には賞与への反映度はそれほど大きくはないようです。

参考文献

○小林啓孝・伊藤嘉博・清水孝・長谷川惠一（2007）『スタンダード管理会計＜第 2 版＞』東洋経済新報社。
○清水孝（2009）「脱予算経営における経営改革の方法」『早稲田商学』第418・419合併号，33-57頁。※NECの事例は，本論文に依拠しています。
○日経ビジネス（2009）「旬のキーワード：脱予算モデル」『日経ビジネス』 6 月22日号，80-83頁。※京セラの事例は，本記事に依拠しています。
○Hope, J. and R. Fraser（2003）*Beyond Budgeting : How Managers Can Break Free from the Annual Performance Trap*, Harvard Business School Press, Boston, MA.（清水孝監訳（2005）『脱予算経営』生産性出版）
○Kaplan, R. S. and Norton, D. P.（2001）*The Strategy-Focused Organization*, Harvard Business School Press, Boston, MA.（櫻井通晴監訳（2001）『戦略バランスト・スコアカード』東洋経済新報社）

7-8

まとめ：予算管理の新潮流

まとめ：予算管理の新潮流

●●●●●●●●●●●●●●●●●●●●●●●●●●●●●●●●●●●

- ■予算管理の今日の論点
  - ●予算管理には3つの機能が知られている。
  - ●予算管理が機能するためにはいくつかの条件（責任会計，予算目標水準，留意点など）がある。
  - ●予算管理の課題には多様な対策も提案されている。
- ■予算管理の新潮流
  - (1) 活動基準予算（Activity-Based Budgeting）
  - (2) Beyond Budgeting（脱予算経営）
  - (3) その他
    - ●連結予算管理
    - ●プロジェクト予算管理
    - ●ゼロベース予算（Zero-Base Budgeting）

　本章のまとめとして，予算管理の今日の論点を整理した後，予算管理の新潮流について，追加情報を提供しておきましょう。

　予算管理の今日の論点について，まずは，予算管理には計画・調整・統制の3つの機能があり，今日では，調整機能が最重要視され，統制機能にも期待する傾向にあることを説明しました（第2節）。

　次に，予算管理が機能するためにはいくつかの条件（責任会計，予算目標水準，留意点など）があることも説明しました（第3節〜第5節）。責任会計については，第4章第1節をご参照ください。

　続いて，多くの課題も指摘される予算管理ですが，多様な対策も提案されていました。そうした中，予算管理の新潮流として，活動基準予算（Activity-Based Budgeting）（第6節）とBeyond Budgeting（脱予算経営）（第7節）を紹介

しました。

　最後に，本章で紹介しきれなかった予算管理の新潮流として，簡単に3つ紹介しておきましょう。

　第1は，連結予算管理です。親会社だけではなく，国内外の子会社や関連会社を含めたグループ全体を連結した予算管理です。連結予算管理の基本的な手続きは，親会社単独の予算管理と同様ですし，連結決算同様にグループ会社予算を合算し連結消去すれば，連結予算はできあがります。連結予算管理は，連結グループ内の取引や未実現利益が多い場合には，より重要になってきます。

　しかし実際には，親会社単独の予算編成ほどにグループ会社の予算編成に十分なマンパワーをかけられなかったり，連結予算と連結決算とでは担当部署が異なったりと，連結予算管理による効果的なPDCAマネジメントのためには，ERP（Enterprise Resource Planning）システムの統合などを含め，多くの日本企業が道半ばと言えそうです。

　第2は，プロジェクト予算管理です。事業や部・課単位ではなく，プロジェクトごとの予算管理です。建設，造船，自動車などの大型プロジェクトを扱う業種でなければ，プロジェクトごとの損益管理をきちんとできている会社は多くはありません。それでも，利益管理の最小単位であるプロジェクトごとの予算管理の取り組みは，多くの企業にとって挑戦すべき課題であると考えます。

　第3は，ゼロベース予算（Zero-Base Budgeting）です。過去の予算実績にとらわれずに，事業計画に基づき，毎年，ゼロベースで予算を策定する手法です。下位のマネジャーから，パッケージの目的，実施方法，原価，成果などを記したデシジョン・パッケージ（decision package）を上位マネジャーに提案し，上位マネジャーはパッケージに優先順位をつけ，予算を編成していきます。実際には，全くのゼロベースではなく，現行の7割から8割程度は基準パッケージとして採用されることが多いですが，それでも，業務の見直しのためには有望な取り組みと言えるでしょう。

第 8 章

投資予算マネジメントの最新動向

8－1

投資評価手法の利用【実態調査】

投資評価手法の利用実態：日米比較

●●●●●●●●●●●●●●●●●●●●●●●●●●●●●●●●●

【図表8－1】　投資評価技法の利用実態の日米比較

	北尾（2013）	篠田（2010）	Graham and Harvey（2001）
回収期間法（PP）	83.2	77.8	56.7
割引回収期間法（DPP）	66.1	47.5	—
投資利益率法（ROI）	71.9	59.3	20.3
内部利益率法（IRR）	49.1	46.8	75.6
正味現在価値法（NPV）	64.1	66.4	75.0
モンテカルロDCF法	9.0	8.6	13.7
リアル・オプション（RO）	9.0	6.8	26.6
	2011年1月東証一部（有効回答172社）	2008年10月から2009年1月東証（回答225社）	1999年2月Financial Executive Institute会員企業（回答392社）

（注）　ここでのリアル・オプションはブラック＝ショールズ・モデルや二項モデルにより評価する狭義のもの。

■日本では，（複数技法併用の中でも）回収期間法が多用される。
■日本でも，時間価値を考慮する手法の利用率が向上。
　10年前ではIRRは5割，NPVは5割以下。
■米国では，DCF法が主流で，リアル・オプションも4社中1社の割合で利用。

●●●●●●●●●●●●
●●●●●●●●●●●●

　投資予算の経済性評価手法（投資評価手法）の活用状況について，伝統的手法から最新手法まで企業の利用実態を知ることから始めましょう（**図表8－1**）。

　日本企業を対象にした北尾（2013）と篠田（2010）の調査によると，まず，

日本企業では回収期間法が最も多用されています（北尾（2013），篠田（2010）の順に，83.2％と77.8％（複数回答可）。後述する山本（1998）の調査も含め，利用率は，利用頻度にかかわらず，「いいえ」，「稀に」，「しばしば」，「大抵」，「常に」の5つの選択肢のうち「いいえ」以外を合算）。

　回収期間法とは，投資額を回収するのに必要な年数（回収期間）を計算し，回収期間が短い案件を経済的に有利な案件と判断する手法です。

　次に，内部利益率法や正味現在価値法といった時間価値を考慮するDCF法（Discount Cash Flow method）の利用率が，日本企業でも向上しています。表記はしませんでしたが，1996年に東証一部上場企業製造業718社（有効回答数・率：201社・28.0％）を対象とした山本（1998）の調査結果からは，内部利益率法の利用率は53.0％，正味現在価値法の利用率は46.0％でした。つまり，内部利益率法は50％前後の利用率が続いており，10年から15年の間に，正味現在価値法の利用率が向上していることが分かります。

　内部利益率法とは，投資によって得られるであろう将来のキャッシュフローの現在価値が，投資額と等しくなる割引率（内部利益率）を計算し，内部利益率の大きな案件を経済的に有利な案件と判断する手法です。

　正味現在価値法は，投資によって得られるであろう将来のキャッシュフローの現在価値から投資額を差し引くことで正味現在価値を計算し，正の値であれば投資を実施すると判断する手法です。

　さらには，将来起こりうる事象を確率分布として定義し，DCF法にシミュレーションを適用するモンテカルロDCF法や，金融におけるオプション・プライシング理論を応用し，環境不確実性下の意思決定問題における柔軟性をオプションとしてとらえて評価するリアル・オプション（ブラック＝ショールズ・モデルや二項モデル）の利用も確認されています。

　一方，米国では，DCF法が主流で，リアル・オプションも4社中1社の割合で利用されています（Graham and Harvey, 2001）。

■回収期間法（PP：Payback Period method）
●投資額を回収するのに必要な年数（回収期間）を求め，回収期間が短い案件を経済的に有利な案件と判断する
■割引回収期間法（DPP：Discounted Payback Period method）
●(想定する回収期間に限定されるものの) 時間価値に配慮する回収期間法
■投資利益率法（ROI：Return On Investment method）
●投資額に対するリターン（利益額）の割合を求め，経済性を評価する
■内部利益率法（IRR：Internal Rate-of-Return method）
●投資によって得られるであろう将来のキャッシュフローの現在価値が，投資額と等しくなる割引率（内部利益率）を求め，内部利益率の大きな案件を経済的に有利な案件と判断する
■正味現在価値法（NPV：Net Present Value method）
●投資によって得られるであろう将来のキャッシュフローの現在価値から投資額を差し引くことで正味現在価値を求め，正の値であれば投資を実施すると判断する
■モンテカルロDCF法（MCDCF：Monte Carlo Discount Cash Flow method）
●将来起こりうる事象を確率分布として定義し，数万から数百万回のシミュレーションを実施し，DCF法を使って投資によって得られるであろう将来のオプション価値（キャッシュフローの分布）を推計する
■リアル・オプション（RO：Real Options）
●金融工学のオプション・プライシング理論を事業・プロジェクト評価に応用し，環境不確実性下の意思決定問題における柔軟性をオプションとしてとらえ評価する

　各手法の簡単な定義については，スライドをご覧ください。

　米国を代表する管理会計の教科書であるHorngren *et al.*（2006）における国際比較（**図表8－2**）では，米国，オーストラリア，カナダ，ポーランド，スコットランドと英国は，複数手法を併用する傾向が強く（複数回答の手法利用率を合計すると約150%から300%の範囲），DCF法（内部利益率法と正味現在価値法）を重用する一方，キプロスと日本では単一の手法を利用する傾向（複数回答の手法利用率を合計すると約100%）にあると紹介しています。

　また，回収期間法はすべての国で支持され，特に日本では主要な手法に位置づけられ，内部利益率法はカナダと英国に加え，表記していないシンガポールとタイでも最も利用される手法であると紹介しています。

　最後に，投資利益率法は，日本を除くすべての国でDCF法を下回る利用率であるのに対し，日本ではその利用状況が逆転していると紹介しています。

投資評価技法の利用実態：国際比較

●●●●●●●●●●●●●●●●●●●●●●●●●●●●●●●●●●●●●●

【図表 8 － 2 】　投資評価技法の利用実態の国際比較

	米	豪	カナダ	キプロス	日本	ポーランド	スコットランド	英
回収期間法（PP）	35	61	50	37	52	40	78	70
内部利益率法（IRR）	45	37	62	9	4	25	58	81
正味現在価値法（NPV）	50	45	41	11	6	30	48	80
投資利益率法（ROI）	5	24	17	4	36	－	31	56
その他	8	7	8	49	5	50	－	31

<出所>　Horngren *et al.* (2006)。

【米国を代表する教科書（Horngren *et al.*, 2006）では以下のように紹介】
■日本とキプロス（単一手法を利用する傾向）以外は，複数技法を併用し，DCF法（IRRとNPV）を重用
■回収期間法はすべての国で支持され，特に日本では主要な手法に位置づけ
■内部利益率法はカナダと英国に加え，表記していないシンガポールとタイでも最も利用
■投資利益率法は日本を除くすべての国でDCF法を下回る利用率であるのに対し，日本ではその利用状況が逆転

●●●●●●●●●●●●●●●
●●●●●●●●●●●●●●●

参考文献

○北尾信夫（2013）「わが国企業の投資意思決定におけるステークホルダーの影響」『原価計算研究』第37巻第 2 号，46-54頁。

○篠田朝也（2010）「わが国企業の投資経済性評価の多様性と柔軟性」『原価計算研究』第34巻第 2 号，90-102頁。

○山本昌弘，（1998）『戦略的投資意思決定の経営学』文眞堂。

○吉田栄介・岩澤佳太（2018）「日本企業の管理会計利用実態：近年10年の利用実態調査研究の文献サーベイを中心として(2)」『三田商学研究』第61巻第 5 号，31-45頁。

○Graham, J. R. and C. R. Harvey（2001）The theory and practice of corporate finance, *Journal of Finance Economics*, Vol. 60, pp.187-243.

○Horngren, C. T., Datar, S. M., and Foster, G.（2006）*Cost Accounting rial Emphasis 12th ed.*, Pearson Prentice Hall, Upper Saddle Riv

8 - 2

投資案件タイプと投資評価手法の利用【実態調査】

投資案件タイプと投資評価手法

●●●●●●●●●●●●●●●●●●●●●●●●●●●●●●●●

【図表8 - 3】　日本企業における投資案件タイプと重視する投資評価手法

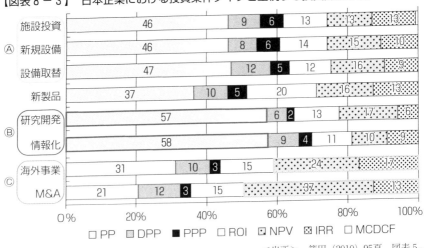

<出所>　篠田（2010）95頁　図表5。

■研究開発・情報化関連投資の経済性評価では，回収期間法を重視。
■海外事業・M&A関連投資の経済性評価では，DCF法（IRR，NPV）を重視。
■新製品投入関連投資の経済性評価では，他の投資案件に比べてROIを重視。

日本企業において，利用する投資評価手法は，投資案件によってどのように
なるのかを見てみましょう。

　（2010）の調査（2008年10月から2009年1月に東証上場企業対象，回答数：
　　各投資案件においてどの投資評価手法を最も重視しているのかを
　（図表8 - 3）。図表8 - 3におけるPP（Payback Period method）は

回収期間法，DPP（Discounted Payback Period method）は割引回収期間法，PPP（Premium Payback Period method）は割増回収期間法（上總，2003），ROI（Return On Investment method）は投資利益率法，NPV（Net Present Value method）は正味現在価値法，IRR（Internal Rate-of-Return method）は内部利益率法，MCDCF（Monte Carlo Discount Cash Flow method）はモンテカルロDCF法です。

　まず，3つのタイプの施設・設備関連投資（施設（工場・店舗等）の「新規または拡張投資」，「新規設備投資」，「設備の取替投資」（**図表8－3**のⒶのグラフ））については，重視する投資評価手法の傾向に顕著な違いは見当たりません。

　次に，これらの施設・設備関連投資における投資評価手法の利用傾向を基準に，他の投資案件を見てみると，次の3つの特徴的な傾向が浮かび上がります。

　第1に，研究開発・情報化関連投資の経済性評価では，回収期間法（PP）を重視しています。研究開発投資における利用率は57％，情報化投資における利用率は58％となっています（**図表8－3**のⒷのグラフ）。

　第2に，海外事業・M&A（合併と買収）関連投資の経済性評価では，内部利益率法（IRR）や正味現在価値法（NPV）といったDCF法（Discount Cash Flow method）を重視しています。海外事業投資における利用率は，内部利益率法が24％，正味現在価値法が17％，企業のM&Aに関わる投資における利用率は，内部利益率法が37％，正味現在価値法が13％となっています（**図表8－3**のⒸのグラフ）。

　第3に，新製品投入関連投資の経済性評価では，他の投資案件に比べて投資利益率法（ROI）を重視しています。新製品・商品の投入等の新事業一連に関わる投資における投資利益率法の利用率は20％となっています（**図表8－3**の上から4番目の棒グラフ）。

参考文献

○上總康行（2003）「借入金利子を考慮した割増回収期間法─回収期間法の再検討─」『原価計算研究』第27巻第2号，1-11頁。
○篠田朝也（2010）「わが国企業の投資経済性評価の多様性と柔軟性」『原価計算研究』第34巻第2号，90-102頁。

8-3 将来キャッシュフロー見積の不確実性への対応
【実態調査】

将来キャッシュフローの見積の不確実性への対応

●●●●●●●●●●●●●●●●●●●●●●●●●●●●●●●●

【図表8-4】 将来キャッシュフローの見積の不確実性への対応（複数回答可）

		件　数
①	不確実性は考慮に入れず，単一の予測数値を利用	28
②	不確実性は考慮に入れるが，経営者や担当者の経験的知識に基づく見積に依拠し，単一の予測数値を利用	87
③	不確実性は考慮に入れるが，経営者や担当者の経験的知識に基づく見積に依拠した悲観・楽観値などを設定し，シナリオ分析や感度分析を実施	122
④	不確実性について，確率理論やコンピュータ・シミュレーションなどを用いて，予測値の精度向上に努力	5
⑤	不確実性について，オプション理論など金融工学やファイナンス理論に依拠した精緻な価値評価モデルを用いて，予測値の精度向上に努力	3
⑥	その他	2

※ シナリオ分析：インプット要素の単独の変動の影響ではなく，
　　　　　　　　複数のインプット要素の変動がアウトプットにおよぼす影響を分析。
　感度分析：インプット要素の変動がアウトプットにどの程度の影響をおよぼすのかを分析。
　　　　　　　　　　　　　　　　　　　　　　　　　　　　＜出所＞　篠田（2011）69頁。

■近年，シナリオ分析や感度分析を用いて不確実性に対応する企業が増加
　➤篠田（2011）の2008年東証上場企業調査（有効回答225社）では，
　　感度分析・シナリオ分析54.2%（122社）
　➤鳥邊（1997）の1996年製造業調査（有効回答93社）では，
　　感度分析33.3%（31社），シナリオ分析24.7%（23社）

●●●●●●●●●●
●●●●●●●●

　時間価値を考慮するDCF法は日本企業でも利用率が向上していますが，その利用に際しては，将来キャッシュフローの見積の不確実性にどのように対応するのかという問題があります。

　篠田（2011）では，前節の篠田（2010）と同じ調査（回答数：225社，複数回答

可）において，日本企業の将来キャッシュフローの見積の不確実性への対応について調査しています（**図表8－4**）。

その結果を回答件数の多い順に見ていきましょう。

まず最も多いのが，「③不確実性は考慮に入れるが，経営者や担当者の経験的知識に基づく見積に依拠した悲観・楽観値などを設定し，シナリオ分析（インプット要素の単独の変動の影響ではなく，複数のインプット要素の変動がアウトプットにおよぼす影響を分析）や感度分析（インプット要素の変動がアウトプットにどの程度の影響をおよぼすのかを分析）を実施」する企業が122社となっています。

次に，「②不確実性は考慮に入れるが，経営者や担当者の経験的知識に基づく見積に依拠し，単一の予測数値を利用」する企業が87社となっています。

以下，「①不確実性は考慮に入れず，単一の予測数値を利用」する企業が28社，「④不確実性について，確率理論やコンピュータ・シミュレーションなどを用いて，予測値の精度向上に努力」する企業が5社，「⑤不確実性について，オプション理論など金融工学やファイナンス理論に依拠した精緻な価値評価モデルを用いて，予測値の精度向上に努力」する企業が3社，「⑥その他」が2社となっています。

つまり，シナリオ分析や感度分析を用いて不確実性に対応する企業が過半数（54.2%：122社/225社）を占めており，これらの分析手法を多用する傾向は高まっています。篠田（2011）の調査は，2008年における東証上場企業対象の調査でしたが，鳥邊（1997）の1996年における製造業対象の調査（有効回答数：93社）では，感度分析の利用率は33.3%（31社），シナリオ分析の利用率は24.7%（23社）でした。

参考文献

○篠田朝也（2011）「日本企業における資本予算実務：上場企業を対象とした調査データの報告」『經濟學研究』第61巻第1号，61-84頁。

○鳥邊晋司（1997）『企業の投資行動理論』中央経済社。

8 - 4

投資予算マネジメントの組織体制【実態調査】

単年度予算のとりまとめ・投資プロジェクト予算の提示部署

【図表8 - 5】 単年度予算の全社的とりまとめ部署（複数回答可）

経営企画部	経理部	財務部	専門委員会		その他部署	合　計
121	76	25	7		9	238

【図表8 - 6】 投資プロジェクト予算の提示部署（複数回答可）

経営企画部	経理部	財務部	専門委員会	事業部等	その他部署	合　計
60	30	15	6	127	3	241

<出所>　篠田（2011）73頁。

- ■単年度予算は，経営企画部および経理部がとりまとめる企業が多い
  - ➤経営企画部と経理部が共同する企業も多い
  - ➤専門の予算委員会を設置する企業は少ない
  - ➤「その他部署」も，単なる呼称の違い（経営管理部や経理企画部など）が多かった
- ■投資プロジェクトの起案（および経済性計算）は，個々の事業部等が行う企業が多い
  - ➤起案は事業部等，経済性計算は経営企画部または経理部が担う企業も比較的多い
  - ➤個々の事業部等，経営企画部または経理部が共同する企業も15社
  - ➤専門の予算委員会を設置する企業は少ない

　設備投資予算マネジメントのための組織体制や仕組みはどうなっているのでしょうか。

　まずは，投資予算の担当部署と比較するために，単年度予算をとりまとめる部署はどこなのかを見ていきましょう。

　篠田（2011）の調査（回答数：225社，複数回答可）によると，単年度予算の

全社的とりまとめ部署は，複数回答のため238の回答のうち，経営企画部が121社，経理部が76社，財務部が25社，専門委員会が 7 社，その他部署が 9 社となっています（**図表 8 − 5**）。

　つまり，単年度予算は，経営企画部および経理部がとりまとめる企業が多いと言えます。また，経営企画部と経理部が共同して単年度予算をとりまとめる企業も多いようです。一方，専門の予算委員会を設置する企業は少なく，「その他部署」に分類されたものも，単なる呼称の違い（経営管理部や経理企画部など）が多かったようです（篠田，2011）。

　次に，投資プロジェクトを起案する組織はどこなのかを見ていきましょう。同じ調査から241の回答のうち，経営企画部が60社，経理部が30社，財務部が15社，専門委員会が 6 社，事業部等が127社，その他部署が 3 社となっています（**図表 8 − 6**）。

　つまり，投資プロジェクトの起案（および経済性計算）は，個々の事業部等が行う企業が多いと言えます。また，起案は事業部等，経済性計算は経営企画部または経理部が担う企業も比較的多いようです。個々の事業部等，経営企画部または経理部が共同して投資プロジェクトを起案する企業も15社ありました。また，専門の予算委員会を設置する企業は少ないようです（篠田，2011）。

　続いて，資本予算の仕組みや組織体制はどうなっているのかを見てみましょう（**図表 8 − 7**）。篠田（2011）の調査によると， 3 年（以上）を見越した中長期資本予算計画（投資意思決定に関する予算・資本支出計画）を策定する企業は62.9％（139社/221社）と， 6 割以上となっています。

　資本予算のためのマニュアルやフォーマット化された提案書形式を定めている企業は50.0％（110社/220社）であり，ルール化が進んでいる企業とそうでない企業とに二分されています。

　 1 名以上の資本予算専任従事者を置く企業は，26.0％（57社/219社）であり，全体の 4 分の 1 程度の企業に過ぎません。多くの部門・部署の様々な人材が関

資本予算に関する仕組み・組織の有無

●●●

【図表8－7】　資本予算に関する仕組みや組織の有無

	はい	いいえ	合計
3年（以上）を見越した資本予算 （投資意思決定に関する予算・資本支出計画）	62.9% （139社）	37.1% （82社）	221社
資本予算のためのマニュアルやフォーマット化された 提案書形式	50.0% （110社）	50.0% （110社）	220社
1名以上の資本予算専任従事者	26.0% （57社）	74.0% （162社）	219社
投資プロジェクトに要求される基準値（利益率など） の定期的見直し	41.6% （91社）	58.5% （128社）	219社

＜出所＞　篠田（2011）77頁。

■中長期資本予算計画をもつ企業が6割以上
　➢「いいえ」企業の7割が回収期間法，2割がROIを重視
■資本予算のためのマニュアル化は二分
■資本予算の専任者は少ない
　➢多くの部門・部署の様々な人材が関わる日本的資本予算プロセス
■投資プロジェクトの評価基準の見直しはケースバイケース
　➢評価方法が定着している企業ではあまり見直しはされない
　➢導入したばかりであったり，海外などの新地域・市場への投資の場合に適宜，
　　見直しが行われる

●●●●●●●●●●●●●●●●●
●●●●●●●●●●●●●●●●●

わる日本的資本予算プロセスがうかがえます。

　投資プロジェクトに要求される基準値（利益率など）の定期的見直しを実施している企業は41.6%（91社/219社）であり，定期的見直しを実施しない企業のほうが多数派です。評価方法が定着している企業ではあまり見直しはされず，導入したばかりであったり，海外などの新地域・市場への投資の場合に，適宜，見直しが行われているようです。

参考文献

○篠田朝也（2011）「日本企業における資本予算実務：上場企業を対象とした調査データの報告」『經濟學研究』第61巻第1号，61-84頁。

```
8－5
```

投資予算マネジメント・プロセス【実態調査】

投資プロジェクトの再評価・経過監視・事後監査

●●●●●●●●●●●●●●●●●●●●●●●●●●●●●●●●●●●●

【図表 8 － 8 】　投資プロジェクトの再評価・経過監視・事後監査

	はい	いいえ	合計
実行中の投資プロジェクトの業績の経過監視	85.5% （188社）	14.5% （32社）	220社
投資プロジェクト承認後に収益の下方修正が 起こりそうな場合、プロジェクトの再評価	70.0% （154社）	30.0% （66社）	220社
主要な投資プロジェクトの事後監査	61.8% （136社）	38.2% （84社）	220社

<出所>　篠田（2011）78頁。

■投資プロジェクトの再評価・経過監視・事後監査はおおむね実施
　➤とは言うものの，経過監視が中心
　➤実行中の投資プロジェクトの再評価は 7 割に留まる
　　開始後に途中で変更する仕組みが不十分な可能性
　➤事後的な監査はさらに減り， 6 割に留まる
■投資プロジェクトの再評価・経過監視・事後監査の企業業績への正の効果を確認
　（篠田，2014）
　➤2010年 1 月東証上場企業（金融・保険業を除く）
　　2,224社（回収数・率：225社・10.1%）対象
　➤企業業績は， 3 年間の営業キャッシュフローベースのROAの業界平均値との差

●●●●●●●●●●●
●●●●●●●●●●●●

　投資予算マネジメント・プロセスについて，まずは，投資プロジェクトの再評価・経過監視・事後監査はどうなっているのかを見てみましょう（**図表 8 － 8** ）。

　篠田（2011）によると，実行中の投資プロジェクトの業績の経過監視を実施している企業は，85.5%（188社/220社）に上り，多くの企業で実施されている

ようです。一方，投資プロジェクト承認後に収益の下方修正が起こりそうな場合，プロジェクトの再評価を実施している企業は，70.0%（154社/220社）に留まります。つまり，経過監視はしているものの，開始後に途中で変更する仕組みは不十分である可能性があります。さらに，主要な投資プロジェクトの事後監査を実施している企業は，61.8%（136社/220社）と約60%にまで下がります。

　表記はしませんでしたが，投資プロジェクトの再評価・経過監視・事後監査の企業業績への正の効果が確認されています（篠田，2014）。つまり，投資プロジェクトのプロセス・マネジメントの実施は企業業績に貢献することが示されています。篠田（2014）の調査は，2010年1月東証上場企業（金融・保険業を除く）2,224社（回収数・率：225社・10.1%）を対象に実施され，企業業績は，3年間の営業キャッシュフローベースのROA（Return on Assets：総資産利益率）の業界平均値との差を測定しています。

　次に，投資案の起案から承認・事後評価に至る投資予算マネジメント・プロセスのステージごとの取り組みはどうなっているのでしょうか。

　清水他（2008）と清水・田村（2010）の調査結果を見てみましょう（**図表8-9**）。清水他（2008）の2005年調査は，2005年9月から10月，東証一部製造業（建設・電力を除く）836社を対象（有効回答数・率：187社・22.4%），清水・田村（2010）の2009年調査は，2009年3月から4月に，同853社（有効回答数・率：100社・11.7%）を対象に実施しています。

　2005年と2009年の調査結果を比較すると，投資案の起案段階で「投資案に優先順位をつける」は，5点尺度の3.75から4.14に上昇，審議・承認段階で「投資案の審議は所定の手順に従って進められる」は，4.48から4.79に上昇，「投資案が最終承認されるまでの審議回数は多い」は，2.89から3.23に上昇，「投資プロジェクトの審議に時間がかかる」は，2.66から3.09に上昇しています。つまり，投資案の起案から審議・承認段階において，審議を入念に行い最終決定する傾向は上昇しています。

　一方，設備導入・事後評価段階で「本格稼働後に投資の採算性を事後評価す

設備投資予算マネジメント・プロセスの実態

●●●●●●●●●●●●●●●●●●●●●●●●●●●●●●

【図表 8 − 9 】　設備投資予算マネジメント・プロセスの実態（ 5 点尺度）

段　　階		2005年調査	2009年調査
投資案の起案	投資案に優先順位をつける	3.75	⇧ 4.14
審議・承認	投資案の審議は所定の手順に従って進められる	4.48	⇧ 4.79
	投資案が最終承認されるまでの審議回数は多い	2.89	⇧ 3.23
	投資プロジェクトの審議に時間がかかる	2.66	⇧ 3.09
設備導入・事後評価	本格稼働後に投資の採算性を事後評価する	3.98	⇩ 3.67

2005年調査：2005年 9 月から10月東証一部製造業（建設・電力を除く）836社対象
　　　　　　（有効回答187社，回収率22.4%）
2009年調査：2009年 3 月から 4 月同上853社（有効回答100社，回収率11.7%）

<出所>清水他（2008），清水・田村（2010）。

■投資案の起案〜審議・承認段階
　➤審議を入念に行い最終決定する傾向の上昇
■設備の導入〜事後評価段階
　➤本格稼働後に採算性を事後評価する傾向の低下

●●●●●●●●●●●●●●●
●●●●●●●●●●●●●●●

る」は，3.98から3.67と降下しています。つまり，設備の導入から事後評価段
階において，本格稼働後に採算性を事後評価する傾向は低下しています。

参考文献

○篠田朝也（2011）「日本企業における資本予算実務：上場企業を対象とした調査
　データの報告」『経済学研究』第61巻第 1 号，61-84頁。
○篠田朝也（2014）「洗練された資本予算実務と企業業績の関連性」『管理会計学』
　第22巻第 1 号，69-84頁。
○清水信匡・加登豊・坂口順也・河合隆治（2008）「マネジメント・プロセスとして
　の設備投資の実態分析：質問票調査からの発見事項」『原価計算研究』第32巻第 2
　号， 1 -14頁。
○清水信匡・田村晶子（2010）「日本企業における設備投資マネジメント(1)(2)(3)(4)」
　『企業会計』第62巻第 8 号〜第11号，97-103頁，117-124頁，95-103頁，97-105頁。

まとめ：投資予算マネジメントの最新動向

まとめ：投資予算マネジメントの最新動向

●●●●●●●●●●●●●●●●●●●●●●●●●●●●●●●

■投資予算の経済性評価手法（投資評価手法）の活用状況
　●投資評価手法の利用状況は変化してきている
　　➤日本企業では（複数技法併用の中でも）回収期間法が多用される
　　➤日本企業でも時間価値を考慮する手法（ROIやNPV）の利用率が向上
　●投資案件（意思決定タイプ）によって，利用する手法は異なる
　●将来キャッシュフローの見積の不確実性に対応するため，シナリオ分析や感度分析を用いる企業が増加
　　　➡ 案件（意思決定）タイプに応じた（複数）手法を活用し，評価・判断（承認，中断，中止）基準・ルールの整備
■投資マネジメントのための組織体制・仕組みとプロセス・マネジメントの取り組み
　●投資案件承認後の再評価・経過監視・事後評価は重要
　　➤組織業績への正の影響も実証済み
　　➤しかしながら，日本企業の取り組みは不十分
　　　➡ 投資プロセスのマネジメント・フローの確立，審議マニュアル・フォーマットの整備，組織体制の構築

　本章では，投資予算マネジメントの最新動向について，実態調査に基づき紹介してきました。
　第1のテーマは，投資予算の経済性評価手法（投資評価手法）の活用状況でした。
　第1に，投資評価手法の利用状況は変化してきています。日本企業では（複数技法併用の中でも）回収期間法が多用される傾向にありました。また，日本企業でも時間価値を考慮する手法（ROIやNPV）の利用率が向上していました（第1節）。
　第2に，投資案件（意思決定タイプ）によって，利用する投資評価手法は異

なっていました（第2節）。

第3に，将来キャッシュフローの見積の不確実性に対応するため，シナリオ分析や感度分析を用いる企業が増加していました（第3節）。

これらの日本企業における利用実態を踏まえ，今後の取り組みとしては，案件（意思決定）タイプに応じた（複数）手法を活用し，評価・判断（承認，中断，中止）基準・ルールの整備が求められます。

第2のテーマは，投資マネジメントのための組織体制・仕組みとプロセス・マネジメントの取り組みでした。

投資案件承認後の再評価・経過監視・事後評価は，組織業績への正の影響も実証されており，重要な取り組みになります。しかしながら，日本企業の取り組みは不十分であることが示されました（第5節）。

これらの日本企業における利用実態を踏まえ，今後の取り組みとしては，投資プロセスのマネジメント・フローの確立，審議マニュアル・フォーマットの整備，組織体制の構築が求められます。

最後に，パナソニック㈱の取り組みを紹介しましょう。パナソニックは，2002年に，基礎研究に近い研究所の扱うテーマにリアル・オプション（デシジョン・ツリーとモンテカルロ・シミュレーション）を導入しました。その結果，デシジョン・ツリーへの時間的負担や客観性の問題，モンテカルロ・シミュレーションに必要な財務情報の精度の問題などが指摘され，合理的に研究テーマを峻別するという所期の目的は果たせませんでした。その一方で，計算結果ではなくそのプロセスで考慮されたオプションや予測キャッシュフロー，不確実性などのリスク要因に関心が移り，リアル・オプションに「評価」ツールではなく「交渉・対話」ツールとしての意義を見出しています。

設備投資マネジメントの事例として，トヨタ自動車㈱の設備投資企画（第2章第7節）もご参照ください。

第 9 章

研究開発の管理会計

9 – 1

研究開発の2つの側面

研究開発費の2つの側面

●●●●●●●●●●●●●●●●●●●●●●●●●●●●

■費用管理の側面（櫻井，2019）
●プロジェクト別の一括管理と費目別管理の必要性
➤人件費，減価償却費，諸経費……
➤基本は予算管理

> 金額の大きな人件費（労働生産性）と減価償却費（中長期的意思決定）のマネジメントが重要

●研究・開発段階による違い
➤基礎研究：全社的費用
➤（新製品や新製造工程の）開発：製品系列に直課
■投資管理の側面
●プロジェクト別の採算管理の必要性（櫻井，2019）
➤基礎研究：短期的・定量的評価は困難━▶定性評価が主流
➤開発：利益（profit），定量化できる便益（benefit），無形の成果（intangible）について評価
●研究開発プロジェクト別の管理
➤事前評価
✓DCF（Discount Cash Flow）法：事業化による総収入（税引後利益＋減価償却費）を現在価値に割り引く
✓BMO（Bruce Merrifield & Ohe）法：事業の魅力度と適社度の2次元評価
✓STAR法（Strategic Technology Assessment Review Program）：競争環境の不確実性，売上・コスト見込み，研究開発リスク特性の分析
➤中間評価：進捗度の管理，研究者個人の評価など
➤事後評価：定量・定性的評価（日本企業では必ずしも十分ではない）

●●●●●●●●●●●●
●●●●●●●●●●●●

　研究開発費は，費用であるとともに投資の性格ももっています。そのため，研究開発費管理には，費用管理と投資管理の2つの側面があります。

　費用管理の側面からは，プロジェクト別の一括管理と費目別管理が必要になります。研究開発費の内訳は人件費，減価償却費，諸経費などで，基本的には予算管理をします。中でも，金額の大きな人件費（労働生産性）と減価償却費（中長期的意思決定）のマネジメントが重要になります。研究・開発段階による違いとしては，基礎研究費は全社的費用とし，新製品や新製造工程の開発費は

製品系列に直課するのが一般的です（櫻井，2019）。

　投資管理の側面からは，プロジェクト別の採算管理が必要になります。基礎研究は短期的・定量的評価は困難ですので，定性評価が主流です。一方の開発については，利益（profit）だけではなく，定量化できる便益（benefit）や無形の成果（intangible）についても評価するべきです（櫻井，2019）。

　研究開発プロジェクト別の管理において，まず，事前評価のための様々な方法が提唱されています。例えば，事業化による総収入（税引後利益＋減価償却費）を現在価値に割り引くDCF（Discount Cash Flow）法，事業の魅力度と適社度（自社への適合度）を 2 次元評価するBMO（Bruce Merrifield & Ohe）法，競争環境の不確実性，売上・コスト見込み，研究開発リスク特性を分析するSTAR法（Strategic Technology Assessment Review Program）などです。

　次に，中間評価では，進捗度の管理や研究者個人の評価などを実施します。最後に，事後評価では，プロジェクトの成果について，定量・定性的に評価しますが，日本企業では必ずしも十分には実施されていません。

　参考までに，研究開発費を含む一般管理費の管理について説明しておきましょう。一般管理費は，予算期間においては固定費的性格のため，割当型予算や変動予算ではなく，固定予算によって管理されます。割当型予算とは，予算期間における企業の計画に基づき，トップダウン方式で各部門に割り当てて予算編成し，予算管理する方法です。例えば，研究開発費や販売促進費の管理に用いられます。

　一般管理費の分析は，販売費と合わせて実施します。売上高販管費率＝販管費/売上高×100％の算式が用いられます。さらに詳細な分析として，地域や製品などセグメント別の販管費（販売費及び一般管理費）を分析する営業費分析（distribution cost analysis）は，損益計算書を用いてセグメント別に集計・管理します。そのため，損益計算書形式によって，全部原価法（純利益法），貢献利益法，ABC（Activity-Based Costing）に区分されます。

　また，一般管理部門の人員の適正数の分析には，労働生産性＝付加価値額/

【参考】一般管理費の管理（櫻井, 2019）

●●●●●●●●●●●●●●●●●●●●●●●●●●●●●●

- ■一般的には（割当型予算や変動予算ではなく）固定予算による管理
  - ●予算期間中は固定費的性格
  - ●【参考】割当型予算
    - ➤予算期間における企業の計画に基づき，トップダウン方式で各部門に割り当て予算編成し，予算管理
    - ➤【例】研究開発費，(販売促進費)
- ■販売費及び一般管理費の分析
  - ●売上高販管費率＝販管費/売上高×100%
  - ●営業費分析（distribution cost analysis）
    - ➤損益計算書を用いてセグメント別に集計・管理
      - ➡損益計算書形式により区分
        - ✓全部原価法（純利益法），貢献利益法
    - ➤ABC（Activity-Based Costing）の適用
- ■一般管理部門の人員の適正数の分析
  - ●労働生産性＝付加価値額※/一般管理部門の社員数
    - ※一般に「人件費」

●●●●●●●●●●
●●●●●●●●●●

一般管理部門の社員数の算式を用います。付加価値額には，人件費を用います。

　参考のついでに，労働生産性についても説明しておきましょう（小山，2016）。

　まず，国単位の生産性については，公益財団法人日本生産性本部が毎年，『日本の生産性の動向』を発表しています。就業1時間当りの名目付加価値（GDPから試算）である労働生産性を指標としています。2020年版によると，日本の労働生産性は，経済協力開発機構（OECD）加盟国35カ国中21位でした。

　次に，企業単位の代表的な生産性指標としては，ROA（Return on Assets：総資産利益率）やROE（Return on Equity：株主資本利益率）が用いられます。

　さらに，「人」に焦点を当てた生産性指標としては，労働分配率（企業で生産された付加価値に占める人件費の割合）＝人件費/付加価値が用いられます。つまり，労働分配率が高いと，研究開発や設備投資などに十分な資源配分が行われていなかったり，効率化が不十分であったりすることが示唆されます。

　「付加価値」の計算は，各省庁などで多様な方法が用いられています。控除法（中小企業庁方式）は売上高−外部購入価値（材料費，購入部品費，運送費，外注費等），加算法（日銀方式）は人件費＋金融費用（支払利息）＋減価償却費＋賃

【参考】労働生産性　（小山, 2016）

- ■国単位の生産性指標
  - ●日本生産性本部『日本の生産性の動向』
  - ●経済協力開発機構（OECD）加盟国35カ国中21位
  - ●労働生産性：就業1時間当り名目付加価値（GDPから試算）
- ■企業単位の代表的な生産性指標
  - ●総資産利益率（ROA：Return on Assets）
  - ●株主資本利益率（ROE：Return on Equity）
- ■「人」に焦点を当てた生産性指標
  - ●労働分配率（企業で生産された付加価値に占める人件費の割合）＝人件費/付加価値
  - ●付加価値の計算は各省庁で多様
    - ➤控除法（中小企業庁方式）：
      売上高－外部購入価値（材料費，購入部品費，運送費，外注費等）
    - ➤加算法（日銀方式）：
      人件費＋金融費用（支払利息）＋減価償却費＋賃借料＋租税公課＋経常利益
    - ➤加算法（その他）：
      営業利益＋給与総額＋福利厚生費＋租税公課＋減価償却費＋動産・不動産賃料
      ✓経済産業省，財務省の統計で用いられたりする
  - ●労働分配率が高いと，研究開発や設備投資への配分，効率化が不十分な可能性も
  - ●経済産業省『企業活動基本調査』（毎年実施）より産業別データが利用可能
- ■自社オリジナルの労働生産性指標を作る
  - ●インプット：従業員数➡総労働時間➡総人件費
  - ●アウトプット：市場価値，業務のポイント化

借料＋租税公課＋経常利益，加算法（その他）＝営業利益＋給与総額＋福利厚生費＋租税公課＋減価償却費＋動産・不動産賃料で算出されます。加算法（その他）は，経済産業省や財務省の統計で用いられています。産業別の付加価値データが，経済産業省が毎年実施している『企業活動基本調査』から利用可能です。

　ただし，これらの労働生産性指標から，自社の研究開発部門の労働生産性が適正であるのかを推し量ることは困難です。

　そこで，研究開発部門の生産性を測定するためには，自社オリジナルの労働生産性指標を設定する必要があります。小山（2016）では，ホワイトカラーの労働生産性＝アウトプット（生まれた成果）/インプット（投下した人的資本）の算式による測定を提案しています。インプット要素としては，従業員数，総労働時間，総人件費という候補のうち，人件費1円当りの生産性を測定できる総

研究開発費の会計基準（櫻井, 2019）

●●●●●●●●●●●●●●●●●●●●●●●●●●●●●●●●●●●●

【日本基準】　1998年　企業会計審議会「研究開発費に係る会計基準の設定に関する
　　　　　　　　意見書」
　●研究：新しい知識の発見を目的とした計画的な調査および探究
　●開発：新しい製品・サービス・生産方法についての計画もしくは設計または既存の製品
　　等を著しく改良するための計画もしくは設計として，研究の成果その他の知識を具体化
　　すること
　●研究開発費は「すべて発生時に費用として処理しなければならない」
　➤一般管理費もしくは当期製造費用として処理
【IFRS】　2007年　企業会計基準委員会「研究開発費に関する論点の整理」
　●研究：新しい科学的または技術的な知識および理解を得る目的で実施される基礎的かつ
　　計画的調査
　➤研究費はすべて発生時の費用として認識
　➤研究と開発が区別できない場合には，すべてを研究局面とみなして，支出額を発生時
　　に費用処理する
　●開発：事業上の生産または使用の開始前における，新しいまたは大幅に改良された材料，
　　機械，製品，工程，システムまたはサービスによる生産のための計画または設計に関す
　　る，研究成果または他の知識の応用
　➤開発費は以下の 6 条件が満たされる限り，「無形資産」として資産計上しなければな
　　らない
　　①　無形資産を完成させる技術的実施可能性があること
　　②　無形資産を完成させ，使用・売却する意図をもつこと
　　③　無形資産を完成させ，使用・売却する能力をもつこと
　　④　将来の経済的便益を引き出す方法を特定していること
　　⑤　無形資産の開発を完了させて使用・売却するのに必要な資源が利用できること
　　⑥　無形資産の開発中にかかった費用を信頼できる方法で測定する能力をもつこと
　➤計上した無形資産は，耐用年数で償却

人件費を推奨しています。アウトプットの測定は，市場価格の把握が困難な場合には，職務評価の要領で，他部署や過去の実績と比較した相対的な労働生産性の高低について，個人や組織単位での業務をポイント化します。

　さて，研究開発費の費用管理に話を戻しましょう。日本の会計基準とIFRS（International Financial Reporting Standards：国際会計基準）とでは会計処理方法がずいぶんと異なります。

　日本基準は，1998年に企業会計審議会による「研究開発費に係る会計基準の

設定に関する意見書」が制定されています。研究は「新しい知識の発見を目的とした計画的な調査および探究」，開発は「新しい製品・サービス・生産方法についての計画もしくは設計または既存の製品等を著しく改良するための計画もしくは設計として，研究の成果その他の知識を具体化すること」と定義されています。研究開発費は「すべて発生時に費用として処理しなければならない」と定められ，一般管理費もしくは当期製造費用として処理されます。

　一方，IFRSでは，2007年に企業会計基準委員会による「研究開発費に関する論点の整理」が公表され，研究は「新しい科学的または技術的な知識および理解を得る目的で実施される基礎的かつ計画的調査」と定義されました。研究費はすべて発生時の費用として認識し，研究と開発が区別できない場合には，すべてを研究局面とみなして，支出額を発生時に費用処理するとされています。

　IFRSにおける開発は「事業上の生産または使用の開始前における，新しいまたは大幅に改良された材料，機械，製品，工程，システムまたはサービスによる生産のための計画または設計に関する，研究成果または他の知識の応用」と定義され，以下の6条件が満たされる限り「無形資産」として資産計上しなければならないとされています。①無形資産を完成させる技術的実施可能性があること，②無形資産を完成させ，使用・売却する意図をもつこと，③無形資産を完成させ，使用・売却する能力をもつこと，④将来の経済的便益を引き出す方法を特定していること，⑤無形資産の開発を完了させて使用・売却するのに必要な資源が利用できること，⑥無形資産の開発中にかかった費用を信頼できる方法で測定する能力をもつことです。

　IFRSにおいては，計上した無形資産は，耐用年数で償却します。

参考文献

○小山厚郎（2016）「迫られるホワイトカラーの生産性向上：その定義化・可視化に着手を」『金融財政ビジネス』2016年10月17日号，14-18頁。
○櫻井通晴（2019）『管理会計＜第7版＞』同文舘出版。
　※断りのない限り，本節の解説の多くは本書に依拠しています。

9－2

研究開発プロジェクト・マネジメント
：ステージゲート法®

研究開発プロジェクト・マネジメント：ステージゲート®法

●●●●●●●●●●●●●●●●●●●●●●●●●●●●●●●●●●

■Stage-Gate®法とは？（Cooper, 2011；浪江訳，2012）
- 研究から開発に至るプロセスを5〜6段階の「ステージ」に区切り，ステージの間に「ゲート」を設け，研究開発テーマをふるいにかけて，絞り込んでいく仕組み
- カナダのRobert Cooper教授が日本のDesign Reviewに基づき，1986年に考案（翌年，登録商標）
- 1987年にモトローラ社が採用し，開発期間を半減させたことをきっかけに普及
- 米国では製造業の8割ほど，日本でも1990年代半ばから現在100社程度に普及

【図表9－1】　ステージゲート法の基本的な手順

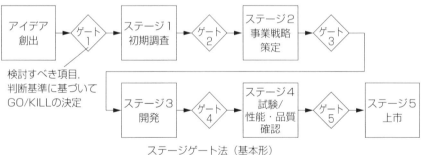

ステージゲート法（基本形）

<出所>　浪江（2012）。

●●●●●●●●●●●●●●
●●●●●●●●●●●●

　研究開発プロジェクト・マネジメントの方法のひとつとして，ステージゲート®（Stage-Gate®）法を紹介しましょう。

　ステージゲート®法とは，研究から開発に至るプロセスを5段階から6段階の「ステージ」に区切り，ステージの間に「ゲート」を設け，研究開発テーマをふるいにかけて，絞り込んでいく仕組みです（**図表9－1**）。

　カナダのRobert Cooper教授が，日本のデザインレビュー（Design Review）

■目的
　●投資の無駄を防ぐ
　　➢ゲート基準の明示が事前調査を促すことで，研究所での長期滞留や開発後期での環境
　　　変化や問題発覚に備える
　●開発スピードを上げる
　　➢コンカレント・エンジニアリングによる工程・機能間の連携強化により，開発後期で
　　　の手戻りなどを防ぐ
■メリット
　●意思決定プロセスの明確化
　　➢プロジェクト中止が伝えやすくなる→研究開発テーマの絞り込み
　●研究開発担当者の意識変化
　　➢上市までのプロセス，ゲートの明確化→研究開発者のビジネス感覚の醸成
　●研究開発テーマの見える化
　　➢事業部門から本社研究所の取り組みの見える化→事業部門からの提案・相談の増加
　●開発終盤でのプロジェクト中止の減少
　　➢フロントローディングにより，多くの経営資源を投入した後での頓挫の減少
■デメリット
　●フロントエンドからの時間（ステージ）を区切ってのチェックがもたらす逆機能
　　➢研究開発担当者の行動・育成とテーマの歪み
　　　✓行動：ゲートを通過するための都合の良い情報，プレゼンテーションの良否の影響
　　　✓育成：研究意識・視野の矮小化，失敗からの学習機会の減少，目利きが育ちにくい
　　　✓テーマ：小粒化，のびのび育てることはできない

<出所>　金子（2010），金子・久保（2014）。

（第 2 章第 3 節）に基づき，1986年に考案（翌年，登録商標）しました。1987年
にモトローラ社が採用し，開発期間を半減させたことをきっかけに普及しまし
た。米国では製造業の 8 割ほど，日本でも1990年代半ばから現在までに100社
程度に普及していると言われています（Cooper, 2011；浪江訳，2012）。

　ステージゲート®法の目的は，第 1 に，投資の無駄を防ぐことにあります。
ゲート基準の明示が事前調査を促すことで，研究所での長期滞留や開発後期で
の環境変化や問題発覚に備えます。第 2 に，開発スピードを上げることです。
コンカレント・エンジニアリングによる工程・機能間の連携強化により，開発
後期での手戻りなどを防ぎます。

　メリットは，第 1 に，意思決定プロセスの明確化です。プロジェクト中止が
伝えやすくなるため，研究開発テーマの絞り込みに貢献できます。第 2 に，研

究開発担当者の意識変化です。上市（発売）までのプロセスやゲートを明確化することで，研究開発者のビジネス感覚の醸成に繋がります。第 3 に，研究開発テーマの見える化です。事業部門から本社研究所の取り組みの見える化が進むことで，事業部門からの提案・相談が増加することが期待されます。第 4 に，開発終盤でのプロジェクト中止の減少です。フロントローディングが進むことで，多くの経営資源を投入した後にプロジェクトが頓挫するようなことが減少します。

　デメリットは，従来の手法に比べて，フロントエンド（開発の初期段階）からの時間（ステージ）を区切ってチェックすることがもたらす逆機能です。つまり，次のような研究開発担当者の行動・育成とテーマの歪みをもたらしかねません。行動の歪みとは，ゲートを通過するために都合の良い情報を提供したり，プレゼンテーションの良否がゲート通過に影響したりすることなどから，ステージゲートの抜け道探しに向かうことを指します。育成の歪みとは，研究意識・視野の矮小化，失敗からの学習機会の減少，目利きが育ちにくいといったことです。テーマの歪みとは，ゲートを通過しやすい無難な小粒のテーマになりがちで，のびのびと大きく育てるようなテーマには適さないことです。

参考文献

○金子浩明（2010）「第 3 章　ステージ-ゲート・プロセスの作用と反作用」（伊丹敬之・東京理科大学MOT研究会編著（2010）『技術経営の常識のウソ』日本経済新聞社に所収）。※本節の解説の多くは本論文に依拠しています。

○金子浩明・久保裕史（2014）「化学系ブティック型（領域特定型）日本企業へのステージゲート法適用の課題と提案」『国際P2M学会学会誌』第 9 巻第 1 号，95-106頁。※本節の解説の多くは本論文にも依拠しています。

○浪江一公（2012）「ステージに分割してゲートで評価する，ステージゲート法とは」。URL：https://www.monodukuri.com/gihou/article/39

○Cooper, R. G.（2017）*Winning at New Products : Creating Value through Innovation, 5th edit.*, Basic Books, NY.（1988年に初版発行。──（2011）第 4 版（浪江一公訳（2012）『ステージゲート法：製造業のためのイノベーション・マネジメント』英治出版））

9－3

ステージゲート管理【実態調査】

ステージゲート管理の実施と事業化との関係

●●●●●●●●●●●●●●●●●●●●●●●●●●●●●●●●●●●

■経営層や事業部門がステージゲート管理を行うと，事業化の割合が高い
（中止中断の割合が低い）。

【図表9－2】　ステージゲート管理の実施と現時点の段階との関係

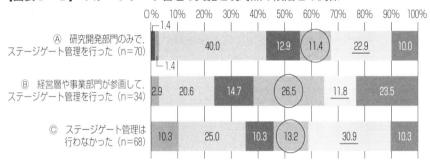

■ 研究，技術開発に着手する前の段階　　■ 研究段階
　 技術開発段階　　　　　　　　　　　■ 製品化段階
■ 事業化段階　　　　　　　　　　　　 （事業化に至らず，もしくは当初目的を達成できず）中止・中断
■ 当初目的を達成し終了

<出所>　『経済産業省研究開発事業の平成27年度追跡調査及び追跡評価の結果について』9頁，2016
年7月。

●●●●●●●●●●●
●●●●●●●●●●●

　ステージゲート管理の実施と事業化との関係について，日本企業の実態調査
結果を見てみましょう。

　まず，経済産業省（2016）は，ステージゲート管理の実施について，Ⓐ「研
究開発部門のみで，ステージゲート管理を行った」（n＝70），Ⓑ「経営層や事
業部門が参画して，ステージゲート管理を行った」（n＝34），Ⓒ「ステージゲー
ト管理は行わなかった」（n＝68）の3分類と，現時点の研究開発段階について，

「研究，技術開発に着手する前の段階」，「研究段階」，「技術開発段階」，「製品化段階」，「事業化段階」，「（事業化に至らず，もしくは当初目的を達成できず）中止・中断」，「当初目的を達成し終了」の7段階との関係を調査しています（**図表9－2**）。

　その結果，ステージゲート管理を行った企業・団体，研究機関（ⒶとⒷのグラフを合算）では，事業化段階が16.3％（17機関/104機関），中止・中断が19.2％（20機関/104機関），ステージゲート管理を行わなかった企業・団体，研究機関（Ⓒのグラフ）では，事業化段階が13.2％，中止・中断が30.9％となっています。

　つまり，ステージゲート管理を行う場合のほうが事業化段階の割合が高く，中止・中断の割合が低くなっています。

　さらに，ステージゲート管理を行う場合でも，経営層や事業部門が参画するほう（ⒶとⒷのグラフの比較）が事業化段階の割合が高く（Ⓐのグラフが11.4％なのに対して，Ⓑのグラフが26.5％と高い），中止・中断の割合が低くなっています（Ⓐのグラフが22.9％なのに対して，Ⓑのグラフが11.8％と低い）。

　次に，経済産業省（2017）は，ステージゲートにおける評価結果を踏まえた計画の見直しについても調査しています。こちらの調査では，ステージゲート管理の実施（n＝107）について，「研究開発部門のみで，ステージゲート管理を行った」（27.1％），「経営層や事業部門が参画して，ステージゲート管理を行った」（16.8％），「ステージゲート管理は行わなかった」（56.1％）となっています（**図表9－3**左）。

　このうち，ステージゲート管理を行っている48機関に対して，ステージゲートにおける評価結果を踏まえた計画の見直しについて，「全体的に計画を見直した」（n＝4），「部分的に計画を見直した」（n＝12），「当初の計画通りに進行したため，見直しは必要なかった」（n＝32）の3分類と，前述の現時点の研究開発段階について7段階との関係を調査しています。

　その結果，ステージゲートにおける評価結果を踏まえて計画を見直した企業（上から2つのグラフを合算）は，48機関のうち16機関と，全体の3分の1に上

■ステージゲート管理の実施は43.9％，評価結果による計画の見直しは全体の3分の1。
■経営層や事業部門が参画するステージゲート管理の実施は，そうでない場合に比べて
　事業化率が高い（中止・中断率が低い）（下記報告書24頁）。

【図表9－3】　ステージゲートにおける評価結果を踏まえた計画の見直し

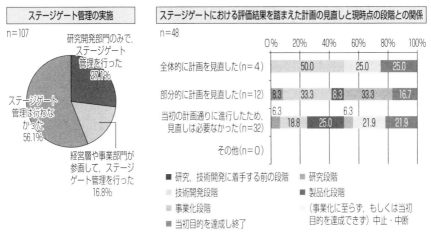

ステージゲート管理の実施
n＝107

研究開発部門のみで，
ステージゲート
管理を行った
27.1％

ステージゲート
管理は行わな
かった
56.1％

経営層や事業部門が
参画して，ステー
ジゲート管理を行った
16.8％

ステージゲートにおける評価結果を踏まえた計画の見直しと現時点の段階との関係
n＝48

| | 0% | 20% | 40% | 60% | 80% | 100% |

全体的に計画を見直した(n＝4)　50.0／25.0／25.0
部分的に計画を見直した(n＝12)　8.3／33.3／8.3／33.3／16.7
当初の計画通りに進行したため，見直しは必要なかった(n＝32)　6.3／18.8／25.0／6.3／21.9／21.9
その他(n＝0)

■ 研究，技術開発に着手する前の段階　　■ 研究段階
■ 技術開発段階　　　　　　　　　　　　■ 製品化段階
■ 事業化段階　　　　　　　　　　　　　（事業化に至らず，もしくは当初
■ 当初目的を達成し終了　　　　　　　　　目的を達成できず）中止・中断

＜出所＞　『経済産業省研究開発事業の平成28年度追跡調査及び追跡評価の結果について』　20頁，
　　　　　2017年7月。

ります（**図表9－3**右）。

　加えて，図示はしませんでしたが，この調査では，経営層や事業部門が参画
するステージゲート管理の実施は，そうでない場合に比べて事業化率が高い
（中止・中断率が低い）ことも，クロス分析の結果から統計的に確認されていま
す（経済産業省，2017，24頁）。

参考文献

○経済産業省産業技術環境局研究開発課技術評価室『経済産業省研究開発事業の平
　成27年度追跡調査及び追跡評価の結果について』2016年7月21日。
○経済産業省産業技術環境局研究開発課技術評価室『経済産業省研究開発事業の平
　成28年度追跡調査及び追跡評価の結果について』2017年7月4日。

9-4

研究開発組織

研究開発組織　（櫻井，2019）

●●●●●●●●●●●●●●●●●●●●●●●●●●●●●●●●●●●●

【ピラミッド型】 ●最も一般的な「部－課－係」の階層構造 〔長所〕 ●命令系統の明確さ 〔短所〕 ●変化への対応 ●各担当者の能力がフルに発揮されず，全般的な視野を得にくい	【フラット型】 ●職制上の部長職の廃止 ●課，室，プロジェクト・チーム単位の運営 〔長所〕 ●各担当者の独創性を活かし，少人数で効率的な運営➡基礎研究に向く 〔短所〕 ●多くの専門分野が関わる大規模研究開発には不向き
【スタッフ・リーダー型】 ※上記2型の短所克服のため，パナソニック㈱などで採用 ●ピラミッド構造だが，部長はライン長であると同時に，所長のスタッフ（企画，評価，人事） 〔長所〕 ●部長と課長の機能分担 　➤部長：企画・評価・事業化推進 　➤課長：プロジェクト実行	【マトリックス型】 ●機能部門とプロジェクトを縦横に組む ●商品開発に不可欠な異機能連携の促進 〔短所〕 ●2つの指揮系統 　➡＜解決策＞プロジェクトを優先

●●●●●●●●●●●●
●●●●●●●●●●●

　研究開発の組織体制について紹介しましょう。研究開発組織には，ピラミッド型，フラット型，スタッフ・リーダー型，マトリックス型の4つのタイプがあります。

　ピラミッド型組織は，日本企業で最も一般的な「部－課－係」の階層構造の組織です。長所は，命令系統が明確なことです。短所は，変化への柔軟な対応が難しいことや各担当者の能力がフルに発揮されず，全般的な視野を得にくいことなどが挙げられます。そのため，基礎研究を担う中央研究所には適さないと言われています。

　フラット型組織では，職制上の部長職は廃止され，課，室，プロジェクト・チーム単位の運営になります。長所は，各担当者の独創性を活かし，少人数で効率的な運営ができることです。そのため，基礎研究を担う中央研究所に適する組織形態であると考えられます。短所は，多くの専門分野が関わる大規模研究開発には不向きなことです。大型プロジェクトをうまく管理するためには，個々の自主的な研究を促進すると同時に，プロジェクト全体の適切な管理も必要になります。

　スタッフ・リーダー型組織（江崎，1992）は，パナソニック㈱で採用されている組織形態で，前述の２つのタイプの組織形態の短所を克服するための取り組みと言えます。ピラミッド型の組織構造ですが，部長はライン長であるだけでなく，研究所所長のスタッフでもあります。つまり，部長は企画・評価・事業推進を担うとともに，個人の人事評価関連の仕事も担っています。課長は，プロジェクトの実行を担い，課長が自主性を発揮できるように，部長と課長の機能分担がなされていると言えます。

　マトリックス型組織は，機能部門とプロジェクトを縦横に組む組織形態です。これまでに紹介した３つの組織形態はいずれも機能別の縦割り組織です。それに対して，組織横断的に連携を図る組織形態です。長所は，商品開発に不可欠な開発や設計部門だけでなく，購買や販売などの機能部門との連携を促進できることです。短所は，プロジェクトリーダーと部門長の２つの指揮系統があり，指示・命令の優先順位について困惑する場合があることです。解決策としては，プロジェクトの指示を優先するルールを設定します。他にも，プロジェクトに従事することで自身の専門性を高める機会は減少するため，ローテーションを工夫するなどの配慮も必要です。

参考文献

○江崎豪彌（1992）「研究開発組織の再構築のために」『研究開発マネジメント』２月号，12-16頁。
○櫻井通晴（2019）『管理会計＜第７版＞』同文舘出版。
　※本節の解説は本書に依拠しています。

9－5

まとめ：研究開発の管理会計

まとめ：研究開発の管理会計

●●●●●●●●●●●●●●●●●●●●●●●●●●●●●

- ■費用管理の側面
  - ●金額の大きな人件費（労働生産性）と減価償却費（中長期的意思決定）のマネジメントが重要
- ■投資管理の側面
  - ●研究開発プロジェクト・マネジメントの実践
    - ➢日本企業では開始したプロジェクトを中断・中止することは少ないが，限られた経営資源・時間を有効活用するために，今後は迅速性・柔軟性をもった意思決定スキームの構築が急務
    - ➢マイルストーン管理やステージゲート法の活用
  - ●研究開発投資評価技法の活用
    - ➢日本企業では，研究開発投資評価にリアル・オプションを活用する企業は少ない
    - ➢不確実・複雑な将来予測に伴う限界はあるものの，本来的に数字に強い研究開発担当者と経営層の対話ツール（共通言語）や研究開発担当者のビジネス・利益意識の醸成のため，活用可能性は高い
- ■組織設計
  - ●研究開発マネジメントの前提となる組織のあり方も重要
    - ➢（今回は社内組織の話だけだったが）取引先との連携・協業，オープン・ネットワークの構築・運用の重要性が今後さらに増してくる

　本章では，研究開発の管理会計について，研究開発費の管理という視点から，費用管理の側面と投資管理の側面に分けて説明し，組織設計についても説明しました。

　第1のテーマは，研究開発費の費用管理の側面でした（第1節）。販管費（販売費及び一般管理費）に分類される研究開発費ですが，一般には割当型予算管理が行われるなど，他の販管費とは異なる管理がされることを説明しました。

その際に，金額の大きな人件費（労働生産性）と減価償却費（中長期的意思決定）のマネジメントが重要であることも説明しました。参考として，労働生産性の計算方法や，日本基準とIFRSで会計処理が異なることなどを紹介しました。

　第2のテーマは，研究開発費の投資管理の側面でした。

　第1に，研究開発プロジェクト・マネジメントの実践についてです。日本企業では開始したプロジェクトを中断・中止することは少ないですが，限られた経営資源・時間を有効活用するために，今後は迅速性・柔軟性をもった意思決定スキームの構築が急務です。そのために有望なマイルストーン管理（第2章第3節）やステージゲート管理について日本企業の実態を含めて紹介しました（第2節，第3節）。

　第2に，研究開発投資評価技法の活用です。第8章で紹介した投資評価手法（や投資予算マネジメント）についての話は，投資対象としての研究開発にも当てはまります。例えば，日本企業では，研究開発投資評価にリアル・オプションを活用する企業は少ないことを紹介しました（第8章第1節）。リアル・オプションには，不確実・複雑な将来予測に伴う限界はあるものの，本来的に数字に強い研究開発担当者と経営層の対話ツール（共通言語）や研究開発担当者のビジネス・利益意識の醸成のため，活用可能性は高いと考えます。

　第3のテーマは，研究開発組織の設計でした。研究開発マネジメントの前提となる組織のあり方も重要です。ここでは，研究開発組織の4類型を紹介しましたが（第4節），社内組織だけでなく，取引先との連携・協業，オープン・ネットワークの構築・運用の重要性が今後さらに増してきます。

第 4 部

グローバル管理会計

第10章

連結管理会計に向けた
海外拠点マネジメントの現状と課題・対策

10－1

日本的管理会計観

欧米とは異なる日本の管理会計

日本的管理会計観

■マネジメント・システムの分権性
- 経理部の管理体制：財務会計機能（本社経理部門）と原価管理機能（事業部門経理担当）の二元構造。
- 予算編成：事業部からのボトムアップ・ベース。
- 業績管理システムと人事・報酬システム：伝統的に分離した二元構造。
- コントロール手段：会計よりも物量尺度（品質，納期など）による実体管理が主導的。

■計画と執行の再構築（岡野，2003）
- 社会的（プロセス）コントロールの重視。
  ➢ 慣習，関係性，教育などによる ⇔会計コントロール
- 単にコストなどの断片的な業績目標の達成を目指すのではなく，品質，コスト，納期などの複数目標の同時達成を自律的に志向する「作り込み」意識の高さ。
- 部門横断的な活動やTQCを通じた継続的改善活動などの職務区分の曖昧な協働。

米国的管理会計観（岡野，2003）

■（M&Aで獲得した）事業部門の統括管理
- 事業部制組織，持株会社制度。
- 会計機能のコントローラー部門への集中。
- 多様な事業部門の評価。（例）ROI

> 米国的管理会計の不在が，
> 日本的管理会計の特徴とも言われる

■計画と執行の分離
- トップマネジメントが計画を担い，現場作業者は執行を担う。
- 前提として，職務区分が明確で自己完結的な職務。
- 目標・管理指標の標準化。
  （例）標準原価計算の発明・活用

　一口に管理会計（management accounting）と言っても，日本企業と欧米企業とでは，ずいぶんと異なります。ここでは，米国企業と比較して，日本的な管理会計の特徴（日本的管理会計観）を説明しましょう。

　米国企業では，M&A（合併と買収）で獲得した事業部門の統括管理のための仕組みとして，事業部制組織や持株会社制度が普及しました。その過程で，会計機能をコントローラー部門に集中させ，多様な事業部門を投資利益率（ROI：

Return on Investment）を用いて評価する仕組みが構築されました（岡野，2003）。

　こうした米国的管理会計観に対して，米国的管理会計の不在が，日本的管理会計の特徴とも言われます（第1章第1節）。

　日本的管理会計観の特徴のひとつは，マネジメント・システムの分権性です。経理部の管理体制は，一般に，財務会計機能（本社経理部門）と原価管理機能（事業部門経理担当）の二元構造になっています。予算編成は，トップダウンではなく事業部からのボトムアップ・ベースで行われます。業績管理システムと人事・報酬システムは，伝統的に分離した二元構造であると言われてきました（横田，1998）。コントロール手段も，会計よりも物量尺度（品質，納期など）による実体管理（TQM（Total Quality Management）やJIT（Just-in-Time生産）など）が主導的です（第3章第3節）。

　加えて，米国企業では，計画と執行は分離されています。つまり，トップマネジメントが計画を担い，現場作業者は執行を担います。その前提として，職務区分が明確で自己完結的な職務，標準原価計算の発明・活用に見られる目標・管理指標の標準化がなされています。このことで，米国的な公平性（fairness）が担保される仕組みです。

　一方，日本企業では，分断されがちな計画と執行の再構築が図られます。例えば，目標と結果に基づく会計コントロールではなく，慣習，関係性，教育などによる社会的（プロセス）コントロールを重視します。単にコストなどの断片的な業績目標の達成を目指すのではなく，品質，コスト，納期などの複数目標の同時達成を自律的に志向する「作り込み」意識の高さも特徴的です。部門横断的な活動やTQC（Total Quality Control）を通じた継続的改善活動などの職務区分の曖昧な協働も特徴のひとつです。

参考文献

○岡野浩（2003）『グローバル戦略会計：製品開発コストマネジメントの国際比較』有斐閣。※本節の解説の多くは本書に依拠しています。
○横田絵理（1998）『フラット化組織の管理と心理：変化の時代のマネジメント・コントロール』慶應義塾大学出版会。

日本企業の海外拠点マネジメントの困難性

日本企業の海外拠点マネジメントの困難性

●●●●●●●●●●●●●●●●●●●●●●●●●●●●●●●●●●●●●

日本企業
- ■戦略・目標
  - ●緩い戦略と，ミドルアップ・ダウンの目標の作り込み。
    - ➤必ずしも本社に明確な戦略はなく，海外拠点の目標設定も曖昧。
- ■業績評価
  - ●目標・実績・評価を連動させるような管理会計情報の活用は限定的。
    - ➤子会社のKPIマネジメントも限定的。
  - ●PDCAサイクル・マネジメントを活用した経営スタイルは限定的。
    - ➤子会社マネジメントにおいても機動的な人員配置，事業拡大・縮小などの意思決定は不得手。
- ■多様性（異文化）への対処
  - ●明文化されていない慣習，社会的コントロールによるマネジメント。
    - ➤多様性への対応には不向き。
    - ➤出向者の属人的能力に依存。

欧米企業
- ■戦略・目標
  - ●トップダウン志向。
    - ➤本社の戦略を，子会社は執行。
- ■業績評価
  - ●管理会計情報（目標と実績の差異分析）の活用。
    - ➤子会社はKPI目標の執行責任。
  - ●PDCAサイクル・マネジメントを活用した経営資源の再配分。
    - ➤人員整理・配置転換，重点投資，撤退・縮小などの迅速なアクション。
- ■多様性（異文化）への対処
  - ●M&Aを基本とする企業経営。
    - ➤海外進出に際しても，「客観性」を重視。

●●●●●●●●●●●●
●●●●●●●●●●●●

　日本的管理会計の特徴は，戦後の高度経済成長期の日本国内での事業に適した形で発展してきたため，今日の日本企業の海外展開に必ずしも適しているとは言えません。

　そこで，戦略・目標，業績評価，多様性（異文化）への対処といった3つの観点から，日本企業の海外拠点マネジメントの困難性について説明しましょう。

　まずは，戦略・目標についてです。欧米企業ではトップダウン志向で，海外

事業においても，本社が戦略を立てて子会社が執行するという戦略と執行の分離構造です。

　一方の日本企業では，明確ではない緩い戦略と，ミドルアップ・ダウンの目標の作り込みという戦略・目標についての特徴があります。海外事業展開においても，国内事業におけるクライアントの要請で海外進出することも多く，必ずしも本社に明確な戦略はなく，海外拠点の目標設定も曖昧になりがちです。

　次に，業績評価についてです。欧米企業では，管理会計情報（目標と実績の差異分析）を活用し，子会社はKPI（Key Performance Indicator）目標の執行責任を担っています。PDCA（Plan-Do-Check-Action）サイクル・マネジメントを活用した経営資源の再配分も実行し，人員整理・配置転換，重点投資，撤退・縮小などの迅速なアクションが可能になります。

　一方の日本企業では，目標・実績・評価を連動させるような管理会計情報の活用は限定的で，海外事業展開においても，子会社のKPIマネジメントは限定的です。PDCAサイクル・マネジメントを活用した経営スタイルも限定的で，子会社マネジメントにおいても，機動的な人員配置，事業拡大・縮小などの意思決定は得意ではありません。

　続いて，多様性（異文化）への対処についてです。欧米企業では，M&A（合併と買収）を基本とする企業経営で，海外進出に際しても，客観性を重視する傾向にあります。その反面，進出地域に合わせる現地化（localization）は得意ではありません。

　一方の日本企業では，明文化されていない慣習や社会的コントロールによるマネジメント・スタイルですので，多様性への対応には不向きです。とは言うものの，現地・現場との対話を重視するという特徴はあり，現地の考え方を軽視しているわけではありません。それでも，仕組みによるマネジメントではなく，出向者の属人的能力に依存するマネジメント・スタイルと言えます。

10－3

ERP導入事例

：日立建機㈱【事例研究】

事例：日立建機㈱ グローバル連結経営管理システムの導入

● ●

■会社情報（2020年3月期）＜Yahoo！ファイナンスより＞
- ●油圧ショベルなど建設機械世界3位，国内2位。
- ●連結売上高931,347百万円，連結営業利益72,849百万円
- ●従業員数（連結25,079人，単独5,552人）

■背景
- ●日立建機グループでは，グローバルな事業展開を進めてきた結果，子会社（連結子会社62社，持分法適用子会社14社（2009年3月末時点））の売上比率・海外販売比率が年々増加し，連結ベースでの損益管理の重要性の高まり。
- ●予算策定などに必要となる管理連結データ作成を手作業（Excel）で行っていたため，連結ベースでの経営情報をタイムリーに得ることができず，かつデータ精度のさらなる向上も課題。

■導入目的
① グループ経営情報の一元管理
② グループ経営情報収集の効率化
③ セグメント別業績管理情報の充実
④ 月次見通し/中期経営計画のローリングによる定期的フォローアップ
⑤ 報告の早期化およびIRの充実

● ● ● ● ● ● ● ● ● ● ● ●
● ● ● ● ● ● ● ● ● ● ●

　グローバルな連結経営管理（管理会計）システムの構築のためには，ERP（Enterprise Resource Planning）システムの活用は欠かせません。

　日立建機㈱の取り組みを紹介します。
　まずは，日立建機のERPシステムの導入背景を見てみましょう。
　日立建機グループでは，グローバルな事業展開を進めてきた結果，子会社（連結子会社62社，持分法適用子会社14社（2009年3月末時点））の売上比率・海外販売比率が年々増加し，海外販売比率は7割を超えるなど，連結ベースでの損

益管理の重要性が高まってきました。しかし，予算策定などに必要となる管理連結データ作成を手作業（Excel）で行っていたため，連結ベースでの経営情報をタイムリーに得ることができず，かつデータ精度のさらなる向上も課題となっていました。

　そこで，次のような5つの導入目的のために，グローバル連結経営管理システムの構築に乗り出します。5つの導入目的とは，①グループ経営情報の一元管理，②グループ経営情報収集の効率化，③セグメント別業績管理情報の充実，④月次見通し/中期経営計画のローリングによる定期的フォローアップ，⑤報告の早期化およびIR（Investor Relations）の充実です。

　導入プロセスの1次フェーズ（7カ月間）では，「付加価値の高い業務へのシフト」と「グループ経営の基盤作り」を目的として，所在地別・地域事業部別・販売地域別での管理連結，予算と実績の管理（Excelでの管理から，業務フローや科目コードなどの標準化），動的レポート（目的に応じてユーザーの指定する期間や部門を絞り込んだり，集計データから明細データへリンクさせたりすることができる）による分析と情報の共有・可視化，データ収集業務の効率化を実現しました。

　2次フェーズ（5カ月間）では，「製品別・事業部別の管理」と「中期経営計画と月次見通しデータの管理による情報の充実」を目的として，製品別・事業部別の管理連結，中期経営計画・月次見通しデータの管理，（海外拠点間の業績比較を可能にする標準化された）管理情報・レポートの充実，経営管理サイクルのシステム化を実現しました。

■導入プロセス
●1次フェーズ（7カ月）「付加価値の高い業務へのシフト」，「グループ経営の基盤作り」
　➤所在地別/地域事業部別/販売地域別での管理連結
　➤予算と実績の管理
　➤動的レポートによる分析と情報の共有と可視化
　➤データ収集業務の効率化
●2次フェーズ（5カ月）「製品別/事業部別の管理」，「中期経営計画と月次見通しデータの管理による情報の充実」
　➤製品別/事業部別の管理連結
　➤中期経営計画と月次見通しデータの管理
　➤管理情報・レポートの充実
　➤経営管理サイクルのシステム化

　日立建機のグローバル連結経営管理システムの導入効果として，次の5つが挙げられます。

① グループ経営情報の一元管理
　各社や各部署が個別に管理していたグループ会社の業績/連結業績/経営管理指標/人員などのグループ内情報を一元管理することで，グループ内の問い合わせ業務や臨時作業等の運用負荷を軽減することができました。

② グループ経営情報収集の効率化
　グループ経営情報の収集を一本化できたことにより，グループ各社における重複作業が排除できたとともに，本社管理業務の効率化ができました。

③ セグメント別業績管理情報の充実
　従来の会社別分析に加え，セグメント別（製品別・販売地域別等）の分析軸が整い，より多面的な情報を把握し，迅速かつ的確な経営判断を可能にしました。

■導入効果
① グループ経営情報の一元管理
　各社や各部署が個別に管理していた，グループ会社の業績/連結業績/経営管理指標/人員などのグループ内情報を一元管理することで，グループ内の問い合わせ業務や臨時作業等の運用負荷を軽減。
② グループ経営情報収集の効率化
　グループ経営情報の収集を一本化できたことにより，グループ各社における重複作業が排除できたとともに，本社管理業務の効率化。
③ セグメント別業績管理情報の充実
　従来の会社別分析に加え，セグメント別（製品別・販売地域別等）の分析軸が整い，より多面的な情報を把握し，迅速かつ的確な経営判断を可能に。
④ 月次見通し/中期経営計画のローリングによる定期的フォローアップ
　月次見通し/中期経営計画の達成度が定期的に分析でき，より精度の高い将来計画の作成。
⑤ 報告の早期化およびIRの充実
　銀行やアナリスト等，外部から要求される情報のより詳細かつ迅速な提供。

④　月次見通し/中期経営計画のローリングによる定期的フォローアップ

　月次見通し/中期経営計画の達成度を定期的に分析でき，より精度の高い将来計画の作成を可能にしました。

⑤　報告の早期化およびIRの充実

　銀行やアナリストなどの外部から要求される情報の，より詳細かつ迅速な提供ができるようになりました。

参考文献

○奈良浩行（ISIDビジネスソリューション事業部）・鈴木大哉（日立建機株式会社）(2009)「事例紹介　管理連結業務の精度向上に "Hyperion Financial Management" を採用」※本節の解説は本レポートに依拠しています。
URL：https://www.isid.co.jp/event/2016/hyperion_06_1.html

10－4

グローバル原価管理事例
：㈱リコー【事例研究】

グローバル原価管理事例：㈱リコー

■会社情報（2020年3月期）＜Yahoo！ファイナンスより＞
- ●事務機国内首位級。複合機や商業印刷機の他，ITサービスに注力。
- ●連結売上高2,008,580百万円，連結営業利益79,040百万円
- ●従業員数（連結84,246人）

■取り組み
- ●製品開発原価管理の改革
  - ➢超低コストものづくり
    - ✓超低コストとは：「競合を凌駕する」，「現行コストの2分の1以下」
    - ✓従来の「企画目標達成型」から競合機種の市場価格の変化を視野に入れた厳しい目標設定
  - ➢開発マネジメント力（機能組織とプロジェクト・マネジメントの統合）の強化
  - ➢「開発しない（部品共通化）」，「作らない（試作を減らす）」を志向
- ●SCM（Supply Chain Management）構造改革
  - ➢GIV（Global Inventory Viewer）：各拠点の在庫状況の可視化➡在庫最適化
  - ➢生産・販売情報の共有化から生産・販売計画の週次化
  - ➢【事例】複写機における海外拠点の機能集約・部品製造
    - ✓アジア工場（中国，韓国，タイ）にて共通部品製造
      - ➡消費地工場（日本，欧州，米州）で完成品製造
- ●コストテーブル改革
  - ➢自社開発のロジック・データに基づき，購入部品価格を理論的に算出
  - ➢価格設定時に改善目標の織り込み
  - ➢改善方法の提案も含めたコストテーブルを主要サプライヤーに公開

　㈱リコーは，グローバル原価管理の先進企業として知られています。製品開発原価管理の改革，SCM（Supply Chain Management）構造改革，コストテーブル改革の，3つの取り組みについて紹介しましょう。

　まず，製品開発原価管理の改革です。超低コストを「競合を凌駕する」，「現行コストの2分の1以下」と定義して，従来の「企画目標達成型」から競合機

種の市場価格の変化を視野に入れた，厳しい目標設定型の「超低コストものづくり」へと発展しています。

　これを実現するために，組織横断型のプロジェクト・マネジメント手法を体系化し，開発マネジメント力（機能組織とプロジェクト・マネジメントの統合）の強化に努めています。超低コストの実現のためには，「開発しない（部品共通化）」，「作らない（試作を減らす）」を目指すことが重要になります。

　次に，SCM（Supply Chain Management）構造改革です。顧客満足度と利益創出の同時実現のためのグローバルなSCM構造改革として，GIV（Global Inventory Viewer）というシステムを開発し，世界中の各拠点の在庫状況を可視化することで，在庫の最適化を図っています。

　また，週次の生産・販売情報を共有化することで，生産・販売計画の週次化を実現しました。

　さらに，複写機における海外拠点の機能集約・部品製造の取り組みとして，MB&R（Module Built and Replenishment）という生産方式を開発し，アジア工場（中国，韓国，タイ）にて共通部品を製造し，消費地工場（日本，欧州，米州）へ供給し，完成品を製造しています。

　続いて，コストテーブル改革です。自社開発のロジック・データに基づき，購入部品価格を理論的に算出し，グループ統一基準として活用し，原価低減に役立てています。価格設定時には，改善目標を織り込み，改善が実行できる項目にまで細かくコストを設定しています。

　主要サプライヤーにはコストテーブルを公開することで，部品ごとの価格交渉ではなくコストテーブルでの契約により，価格決定業務が効率化しました。加えて，コストテーブルは，改善方法の提案も含めたサプライヤーとの原価改善活動ツールとしても活用されています。

参考文献

○株式会社リコー（2016）『リコーグループ社内実践事例カタログ2016』。
　※本節の解説の多くは本カタログに依拠しています。

10－5

グローバル原価企画の困難性

グローバル原価企画の困難性

●●●●●●●●●●●●●●●●●●●●●●●●●●●●●●●●●●

■日本企業による海外移転，欧米企業の実践の調査・研究の蓄積
- ●NMUK（英国日産自動車製造），NUMMI（GM・トヨタのJV），TMMK（トヨタ・ケンタッキー工場），オーストラリア・トヨタ，英国トヨタ，Magneti Marelli（イタリア自動車部品メーカー），ボーイング，クライスラー，など。

■グローバル原価企画の3つの壁（岡野，2003）
① ルールの明確化
- ●日本企業の苦手なルール化，明文化，マニュアル化
- ●海外拠点でも，原則，運用基準，評価ルール，成果の分配などのルールが不明確
  - ➡ 部門・サプライヤー間で不協和音
② 製品開発の国際分業の調整
- ●NMUK（Nissan Motor Manufacturing（UK）Ltd.）の事例
  - ➤当初，原価企画担当部門が設計会社であるNETC所属であることが問題視された
- ●日本企業では，調整役機能は各部署に埋め込まれており，開発プロセスの進行に伴い，担当者が変わることも多い
- ●国際分業に限らず，部門間（設計技術者と生産技術者間など）のコミュニケーション不足
③ ゲストエンジニア制度
- ●組立メーカーの開発サイトにサプライヤーのエンジニアが常駐するシステム
  - ➤組立メーカーにとっては購買契約前にVE提案を得ることが関門
- ●海外における現地サプライヤーからのVE提案を誰が評価するのか？
  - ➤日本本社の技術部門：時間がかかりすぎる
  - ➤現地：実験設備などへの多額投資

●●●●●●●●●●●●●
●●●●●●●●●●●●●

　製品の企画・開発段階から機能・品質・コストなどの複数目標の同時実現を目指す原価企画は，日本企業の競争優位の源泉のひとつですが，原価企画活動の海外移転には困難が伴います。

　日本企業による原価企画の海外移転や，欧米企業による原価企画実践の調査・研究が数多く蓄積されています。それらは，NMUK（英国日産自動車製造），NUMMI（GM・トヨタのジョイント・ベンチャー），TMMK（トヨタ・ケンタッキー工場），オーストラリア・トヨタ，英国トヨタ，Magneti Marelli（イタリア自動車部品メーカー），ボーイング，クライスラーの事例などです。

グローバル原価企画には，次のような3つの壁が存在します。

第1に，ルールの明確化です。日本企業は，ルール化，明文化，マニュアル化が得意ではありません。海外拠点においても，原則，運用基準，評価ルール成果の分配などのルールが不明確な傾向にあります。そのため，部門やサプライヤー間で不協和音が生じかねないことが報告されています（梶田，1994）。

第2に，製品開発の国際分業の調整です。NMUK（Nissan Motor Manufacturing（UK）Ltd.）の事例では，当初，原価企画担当部門が設計会社であるNETC（Nissan European Technology Centre）所属であることから，中立的ではないと問題視されたことが報告されています（梶田，1994）。日本企業では，会計機能が分散されていることもあり，原価企画事務局が置かれる部署は企業によって異なりますし，調整役機能は各部署に埋め込まれていて，開発プロセスの進行に伴い，調整役の担当者が変わることも多いです。グローバル原価企画においては，こうした事務局や調整機能をどのように組織設計するのかは重要な問題になります。国際分業に限りませんが，部門間（設計技術者と生産技術者間など）のコミュニケーション不足が生じやすいことも指摘されています（梶田，1994）。

第3に，ゲストエンジニア制度です。組立メーカーの開発サイトにサプライヤーのエンジニアが常駐するシステムです。海外のサプライヤーとの共同開発では，組立メーカーにとって購買契約前にVE（Value Engineering）提案を引き出すことができるのかが大きな関門になります。また，海外における現地サプライヤーからのVE提案を，誰が評価するのかといった問題もあります。日本本社の技術部門に依頼すれば時間がかかりすぎるため，現地で評価しようとすると，実験設備などへの多額の投資が必要になります。

参考文献

○岡野浩（2003）『グローバル戦略会計：製品開発コストマネジメントの国際比較』有斐閣。※本節の解説の多くは本書に依拠しています。
○梶田正紀（1994）「原価企画の海外移転：その実践と今後の課題」『ビジネス・インサイト』第2巻第1号，24-39頁。

10－6

為替リスクマネジメント【実態調査】

為替リスクマネジメント

●●●●●●●●●●●●●●●●●●●●●●●●●●●●●●●●●

- ■為替予約：為替レート変動リスクをヘッジするための取引
  - ●（対象通貨の種類が多い場合など）担当組織をどこに置くのか
    - ➢欧米企業：本社の財務ポリシーに従い，同一通貨ごとに地域統括本部が担当することが多い
    - ➢アジア・太平洋地域：通貨が異なるため，各国の財務担当者が担当する場合もある
    - 【事例：ソニー㈱】
    - ➢グループ全体の為替マネジメントおよび資金運用・調達を一括管理
    - ➢2000年12月，ロンドンに財務統括子会社SONY Global Treasury Services Plc. を設立
      傘下に東京，ニューヨーク，シンガポールに（後に香港にも）拠点を設置
- ■通貨マッチング：外貨ごとの資産と負債残高の差を最小化すること
  - ●ビジネス上の取り組み
    - ➢【例】海外子会社が生産設備の調達資金を現地通貨建で調達することで，資産（工場設備）と負債（借入金）のマッチングを図る
  - ●財務的取り組み
    - ➢【例】意図的に，取引によるキャッシュインとキャッシュアウトを現地通貨建にすることで，マッチングを図る
- ■親会社・子会社間取引の価格設定
  - ●留意点：移転価格税制に抵触しない価格を設定すること

●●●●●●●●●●●
●●●●●●●●●●●

　為替リスクマネジメントの基本的な考え方と日本企業の実態について，紹介します。

　まず，為替リスクマネジメントの最も一般的な方法である為替予約について説明しましょう。為替予約とは，為替レート変動リスクをヘッジ（hedge：リスクを予測して対策をとること）するための取引です。

　対象通貨の種類が多い場合などは，担当組織をどこに置くのがよいでしょうか。欧米企業では，本社の財務ポリシーに従い，同一通貨ごとに地域統括本部が担当することが多いです。アジア・太平洋地域では，通貨が異なるため，各

国の財務担当者が担当する場合もあります。

　先端的な日本企業の取り組みとして，ソニー㈱では，グループ全体の為替マネジメントおよび資金運用・調達を一括管理するために，2000年12月，ロンドンに財務統括子会社SONY Global Treasury Services Plc. を設立しました。傘下に，東京，ニューヨーク，シンガポールに（後に香港にも）拠点を設置しています。

　次に，外貨ごとの資産と負債残高の差を最小化する通貨マッチングを説明しましょう。ビジネス上の取り組みとしては，例えば，海外子会社が生産設備の調達資金を現地通貨建で調達することで，資産（工場設備）と負債（借入金）のマッチングを図ります。財務的取り組みとしては，例えば，意図的に，取引によるキャッシュインとキャッシュアウトを現地通貨建にすることで，マッチングを図ります。

　続いて，親会社・子会社間取引の価格設定です。移転価格税制では，内国法人と外国子会社などとの取引が独立企業間価格（非関連間で同様の状況下で成立するであろう価格）で行われることを求めています。移転価格算定方法には，独立価格比準法（Comparable Uncontrolled Price method：CUP法），再販売価格基準法（Resale Price method：RP法），原価基準法（Cost Plus method：CP法），取引単位営業利益法（Transactional Net Margin Method：TNMM），利益分割法（Profit Sprit method：PS法），ディスカウント・キャッシュフロー法（Discount Cash Flow method：DCF法）があります。

　二重課税の問題やボーダーレスな企業活動を国ごとに課税することの矛盾，企業グループ内の取引だからこそ成立する無形資産の移転も含めて，独立企業原則を当てはめることの無理もあり，企業と税務当局の見解の違いが生じやすくなっています。

　それでは，日本企業の為替リスクマネジメントの実態について，NTTデータ経営研究所（2016）（東洋経済新報社『海外進出企業総覧』から抽出した2,500社を対象。回答数：率：656社・26.2%）の調査から，見ていきましょう。

　まず，為替リスクを把握する組織について，「本社のキャッシュフローリス

為替リスクの把握組織とグループ各社の為替リスクのヘッジ主体

●●●●●●●●●●●●●●●●●●●●●●●●●●●●●

> ■グループ各社のキャッシュフロー為替リスクの把握は，「本社」と「各グループ企業」
> で把握する企業が同程度（6割弱）。
> ■ヘッジの実施組織は，「本社・統括会社」と「グループ各社」が同程度（6割強）。

【図表10－1】　為替リスクの把握組織　　【図表10－2】　グループ各社の為替リスク
　　　　　　　　　　　　　　　　　　　　　　　　　　　　ヘッジの実施状況

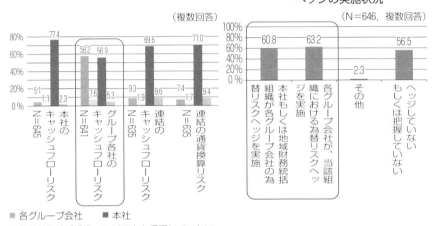

<出所>　NTTデータ経営研究所（2016）56-57頁。

ク」（77.4％）と「連結のキャッシュフローリスク」（69.6％），「連結の通貨換算
リスク」（71.0％）は，「本社」が把握する企業が多い一方，「グループ各社の
キャッシュフローリスク」の把握は，「各グループ会社」（58.2％）と「本社」
（56.9％）で把握する企業が，ともに6割弱で同程度となっています（**図表10－1**）。

　次に，グループ各社の為替リスクヘッジの実施状況について，「本社もしく
は地域財務統括組織が各グループ会社の為替リスクヘッジを実施」している企
業（60.8％）と「各グループ会社が為替リスクヘッジを実施」している企業
（63.2％）は，ともに6割強で同程度となっています。また，「ヘッジしていない，
もしくは把握していない」という企業も6割弱，存在しています（**図表10－2**）。

　続いて，為替リスクのヘッジ方針について，為替リスクのヘッジを実施して

為替リスクのヘッジ方針／方法

■グループ共通のヘッジ方針を定めている企業は4分の1強に過ぎない。
■ヘッジ方法は，為替予約が約7割，ナチュラルヘッジが3割強。

【図表10－3】　為替リスクの
　　　　　　　ヘッジ方針

【図表10－4】　為替リスクのヘッジ方法

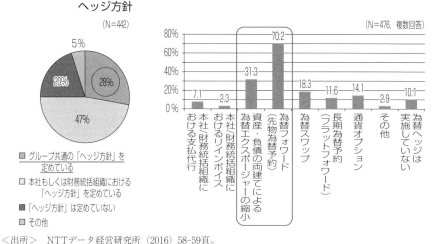

<出所>　NTTデータ経営研究所（2016）58-59頁。

いる企業のうち，「グループ共通」のヘッジ方針を定めている企業は4分の1
強（28％）に過ぎません（**図表10－3**）。

　最後に，為替リスクのヘッジ方法について，具体的な為替リスクのヘッジ手
段は，「為替フォワード（先物為替予約）」が約7割（70.2％）と最も多く，次に
「為替エクスポージャーの縮小（ナチュラルヘッジ）」が3割強（31.3％）となっ
ています。為替エクスポージャーとは，為替リスクにさらされる金融資産のこ
とです（**図表10－4**）。

参考文献

○NTTデータ経営研究所（2016）『平成27年度総合調査研究「グローバル財務戦略に
　関する調査研究」報告書』（経済産業省委託事業）。

10－7

不正リスクマネジメント【実態調査】【事例研究】

日本企業の不正の発生割合と類型

●●●●●●●●●●●●●●●●●●●●●●●●●●●●●●●●●

> ■全上場企業の約４社に１社で，過去３年間に不正発生（**図表10－５**）
> ■「資産の横領」は減少したものの多く，「不正な財務報告」は増加（**図表10－６**）
> ■海外子会社での主な不正の類型は，不正支出や在庫・その他資産の横領であり，業務プロセスにおける統制活動や内部通報により発覚

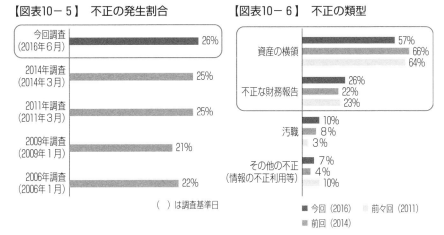

【図表10－５】　不正の発生割合

今回調査（2016年６月）	26%
2014年調査（2014年３月）	25%
2011年調査（2011年３月）	25%
2009年調査（2009年１月）	21%
2006年調査（2006年１月）	22%

（　）は調査基準日

【図表10－６】　不正の類型

資産の横領	57% / 66% / 64%
不正な財務報告	26% / 22% / 23%
汚職	10% / 8% / 3%
その他の不正（情報の不正利用等）	7% / 4% / 10%

■ 今回（2016）　■ 前々回（2011）　■ 前回（2014）

＜出所＞　デロイトトーマツ ファイナンシャルアドバイザリー合同会社・有限責任監査法人トーマツ（2016）。

●●●●●●●●●●●●●
●●●●●●●●●●●

　日本企業の不正リスクマネジメントの実態について，デロイトトーマツファイナンシャルアドバイザリー合同会社・有限責任監査法人トーマツ（2016）（全上場企業3,631社を対象。回答数・率：402社・11.7%）の調査を紹介しましょう。

　まず，不正の発生割合について，全上場企業の約４社に１社（2016年調査で

日本企業の不正の発生拠点・部門

■依然として親会社で不正が多く発生しており，海外子会社における不正の発生も増加
　（図表10−7）
■販売・サービス部門において不正が多く発生しており，製造部門でも増加（図表10−8）
■製造部門の主な増加要因は，期間帰属の操作，在庫・その他資産の横領

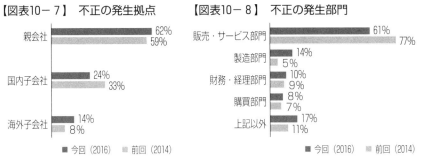

【図表10−7】　不正の発生拠点　　　【図表10−8】　不正の発生部門

<出所>　デロイトトーマツ ファイナンシャルアドバイザリー合同会社・有限責任監査法人トーマツ
　　　（2016）。

は26%）で，過去3年間に不正が発生しています（図表10−5）。

　次に，不正の類型について，過去3回の調査（2011年，2014年，2016年）を比較すると，「資産の横領」は減少していますが依然として多く，「不正な財務報告」は同程度か若干増加しているように見えます（図表10−6）。図示はしませんでしたが，海外子会社での主な不正の類型は，不正支出や在庫・その他資産の横領で，業務プロセスにおける統制活動や内部通報により発覚することが多いようです。

　続いて，不正の発生拠点について，前回調査（2014年）と比較すると，依然として親会社で不正が多く発生しており，海外子会社における不正の発生も増加しています（図表10−7）。

　また，不正の発生部門について，販売・サービス部門において不正が多く発生しており，製造部門でも増加しています（図表10−8）。図示はしませんでし

日本企業の不正防止・早期発見のための重要課題

●●●●●●●●●●●●●●●●●●●●●●●●●●●●●●

> ■増加傾向の海外子会社での不正発生に対して，約4割の企業が今後の取り組みを予定
> 　（**図表10−9**）
> ■企業グループの不正の防止・発見体制全般の現状評価についても，4割近い企業が
> 　今後の取り組みを予定。内部統制報告制度導入から時間が経過しており，現行体制の
> 　再点検の時期（**図表10−9**）

【図表10−9】　不正リスクに対する今後の取り組み

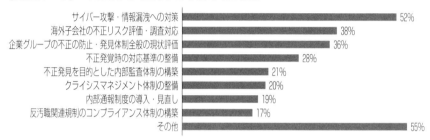

※　「その他」は，競争法への対応（16％），取引先の法令・契約遵守状況の調査（16％），M&A実行
　　時・実行後における不正リスク対応（14％），係争への対応（9％）である。
＜出所＞　デロイトトーマツ　ファイナンシャルアドバイザリー合同会社・有限責任監査法人トーマツ
　　（2016）。

●●●●●●●●●●●●●●●●●●●●●●●●●●●●

たが，製造部門の主な増加要因は，期間帰属の操作，在庫・その他資産の横領
となっています。

　さらに，不正リスク対応について，不正防止や早期発見に向けた様々な取り
組みが行われています。

　重要課題として今後の取り組みを予定している順に，第1位「サイバー攻撃
や情報漏洩への対策」（52％），第2位「海外子会社の不正リスク評価・調査対
応」（38％），第3位「企業グループの不正の防止・発見体制全般の現状評価」
（36％），第4位「不正発覚時の対応基準の整備」（28％），第5位「不正発見を
目的とした内部監査体制の構築」（21％），第6位「クライシスマネジメント体
制の整備」（20％），第7位「内部通報制度の導入・見直し」（19％），第8位「反

海外子会社におけるコンプライアンス活動の先進事例（小山，2016）

●●●●●●●●●●●●●●●●●●●●●●●●●●●●●●●●

■製造業 3 社の在シンガポール子会社の事例
　●製造業Ａ社の研究開発拠点（駐在員19名，現地採用63名，2012年設立）
　●製造業Ｂ社の営業・管理拠点（駐在員 8 名，現地採用16名，1992年設立）
　●製造業Ｃ社のアジア太平洋地区統括会社（駐在員約20名，現地採用約100名，2006年設立）
■ 3 社の先進的なコンプライアンス活動の共通点
　●コンプライアンス推進担当・駐在員の選任
　　➤現地採用者への意識醸成段階のため，日本での経験者が担当
　●研修の実施
　　➤転職頻度の高い（ 3 年から 5 年）シンガポールでは，社内研修は一般的ではない
　　➤Ａ社：駐在員，Ｂ社：日本のコンプライアンス担当者，Ｃ社：駐在員と現地スタッフ
　　➤方法：講義に加え，ケースディスカッションやロールプレイングといった参加型研修
　　➤内容：現地の実情に合わせた具体的テーマを設定
　●ヘルプラインの設置
　　➤Ａ社・Ｃ社：社内，Ｂ社は社外

汚職関連規制のコンプライアンス体制の構築」（17％），以下，「その他」として図示している「競争法への対応」（16％），「取引先の法令・契約遵守状況の調査」（16％），「M&A（合併と買収）実行時・実行後における不正リスク対応」（14％），「係争への対応」（ 9 ％）となっています（**図表10－ 9** ）。

　海外子会社におけるコンプライアンス活動について，製造業 3 社の在シンガポール子会社の事例（小山，2016）を紹介しましょう。

　 3 社の先進的なコンプライアンス活動には，次のような 3 つの共通点があります。第 1 に，コンプライアンス推進担当の駐在員の選任です。まだ現地採用者への意識醸成段階のため，日本での経験者が担当しています。

　第 2 に，研修の実施です。転職頻度の高い（ 3 年から 5 年）シンガポールでは，社内研修は一般的ではありませんが，Ａ社は駐在員，Ｂ社は日本のコンプライアンス担当者，Ｃ社は駐在員と現地スタッフが担当し，講義に加え，ケースディスカッションやロールプレイングといった参加型研修の方法で，現地の実情に合わせた具体的テーマを設定して実施しています。

不正リスクマネジメント（不正はなぜ起こるのか？）

●●●●●●●●●●●●●●●●●●●●●●●●●●

■海外では，本社のガバナンスが十分ではないため不正が起こりやすく，起こった時の影響も国内よりも深刻になることが多い

■「不正のトライアングル」理論（Cressey, 1953）
　① 動　機
　　●社会的・法的に適当な方法により解決できない問題が，不正を犯すことで解決したり，自己利益が獲得できること
　　●多額の借金を抱えているなど個人的理由に加え，業績へのプレッシャーなど組織的理由もある
　② 機　会
　　●対策の不備のため，不正行為が可能な状態にあること
　　●ある管理者に権限が集中していたり，現金管理が甘いような場合
　③ 正当化
　　●不正行為に対して自らを納得させる理由づけのこと
　　●正当化は行為後ではなく行為前に行われるため，「仕方がない」，「これしかない」といった思考に陥ることで生じる

●●●●●●●●●●
●●●●●●●●●●

　第3に，ヘルプラインの設置です。A社とC社は社内，B社は社外に設置しています。

　不正はなぜ起こるのでしょうか。海外では，本社のガバナンスが十分ではないため不正が起こりやすく，起こった時の影響も国内よりも深刻になることが多いため，注意が必要です。

　「不正のトライアングル」理論（Cressey, 1953）によると，「動機」，「機会」，「正当化」の3つの要素が揃ったときに不正が起こると言われています。

　① 動　機
　　社会的・法的に適当な方法により解決できない問題が，不正を犯すことで解決したり，自己利益が獲得できたりすることです。例えば，多額の借金を

抱えているなどの個人的理由に加えて，業績へのプレッシャーなど組織的理由もあります。

② 機　　会

対策が十分ではないため，不正行為が可能な状態にあることです。例えば，ある管理者に権限が集中していたり，現金管理が甘かったりする場合です。

③ 正　当　化

不正行為に対して自らを納得させる理由づけのことで，不正への抵抗感が低い状態です。例えば，やらなければ会社がつぶれてしまう，自分はもっと評価されるべき，多かれ少なかれ同じようなことをしている人がいるなどという考えに陥るような場合です。

それでは，不正をどのように防ぐのでしょうか。COSO（2013）に基づき，考えてみましょう。COSO（Committee of Sponsoring Organizations of the Treadway Commission：トレッドウェイ委員会支援組織委員会）とは，内部統制や全社的リスクマネジメント（ERM：Enterprise Risk Management），不正抑止に関するガイダンスを提供する民間部門主導の団体です。次に説明するCOSOの提示した内部統制フレームワークを指す場合もあります。

COSOの内部統制フレームワークでは，「統制環境」，「リスク評価と対応」，「統制活動」，「情報と伝達」，「モニタリング」の5つの構成要素が示されています（企業会計審議会，2019）。

「統制環境」は，組織の気風を決定し，組織内のすべての者の統制に対する意識に影響を与えるとともに，他の基本的要素の基礎をなす基盤です。

「リスク評価と対応」は，組織目標の達成を阻害する要因をリスクとして識別・分析および評価し，当該リスクへの適切な対応を行う一連のプロセスです。

「統制活動」は，経営者の命令および指示が適切に実行されることを確保するために定める方針および手続きです。

不正をどのように防ぐのか？

●●●●●●●●●●●●●●●●●●●●●●●●●●

【図表10−10】　不正をどのように防ぐのか

不正の トライアングル	COSOにおける内部統制の構成要素		不正防止策
	統制環境	組織の気風を決定し，組織内のすべての者の統制に対する意識に影響を与えるとともに他の基本的要素の基礎をなす基盤	●内部統制・告発制度の整備により対策可能な部分もあるが，昨今は管理につぐ管理で，対策に際限がない状況。また，管理志向の行きすぎは従業員の会社への信頼感を損なうおそれもある。 ●海外固有の問題として，ローテーションの困難性も。
	リスク評価と対応	組織目標の達成を阻害する要因をリスクとして識別・分析および評価し，当該リスクへの適切な対応を行う一連のプロセス	
機会 →	統制活動	経営者の命令および指示が適切に実行されることを確保するために定める方針および手続き	・職務分離 ・上司による承認・多重チェック ・ジョブローテーション
動機 正当化 →	情報と伝達	必要な情報が識別，把握および処理され，組織内外および関係者相互に正しく伝えられることを確保すること（伝達と共有）	・教育・研修 ・懲罰の徹底
	モニタリング	内部統制が有効に機能していることを継続的に評価するプロセス（日常モニタリングと独立的評価）	●誰にも相談できないことに端を発するケースも多く，組織的サポートが必要。 ●健全な組織と自律した個人の育成による組織風土改善が重要。

●●●●●●●●●●●●●●●●●●

「情報と伝達」は，必要な情報が識別，把握および処理され，組織内外および関係者相互に正しく伝えられることを確保すること（伝達と共有）です。

「モニタリング」は，内部統制が有効に機能していることを継続的に評価するプロセス（日常モニタリングと独立的評価）です。

不正のトライアングル理論における「動機」，「機会」，「正当化」の3つの要素と，COSOフレームワークにおける内部統制の構成要素との関連から，不正防止策を考えてみましょう（**図表10−10**）。

「機会」については，「統制活動」によって，職務の分離，上司による承認・

多重チェック，ジョブローテーションなどの対応が有効でしょう。ただし，内部統制・告発制度を整備することで対策可能な部分もありますが，昨今は管理につぐ管理で，対策に際限がない状況でもあります。また，管理志向の行きすぎは，従業員の会社への信頼感を損なうおそれもあります。海外固有の問題としては，専門性の高さや人員数が限られるため，ローテーションが容易ではない場合もあります。

　「動機」と「正当化」については，「情報と伝達」によって，教育・研修や懲罰の徹底などの対応が有効でしょう。誰にも相談できないことに端を発するケースも多く，組織的サポートが必要です。健全な組織環境を醸成し，個人の自立化を促す組織風土の改善が重要になります。

参考文献

○企業会計審議会（2019）『財務報告に係る内部統制の評価及び監査の基準並びに財務報告に係る内部統制の評価及び監査に関する実施基準の改訂について（意見書）』。URL:https://www.fsa.go.jp/news/r1/sonota/20191213.html
○小山嚴也（2016）「日本企業の海外子会社におけるコンプライアンス活動：シンガポールでの事例から」『日本経営倫理学会誌』第23号，29-38頁。
○デロイトトーマツ　ファイナンシャルアドバイザリー合同会社・有限責任監査法人トーマツ（2016）『企業の不正リスク実態調査　2016』。
○Committee of Sponsoring Organizations of the Treadway Commission（COSO）(2013) *Internal Control: Integrated Framework.*（八田進二・箱田順哉監訳・日本内部統制研究学会・新COSO研究会訳（2013）『COSO内部統制の統合的フレームワーク』日本公認会計士協会出版局）
○Cressey, D.R.（1953）*Other People's Money: A Study in the Social Psychology Embezzlement*, The Free Press, Glencoe, Illinois.

10－8
まとめ：連結管理会計に向けた海外拠点マネジメントの現状と課題・対策

まとめ：連結管理会計に向けた海外拠点マネジメントの現状と課題・対策

● ●

【現状と課題】
■グループ経営方針の展開の不徹底
●本社から展開される統合的なグループ経営方針の伝達，定着のための教育・研修は国内拠点に留まる。
●海外拠点では，方針展開どころかマネジメント状況の報告すら受けていないケースも多い。
■月次業績報告の不統一
●海外拠点からの月次業績報告の内容・情報量，精度・タイミングのバラツキ。
●連結企業グループを単一事業体（single entity）として経営判断をするためには不十分。
■監査，モニタリングの過剰感
●海外拠点を統括管理する本社部門がない場合，部門間調整なしに海外拠点への調査・指導が実施される。
【対　策】
■責任・権限の明確化
●本社各部門および各拠点の役割・責任・権限の明確化。
●海外拠点の責任範囲に応じたKPIの設定。
■必要な情報の迅速な収集
●グループ経営の観点から，必要な情報の適時の収集。
●精度にはこだわりすぎず，できることから始める。
■拠点長，現地マネジャーの支援
●現地の人材のマネジャーへの登用。
●マニュアル化によるハンドブックや帳票類の標準化，事例集の作成・更新。

　本章では，連結管理会計に向けた海外拠点マネジメントの現状と課題・対策に関する多岐にわたるテーマについて，説明してきました。

　まずは，日本企業の管理会計は欧米とは異なり（第1節），そのことが海外拠点マネジメントを困難にしていることを説明しました（第2節）。次に，先

進事例として，日立建機㈱のERP導入によるグローバル連結経営管理（第3節），㈱リコーのグローバル原価管理を紹介し（第4節），多くの事例研究に基づくグローバル原価企画の困難性についても説明しました（第5節）。続いて，為替リスクマネジメント（第6節）と不正リスクマネジメント（第7節）について説明しました。

　そこで本章のまとめとして，連結管理会計に向けた海外拠点マネジメントの現状と課題について，追加的に指摘しておきます。

　第1に，グループ経営方針の展開の不徹底です。本社から展開される統合的なグループ経営方針の伝達や，定着のための教育・研修は，国内拠点に留まる企業が多いです。海外拠点では方針展開どころかマネジメント状況の報告すら受けていないことも多く，財務業績の報告のみに留まることも少なくありません。

　第2に，月次業績報告の不統一です。海外拠点からの月次業績報告の内容・情報量，精度・タイミングには，拠点ごとにバラツキがあります。そのため，連結企業グループを単一事業体（single entity）とした経営判断をするためには不十分な状況です。

　第3に，監査やモニタリングの過剰感です。海外拠点を統括管理する本社部門（海外事業本部など）がない場合，本社での部門間調整はなく，各部門から海外拠点への調査・指導が実施されています。そのため，海外拠点側からすると，監査やモニタリングを過剰に感じることがあります。

　こうした課題への対策としては，第1に，責任・権限の明確化です。グループにおける各拠点の役割・目標に基づいて，本社各部門および各拠点の役割・責任・権限を明確化します。その上で，海外拠点の責任範囲に応じたKPI（Key Performance Indicator）を設定します。

　第2に，必要な情報の迅速な収集です。各拠点の法規，慣習などに配慮することは当然ですが，グループ経営の観点から，必要な情報を必要なタイミングで収集します。この際に，精度にはこだわりすぎず，できることから始めるようにする必要があるでしょう。

【参考】海外拠点の原価計算・管理の問題点

■標準原価計算vs.実際原価計算
- ●国内での標準原価管理の形骸化
  - ➤多品種化による標準原価管理の対象選定の困難性
  - ➤標準原価の適時の改定の困難性
- ●海外生産拠点での既存製品の原価管理
  - ➤標準原価：主たる活躍の場は海外か？
  - ➤実際原価：精度の問題，製品別原価が把握できているのか？
- ●拠点間の製造分担
  - ➤部品製造━▶サブアセンブリー━▶最終組立と複数拠点を経て製品が完成する場合，実際にいくらでできているのか？
- ●移転価格税制への対応
  - ➤税制対応目的の内部取引価格は，年間に何度も変更されることもあり，必ずしも原価実態を反映していない。

■原価計算のグループ統合
- ●原価計算規程・システムの不統一
  - ➤拠点間の比較可能性を減じる。
  - ➤手計算や入力ミスの可能性を高める。
  - ➤情報収集に時間を要する。

　第3に，拠点長，現地マネジャーの支援です。今後も増え続けることが想定される海外拠点の支援を，これまでのように日本からの海外赴任で賄い続けることには限界があり，現地の人材をマネジャーに登用する取り組みは必須です。加えて，これまで日本企業が苦手としてきたマニュアル化により，ハンドブックや帳票類の標準化，事例集の作成・更新などに取り組む必要もあります。

　最後に，海外拠点における原価計算・管理の問題点についても指摘しておきましょう。

　まず，標準原価計算と実際原価計算の問題を中心に見ていきます。

　第1に，国内での標準原価管理の形骸化です。標準原価管理は，20世紀初頭の少品種大量生産時代に適合的な原価管理手法として登場しました。その後，多品種少量生産へと移行し，製造ラインから直接作業員が減り，機械化・コン

ピュータ化・IT化の進む現代の製造環境では，原価管理の主役の座は，設計・開発段階での原価企画や製造段階では原価改善活動に取って代わられています。

　多品種化は，標準原価管理の対象選定を困難にします。加えて，価格下落が早く，商品ライフサイクルの短い現代においては，標準原価の規範性（製造環境の現状に基づくあるべき原価）と目標としての妥当性（売価や目標利益額から導かれるあるべき原価）を両立させることは難しく，適時の改定とはどのタイミングなのかを判断することも難しいのが実情です。

　第2に，海外生産拠点での既存製品の原価管理です。国内では，形骸化のおそれのある標準原価管理ですが，海外拠点では有望な管理手法かもしれません。国内外の各拠点での生産地最適化の判断材料としても，各拠点の標準原価情報は有用です。一方，海外生産拠点での実際原価の測定は困難な場合も多いです。現地での実際原価計算の精度の問題や，そもそも製品別に原価を把握していないこともあります。

　第3に，拠点間の製造分担です。部品製造，サブアセンブリー，最終組立と複数拠点を経て製品が完成する場合，製品別原価が把握できていないことも多いです。

　第4に，移転価格税制への対応です。税制対応目的の内部取引価格は，年間に何度も変更されることもありますし，必ずしも原価実態を反映していないこともあります。

　次に，原価計算のグループ統合の問題です。国ごとに原価計算規程が異なっていたり，拠点間での原価計算システムが統一されていなかったりすることで拠点間の比較可能性を減じます。また，手計算や入力のミスも生じやすくなりますし，情報収集にも時間がかかります。

　ERP（Enterprise Resource Planning）システムの導入やIFRS（International Financial Reporting Standards：国際会計基準）の適用により，各拠点での原価計算方法が統一できたり，原価情報の入手が容易になったりすることもあります（第3章第10節）。IFRSについては，次の章で説明します。

第11章

IFRSの管理会計

11 - 1

IFRSが変えるグループ経営【実態調査】【事例研究】

IFRS適用企業数の推移

●●●●●●●●●●●●●●●●●●●●●●●●●●●●●●●●●●

【図表11- 1】　IFRS適用企業数の推移

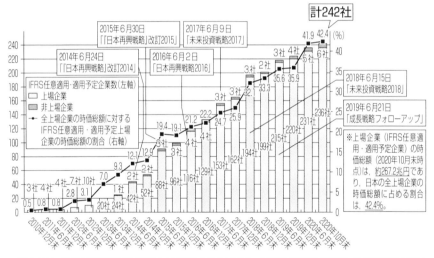

※日本では, 2010年 3 月31日以後終了する連結会計年度より, 国際会計基準（IFRS）の任意適用を開始。
※2020年 6 月末以降は, 東証上場会社の決算短信に記載された「会計基準の選択に関する基本的な考え方」において, IFRSの適用を予定している旨を, 適用時期を明示した上で記載した会社を含む。

〈出所〉　金融庁（2020）。

●●●●●●●●●●●●●
●●●●●●●●●●●●●●

　IFRS（International Financial Reporting Standards）は, 国際会計基準審議会（International Accounting Standards Board: IASB）が定める会計基準です。2005年に, EUが域内の上場企業に適用し, 現在, 100カ国以上で使用されており, 日本では, 2010年から任意適用されています。

IFRSが変えるグループ経営

●●

■IFRS (International Financial Reporting Standards)
●国際会計基準審議会（International Accounting Standards Board, IASB）が定める会計基準。2005年にEUが域内の上場企業に適用し，現在，100カ国以上で使用。日本では2010年から任意適用。

【図表11－2】　日本企業がIFRSを適用する理由

項　目	回答数
①　経営管理への寄与	29社
②　比較可能性の向上	15社
③　海外投資家への説明の容易さ	6社
③　業績の適切な反映	6社
⑤　資金調達の円滑化	5社
⑥　その他	4社

<出所>　金融庁（2015）4頁表2より，一部修正。

　金融庁（2020）によると，2020年10月31日時点で，適用済みの上場会社221社，適用決定を公表している上場企業11社，適用予定を公表している上場会社4社，適用済み非上場会社6社を合計した242社を，IFRS任意適用会社（適用予定会社を含む）として，2010年からの推移をグラフで示しています（**図表11－1**）。

　金融庁（2015）は，2015年2月28日までにIFRSを任意適用した40社と適用予定を公表した企業29社の計69社（そのうち2社は非上場）を対象に，適用を決めた理由（想定したメリット）について調査しています（**図表11－2**）。

　その結果，第1位は「経営管理への寄与」（29社）でした。この理由を挙げた企業は，海外子会社などを含めた企業グループの経営管理上のモノサシを揃え，事業・地域セグメントごとなどの正確な業績の測定・比較を行うことにより，適切な経営資源の配分や正確な業績評価の実施を図っていました。

　第2位は「比較可能性の向上」（15社）でした。この理由を挙げた企業は，海外や国内の同業他社との比較可能性の向上を目指していました。

　第3位は「海外投資家への説明の容易さ」（6社）でした。この理由を挙げ

た企業は，以前は日本基準とIFRSの差異を説明するために時間を費やしていましたが，その必要がなくなったとコメントしています。

　同じく第3位の「業績の適切な反映」（6社）を理由に挙げた企業では，例えば，のれん，収益認識および有給休暇引当金の会計処理について，IFRSのほうが自社の業績を適切に反映しているとコメントしています。

　第5位は「資金調達の円滑化」（5社）でした。この理由を挙げた企業は，海外における資金調達において財務諸表をそのまま活用できることになるのは効率的であり，投資家の信頼性も高まることによって資金調達の選択肢が拡がり，資金調達コストの軽減に繋がるとコメントしています。

　その他（4社）の理由としては，「国際的な信用力の向上・補完」や「IFRSの任意適用を行っている親会社との二重決算の解消」などが挙げられています。

　具体的なIFRS適用事例をいくつか紹介しましょう。

　まず，㈱日立製作所（2016年3月期より任意適用）は，上場子会社9社とともに適用しています。2011年度から5カ年計画で取り組んだグループ横断的構造改革プロジェクトである「スマトラ」プロジェクト（Smart Transformation Project）の土台として，IFRSを位置づけました。IFRS適用の目的としては，会計ルールの統一化，原材料調達・製品仕様の共通化，意思決定のスピードアップ，企業統治の強化が挙げられています。

　次に，花王㈱（2016年12月期より任意適用）は，1999年から（のれん償却の考え方がなくIFRSとの相性が良いと考える）EVA®を日本で最初に採用しています。IFRS適用により，生産設備の耐用年数を統一しています。各国子会社の利益計画への影響が大きく，「コストの基準を一つにして各地の投資リターンを正確に測り，適切な経営判断につなげる」（青木和義執行役員：当時）ことを意図した変更です。また，海外で採用の多い12月への決算期変更により，機動的グループ経営を目指しました。

　続いて，パナソニック㈱（2017年3月期より任意適用）です。海外子会社を含むグループの会計基準を統一し，連結経営管理の精度を上げることを意図しま

事例：IFRS適用企業のねらい

●●●●●●●●●●●●●●●●●●●●●●●●●●●●●●

■日立製作所（2016年3月期より任意適用）
　●上場子会社9社とともに適用。
　●「スマトラ」プロジェクト（Smart Transformataion Project）の土台。
　　➤2011年度から5カ年計画で取り組んだグループ横断的構造改革プロジェクト。
　　➤目的：会計ルールの統一化，原材料調達・製品仕様の共通化，意思決定のスピード
　　　アップ，企業統治の強化。
■花王（2016年12月期より任意適用）
　●1999年から（のれん償却の考え方のない）EVA®採用。
　　➤日本初。1997年に米国の子会社で採用し，その成功体験がきっかけと言われる。
　●生産設備の耐用年数の統一
　　➤各国子会社の利益計画への影響大
　　➤「コストの基準を一つにして各地の投資リターンを正確に測り，適切な経営判断につ
　　　なげる」（青木和義執行役員：当時）
　●海外で採用の多い12月への決算期変更
　　➤機動的グループ経営を目指す
■パナソニック（2017年3月期より任意適用）
　●海外子会社を含むグループの会計基準を統一し，連結経営管理の精度を上げる。

●●●●●●●●●●●
●●●●●●●●●●●

した。

参考文献

○株式会社日立製作所執行役副社長岩田眞二郎（2015）「Hitachi Smart Transforma-
　tion Project」。
　URL：http://www.hitachi.co.jp/New/cnews/month/2015/06/0611/20150611_02_
　STP_presentation.pdf
○金融庁（2015）「IFRS適用レポート」。
　URL：https://www.fsa.go.jp/news/26/sonota/20150415-1.html
○金融庁（2020）「資料5　会計基準を巡る変遷と最近の状況」『企業会計審議会総
　会・第7回会計部会の資料等』。
　URL：https://www.fsa.go.jp/singi/singi_kigyou/siryou/kaikei/20201106.html
○吉田栄介・花王株式会社会計財務部門（2020）『花王の経理パーソンになる』中央
　経済社。

11-2

IFRS適用の管理会計への影響

IFRS適用の管理会計への影響

●●●●●●●●●●●●●●●●●●●●●●●●●●●●●●●

連結企業グループを単一事業体（single entity）とみなし、利益の最大化を図る。

日本基準　　収益費用アプローチ　　　インダストリー・アプローチ
　　　　　　　　　　　　　　　　　　　「事業別」,「所在地別」,「海外売上高」区分に
　　　　　　　　　　　　　　　　　　　よる情報開示

IFRS　　●資産負債アプローチ　　●マネジメント・アプローチ
　　　　　　利益を正味資産の増減分　　経営者の意思決定・業績評価に応じたセグメント
　　　　　　ととらえる　　　　　　　　区分による情報開示

> ➤PL重視からBS重視（セグメント別BSの作成）へ
> 　✓予算編成への影響も：予算PLに加え，予算BS・CSを作成する必要性が増し，
> 　　下記算定の負担増
> 　✓修繕引当金の要件厳格化，リースのオンバランス化
> 　✓研究開発費：無形固定資産にも計上可。減価償却・減損会計の対象
> ➤セグメントKPIのBS項目の設定
> ➤従来の原価計算とは不整合
> 　✓固定資産（借入費用等の取得価額への算入，減価償却費の見直しと統一）：
> 　　耐用年数変更や減損会計の頻度が増えると，原価増減要因に
> ➤財管一致の要請

> ●収益性指標
> ➤最終利益は「包括利益」：純利益＋資産価値（有価証券，土地，為替など）の増減
> 　✓経常利益区分がなく，営業利益や当期純利益等の金額も変わる
> 　✓ROE，ROA算式の修正（純資産にその他の包括利益累計額が含まれるため）
> 　✓EBITDA（減価償却費の影響を排除できるため）採用が増えるかも
> ➤売上高：収益基準の違い（出荷基準→検収基準など），代理販売（総額ではなく，
> 　純額のみ）

●その他
　➤減損会計（減損の戻し入れも）→設備投資の経済性評価において，安全性（回収期
　　間法）だけでなく収益性評価（正味現在価値法）も重視
　➤すべての子会社を連結，決算日の統一

　IFRSは，連結企業グループを単一事業体（single entity）とみなして利益の最大化を図るという企業観に基づいています。

　日本基準をIFRSへ変更すれば，収益と費用の差額を利益とみなす収益費用アプローチから，正味資産の増減分を利益とみなす資産負債アプローチへ，また「事業別」，「所在地別」，「海外売上高」区分によって情報開示するインダストリー・アプローチから，経営者の意思決定・業績評価に応じたセグメント区分によって情報開示するマネジメント・アプローチへと変わることになります。

　まず，日本基準からIFRSへの特徴的な変更点について挙げてみましょう。

　第1に，PL（損益計算書）重視からBS（貸借対照表）重視へと変わります。現状では，予算BSや予算CS（キャッシュフロー計算書）を作成する企業は多くはない中，予算PLに加え，予算BS・CSを作成する必要性が増し，予算編成への影響も出てきます。また，修繕引当金の要件厳格化，リースのオンバランス化や，研究開発費についても一定の要件を満たす開発費は無形固定資産に計上し，減価償却・減損会計の対象となります。また，これらの変更に伴い，算定事務の負担も増えることが想定されます。

　第2に，セグメントKPI（Key Performance Indicator）のBS項目の設定です。これまでのセグメントKPIはPL項目が中心でしたが，IFRS管理会計においては，貸借対照表項目の管理の重要性が増しますので，適切なセグメント区分に応じた貸借対照表項目のKPIを設定するとともに，そのマネジメント方法も確立していく必要があります。

　第3に，従来の原価計算とは不整合な部分もあります。固定資産について，借入費用などの取得価額への算入，減価償却費の見直しと統一が求められ，耐用年数変更や減損会計の頻度が増えると原価増減要因になります。これらの変更では，PL重視からBS重視への変更とともに算定事務の負担も増えることが想定されます。

　第4に，財管一致の要請です。制管一致とも呼ばれる財務会計（制度会計）と管理会計の数値を一致させる（もしくは差異を明示する）ことです。IFRSの

マネジメント・アプローチの考え方に基づき財管一致が要請されます。

　そもそも日本企業は，財務会計に縛られずに経営管理目的で管理会情報を活用する財管不一致（財管分離）ではなく，多くの企業が財管一致を実践しています。そのため，IFRS適用によって，管理会計や原価計算・管理への影響は無視できません。

　次に，管理会計にとって特に重要な収益性指標の変更について，取り上げます。

　第1に，IFRSにおける最終利益は包括利益であり，当期純利益は中間利益に過ぎません。包括利益は，純利益＋資産価値（有価証券，土地，為替など）の増減によって算定されます。

　第2に，IFRSでは経常利益区分がなく，営業利益や当期純利益などの金額も変わります。詳しくは第5章第3節で説明しましたが，日本企業では，KPIとして営業利益を重視してきた傾向があり，IFRS適用後も「事業利益」と称して日本基準の営業利益を開示する動きがあります。また，IFRSにおける純資産にはその他の包括利益累計額が含まれるため，ROE（Return on Equity：自己資本利益率）やROA（Return on Assets：総資産利益率）算式の修正が必要になります。そうした中，減価償却費の影響を排除できるため，EBITDAを採用する企業が増えるかもしれません（第5章第2節）。

　第3に，収益基準の違いにより，売上高の計上時期や金額が大きく変わります。日本基準の出荷基準からIFRSの検収基準などへの変更により，売上高計上のタイミングが変わり，商社や百貨店，広告代理店などの代理販売では，日本基準の総額表記から純額のみの表記となるため，売上高が大幅に減少表記されることになります。

　続いて，その他の特徴的な変更点を挙げておきましょう。

　第1に，減損会計です。日本基準でも導入されていますが，減損の戻し入れもあり，日本基準よりも事務負担は大きくなります。一方，IFRSの適用拡大

により，設備投資の経済性評価において，安全性（回収期間法）だけでなく収益性評価（減損会計でも採用されている正味現在価値法）も重視する企業が増えることが期待されます（第8章）。

　第2に，親会社とすべての子会社を連結し，決算日を統一しなくてはなりません。連結企業グループを単一事業体（single entity）とみなして利益の最大化を図るというIFRSの企業観に基づく規定で，連結管理会計の実践を後押しする有用なルールだと言えます。

参考文献

○川野克典（2014）「国際会計基準と管理会計：日本企業の実態調査を踏まえて」『商学論集』第55巻第4号，41-65頁。※本節の解説は本論文に依拠しています。

11-3

IFRS適用の原価計算・管理への影響

IFRS適用の原価計算・管理への影響

●●●●●●●●●●●●●●●●●●●●●●●●●●●●●●●

【減価償却費計算について】

■耐用年数
- ●日本基準：実務的には法人税法の法定耐用年数を採用することが多く，見直しなし。
- ●IFRS：経済的耐用年数を見積もり，毎期末に見直し。
  - ➢管理会計にはデメリット：減価償却費の増減による予算差異や原価差異の発生

■固定資産の管理単位
- ●日本基準：固定資産の取得単位ごとに管理・減価償却。
- ●IFRS：耐用年数の差異など「重要な構成要素」単位で管理・減価償却（component accounting）。

■グループ（親会社，国内・在外子会社）内での減価償却方法
- ●日本基準：実務的には国内は定率法，海外は定額法を採用する企業が多い。
- ●IFRS：「将来の経済的便益の消費パターンの反映」→定額法に統一か？
  - ➢グループ経営にはメリット：国内外の事業・子会社等間の比較可能性の向上。

　IFRS適用の原価計算・管理への影響について，減価償却費計算と製造間接費の配賦計算の2つを取り上げます。

　まず，減価償却費計算についてです。

　第1に，耐用年数は，日本基準では，実務的には法人税法の法定耐用年数を採用することが多く，見直しもありません。一方，IFRSでは，経済的耐用年数を見積もり，毎期末に見直しが必要です。これは管理会計にとってはデメリットと言えます。減価償却費の増減による予算差異や原価差異が発生することになり，業績評価や原価管理において注意が必要です。

　第2に，固定資産の管理単位は，日本基準では，固定資産の取得単位ごとに

管理・減価償却します。一方，IFRSでは，耐用年数の差異など「重要な構成要素」単位で管理・減価償却するコンポーネント・アカウンティング（component accounting）が要求されます。

　第3に，グループ（親会社，国内・在外子会社）内での減価償却方法は，日本基準では，実務的には国内は定率法，海外は定額法を採用する企業が多いです。一方，IFRSでは，将来の経済的便益の消費パターンを反映させた方法への統一を要求します。そのため，法人税法に基づくというだけでは定率法採用の根拠として乏しく，IFRS適用企業では定額法を採用する企業が増えることが想定されます。また，グループ内での減価償却方法の統一は，国内外の事業・子会社等間の比較可能性を向上させるなど，グループ経営にはメリットだと言えます。

　次に，製造間接費の配賦計算についてです。

　日本基準では，実務的には，間接費は予定配賦率を用いて各指図書に配賦することが多いです。

　一方，IFRSでは，固定製造間接費と変動製造間接費とに分けて規定しています。

　固定製造間接費は，生産設備の正常生産能力に基づいて配賦しなければならないと規定されています。正常生産能力とは，「計画的なメンテナンスをした上で生じる能力の低下を考慮して，正常な状況で期間または季節を通して平均的に達成されると期待される生産量」とされています。

　実際操業度が正常生産能力と異なる場合には，生産水準の低下や遊休資産がある場合でも，配賦額は増加させずに，配賦されなかった固定製造間接費は発生した期間の費用として処理します。一方，生産水準が異常に高い場合には，生産単位に配賦される固定製造原価を減少させ，棚卸資産の評価が原価を上回らないようにします。

　変動製造間接費は，生産設備の実際利用高に基づいて配賦します。

　管理会計上の課題としては，欧米企業と異なり，日本企業での直接原価計算

IFRS適用の原価計算・管理への影響

●●●

【製造間接費の配賦計算について】
- ●日本基準：実務的には，間接費は予定配賦率を用いて各指図書に配賦することが多い。
- ●IFRS：固定製造間接費と変動製造間接費とに分けて規定。
  - ➤固定製造間接費：生産設備の正常生産能力に基づいて配賦。
    - ✓実際操業度が正常生産能力と異なる場合の処理
    - －生産水準低下・遊休資産
      - ➡配賦額は増加させず，配賦されなかった固定製造間接費は発生した期間の費用。
    - －生産水準が異常に高い場合
      - ➡生産単位に配賦される固定製造原価は減少させる。
  - ➤変動製造間接費：生産設備の実際利用高に基づいて配賦。
  - ➤管理会計上の課題：
    - ✓欧米企業と異なり，日本企業での直接原価計算の採用率は高いとは言えない。
      - ➡変動費と固定費をどのように区分していくのか。
    - ✓日本企業では予定操業度が一般的。正常操業度をどのように設定するのか。

●●●●●●●●●●●●●●●●
●●●●●●●●●●●●●●●●

の採用率は高いとは言えません（第3章第1節）。そのため，変動費と固定費を区分していない企業も多いことが想定され，変動費と固定費をどのように区分していくのかといった問題が残ります。

　また，わが国の原価計算基準では予定配賦を原則としており，実際に，製造間接費の予定配賦の基準操業度基準として予定操業度を用いる企業が多く，正常操業度を採用する企業は少ないのが現状です。正常操業度をどのように決定していくのかが課題として残る業態もありそうです。

参考文献

○川野克典（2014）「国際会計基準と管理会計：日本企業の実態調査を踏まえて」『商学論集』第55巻第4号，41-65頁。※本節の解説は本論文に依拠しています。

11－4

まとめ：IFRSの管理会計

まとめ：IFRSの管理会計

● ●

■IFRSは任意適用にもかかわらず，適用企業は増え続けている
 ●連結経営管理の基盤としての期待感
■IFRSの影響
 ●管理会計への影響
  ➤PL重視からBS重視へ
  ➤財管一致の要請
  ➤収益性指標の変更
  ➤すべての子会社を連結，決算日の統一
 ●原価計算・管理への影響
  ➤減価償却費計算
  ➤製造間接費の配賦

■連結企業グループを単一事業体（single entity）とみなし，利益の最大化を図る
 IFRSは，連結管理会計の基盤としても有望。

　本章では，日本企業におけるIFRSの適用状況と，IFRS適用が管理会計や原価計算・管理におよぼす影響について説明してきました。

　まず，IFRSは任意適用にもかかわらず，適用企業は増え続けていて，その理由としては，連結経営管理の基盤としての期待感があることを紹介しました（第1節）。

　次に，IFRS適用の管理会計への影響について，PL（損益計算書）重視からBS（貸借対照表）重視へと変わること，財管一致の要請により管理会計にも大いに影響すること，収益性指標の変更を伴うこと，すべての子会社を連結すること，決算日を統一する必要があることなどを挙げました（第2節）。

　続いて，IFRS適用の原価計算・管理への影響について，特に，減価償却費

計算と製造間接費の配賦計算について説明しました（第3節）。

　つまり，連結企業グループを単一事業体（single entity）とみなし，利益の最大化を図るIFRSは，連結管理会計の基盤としても有望であることを説明しました。

【索　引】

≪著者紹介≫

吉 田　栄 介（よしだ　えいすけ）

1968年　大阪府出身。慶應義塾大学商学部教授。
2000年　神戸大学大学院経営学研究科修了，博士（経営学）。
2017年から2018年公認会計士試験委員，日本原価計算研究学会『経営会計レビュー』創刊編集長，実践経営会計塾主宰。

主要業績は，『持続的競争優位をもたらす原価企画能力』中央経済社（日本会計研究学会太田・黒澤賞，日本原価計算研究学会賞），『日本的管理会計の探究』中央経済社，『日本的管理会計の深層』中央経済社，『花王の経理パーソンになる』中央経済社，『実践Q&A コストダウンのはなし』中央経済社など，受賞歴，著書・論文多数。

実践経営会計

2021年9月10日　第1版第1刷発行

著　者　吉　田　栄　介
発行者　山　本　　　継
発行所　㈱中 央 経 済 社
発売元　㈱中央経済グループ
　　　　パ ブ リ ッ シ ング

〒101-0051　東京都千代田区神田神保町1-31-2
電話　03 (3293) 3371 （編集代表）
　　　03 (3293) 3381 （営業代表）
https://www.chuokeizai.co.jp
印刷／昭和情報プロセス㈱
製本／誠　製　本　㈱

©2021
Printed in Japan

おすすめします

花王の経理パーソンになる

慶應義塾大学 吉田栄介
花王株式会社 会計財務部門 〔編著〕

Practical Management
Accounting of KAO

kao
花王の経理パーソンになる

慶應義塾大学 吉田栄介
花王株式会社 会計財務部門

これが「花王の経理」だ
創業130年を超える老舗企業であり、持続的成長を
続ける花王。「花王の経理」が大切にする価値観と
管理会計の実践が明らかになる。

中央経済社

創業130年を超える老舗企業であり、持続的成長を続ける花王。「花王の経理」が大切にしている価値観と管理会計の実践が明らかになる。

入社から6年間のストーリー仕立ての構成で、誰が、いつ、どこで、何を学ぶのかというキャリアパスを念頭に、花王の会社経理の全体的取り組みを紹介。(A5判・160頁)

序　章＝入社から研修期間前半
第1章＝研修期間後半
第2章＝工場経理
第3章＝本社管理部管理会計グループ
第4章＝本社財務部
第5章＝経理企画部

中央経済社